Serie de Teoría Jurídica y Filosofía del Derecho N.° 64

Proporcionalidad y constitucionalismo
Un enfoque comparativo global

Stone Sweet, Alec

Proporcionalidad y constitucionalismo: un enfoque comparativo global / Alec Stone Sweet, Jud Mathews; traducción Alberto Supelano. – Bogotá: Universidad Externado de Colombia, 2013.

369 p.; 24 cm. – (Teoría Jurídica y Filosofía del Derecho / Serie orientada por Carlos Bernal Pulido; n.° 64)
Incluye bibliografía.

ISBN: 978958710866 8

1. Proporcionalidad en derecho 2. Control de constitucionalidad 3. Derecho constitucional 4. Derechos civiles 5. Derechos humanos I. Mathews, Jud II. Supelano, Alberto, traductor III. Universidad Externado de Colombia IV. Título V. Serie

342   SCDD 15

Catalogación en la fuente – Universidad Externado de Colombia. Biblioteca

Febrero de 2013

Alec Stone Sweet
Jud Mathews

Proporcionalidad y constitucionalismo

Un enfoque comparativo global

Alberto Supelano
Traductor

Universidad Externado de Colombia

Serie orientada por Carlos Bernal Pulido

ISBN 978-958-710-866-8

© 2013, ALEC STONE SWEET Y JUD MATHEWS
© 2013, UNIVERSIDAD EXTERNADO DE COLOMBIA
Calle 12 n.º 1-17 Este, Bogotá
Teléfono (57-1) 342 0288
publicaciones@uexternado.edu.co
www.uexternado.edu.co

Primera edición: febrero de 2013

Título original: *Proportionality Balancing and Global Constitutionalism.*

Ilustración de cubierta: *Fachada oeste del Capitolio de los Estados Unidos,* 2007
Diseño de cubierta: Departamento de Publicaciones
Composición: Marco Robayo

CONTENIDO

PRESENTACIÓN

El análisis de proporcionalidad es el criterio judicial más difundido en el mundo para la aplicación de los derechos fundamentales. Desde su invención, en tiempos de la Ilustración en el derecho de policía de Prusia, hasta nuestros días, este análisis se ha refinado y se ha expandido a lo largo y ancho del mundo. No solo ha migrado a través de Europa y América Latina, sino que, debido a su utilización incesante desde el caso *Oakes* por la Corte Suprema de Canadá, también ha llegado al mundo anglosajón.

Este libro compila dos escritos sobre el uso del análisis de proporcionalidad. Los textos, publicados originalmente en inglés en dos revistas científicas de primer orden en los Estados Unidos, contrastan la expansión de la proporcionalidad en los cinco continentes con la reticencia que los jueces norteamericanos han mostrado hacia este principio, y que ha dado lugar al llamado excepcionalismo norteamericano. Los dos estudios son de gran profundidad y se aproximan de forma crítica a la mejor literatura primaria y secundaria de los países más representativos en los que se ha usado la proporcionalidad. Además, desde una perspectiva científico-política, explican las razones sociales, políticas y económicas que desencadenaron tanto el éxito de la proporcionalidad en Europa como su rechazo por parte de las Cortes en los Estados Unidos y el desarrollo de otros tipos de análisis alternativos. Con gran agudeza, los autores no solo revelan cómo estos análisis ya incluyen algunos de los elementos de la proporcionalidad sino que propugnan con sólidas razones por una aceptación plena de este criterio jurisprudencial.

No quisiera terminar esta breve presentación sin agradecer al Prof. Alec Stone Sweet por su generosidad al aceptar con grandísimo entusiasmo este proyecto tan pronto se lo propuse en un encuentro en el crudo invierno de New Haven a comienzos de 2011. Asimismo, extiendo mi gratitud al traductor Alberto Supelano por su estupendo trabajo y, sobre todo, al Rector Juan Carlos Henao y al Comité Editorial de la Universidad Externado de Colombia, por su apoyo decidido a la colección de Teoría del Derecho. La altísima calidad de esta colección se ve, una vez más, corroborada por la publicación de este texto.

Carlos Bernal Pulido,
diciembre de 2012

CAPÍTULO PRIMERO
LA PONDERACIÓN PROPORCIONAL
Y EL CONSTITUCIONALISMO GLOBAL

En los cincuenta años anteriores hubo una amplia difusión del análisis de proporcionalidad (AP). Hoy es un principio fundamental en la aplicación de la constitución y es el procedimiento preferido para resolver disputas que implican un conflicto aparente entre dos pretensiones atinentes a los derechos, o entre una disposición de derechos y un interés estatal o público legítimo. Con la consolidación del "nuevo constitucionalismo"[1], este tipo de disputas ha llegado a dominar las agendas de las cortes constitucionales y de las cortes supremas de todo el mundo. Aunque se dispusiera de otros modos de aplicación de los derechos y se pudieran haber escogido entre ellas, el análisis de proporcionalidad surgió como estándar multipropósito y mejor práctica.

De origen alemán, el análisis de proporcionalidad se extendió a Europa –incluidos los Estados

---

1   Ver infra notas 27-30 y el texto que las acompaña. Ver también Alec Stone Sweet, *Governing with Judges: Constitutional Politics in Europe* (2000); Ran Hirschl, *Towards Juristocracy: The Origins and Consequences of the New Constitutionalism* (2004).

post comunistas de Europa Central y Oriental– y
a Israel. Fue absorbido en los sistemas de la Commonwealth –Canadá, Sudáfrica, Nueva Zelanda y, a
través del derecho europeo, en el Reino Unido– y hoy
se extiende a América Central y a América del Sur.
A finales de los años noventa, prácticamente todos
los sistemas de justicia constitucional vigentes en el
mundo, con la excepción parcial de Estados Unidos
(ver el capítulo 2), habían aceptado los principios
básicos del análisis de proporcionalidad. En forma
sorprendente, la proporcionalidad también migró a los
tres regímenes basados en tratados que tienen serias
aspiraciones a ser considerados "constitucionales" en
algún sentido significativo: la Unión Europea (UE)[2],
el Convenio Europeo de Derechos Humanos (CEDH)[3]

---

2   Eric Stein, "Lawyers, Judges, and the Making of a Transna-
     tional Constitution", 75 *Am. J. International L.* 1 (1981); Alec
     Stone Sweet, *The Judicial Construction of Europe*, pp. 118-119
     (2004); Joseph H. H. Weiler, *The Constitution of Europe: "Do the
     New Clothes Have an Emperor?" and Other Essays on European
     Integration* (1999).

3   Evert Albert Alkema, "The European Convention as a Consti-
     tution and its Court as a Constitutional Court", en *Protecting
     Human Rights: The European Perspective*, Paul Mahoney et al.,
     eds., 2000; Jean-Françoise Flauss, "La Cour Européenne des
     droits de l'homme est-elle une cour constitutionnelle?", 36
     Revue Française de Droit Constitutionnel 711 (1999). Ver también
     Stephen Greer, *The European Convention on Human Rights* (2006)
     (que discute la "constitucionalización" de la Corte Europea de
     Derechos Humanos y la "justicia constitucional" dispensada
     por la CEDH).

y la Organización Mundial del Comercio (OMC)[4]. En nuestra opinión, la aplicación de derechos basada en la proporcionalidad hoy constituye una de las características que definen al constitucionalismo global, si se puede decir que este existe.

En este libro intentamos explicar por qué ocurrió esto, por medio de qué procesos y con qué consecuencias para la autoridad judicial. Debido a que algunos lectores quizá no estén familiarizados con el análisis de proporcionalidad, puede ser conveniente resumir los elementos básicos. El análisis de proporcionalidad es una construcción doctrinal: surgió y luego se difundió como un principio general del derecho no escrito, por medio del reconocimiento y las decisiones judiciales. Para nuestros propósitos, es un procedimiento de toma de decisiones[5] y una "estructura analítica"[6] que los jueces emplean para

---

4   Deborah Cass, *The Constitutionalization of the World Trade Organization* (2005); Ernst-Ulrich Petersmann, "The WTO Constitution and Human Rights", 3 *J. International Econ. L.* 19 (2000); Joel P. Trachtman, "The Constitutions of the WTO", 17 *Euro. J. International L.* 623 (2006).

5   Como principio general del derecho, en la mayoría de los sistemas jurídicos estables se encuentra alguna forma de proporcionalidad. En el derecho penal se espera que la severidad del castigo sea proporcional a la gravedad del delito; en el derecho internacional clásico, la proporcionalidad se encuentra en el derecho de represalia y el uso de la fuerza, etc. Nos centramos en el análisis de proporcionalidad como marco de argumentación y ponderación.

6   Mattias Kumm, "Constitutional Rights as Principles: On the

resolver las tensiones entre dos "valores" o "intereses" constitucionales invocados.

En la situación paradigmática, el análisis de proporcionalidad se activa una vez se han presentado indicios razonables de que una medida del gobierno ha infringido un derecho[7]. En su forma plenamente desarrollada, el análisis consta de cuatro etapas[8], cada una de las cuales involucra una prueba. Primero, en la etapa de "legitimidad", el juez confirma que el gobierno está constitucionalmente autorizado para adoptar dicha medida. En otras palabras, si el propósito de la medida del gobierno no es constitucionalmente

---

Structure and Domain of Constitutional Justice", 2 *International J. Const. L.* 574, p. 579 (2004).

7   En un importante caso de pornografía infantil, *R. v. Sharpe* [2001] 1 S.C.R. 45 (Can.), la Corte Suprema canadiense decidió que una disposición del Código Penal, aplicada a Mr. Sharpe, violaba su libertad de expresión pero que se justificaba como una medida proporcional diseñada para proteger a los niños contra la "explotación". Este enfoque contrasta entonces con los enfoques categóricos basados en reglas de protección de derechos que intentan prescindir de la ponderación una vez se han definido la naturaleza y el alcance del derecho. Según este último enfoque, una corte podría decidir que los derechos de Mr. Sharpe no fueron vulnerados porque la pornografía infantil no es *per se* una forma protegida de expresión. Cf. *United States v. Ferber*, 458 U.S. 747 (1982).

8   Algunas cortes –incluidas las cortes de la Unión Europea, el Convenio Europeo de Derechos Humanos y la Organización Mundial del Comercio– normalmente usan una prueba de apenas tres etapas, omitiendo la etapa de "propósito legítimo". Así, el análisis se centra totalmente en la relación entre medios y fines.

legítimo, viola entonces una norma superior (el derecho que se pretende hacer valer). La segunda etapa –"adecuación"– corresponde a la verificación judicial de que, con respecto al acto en cuestión, los medios adoptados por el gobierno se relacionan racionalmente con los objetivos enunciados de la política. La tercera etapa –"necesidad"– es más sustanciosa. El núcleo de análisis de la necesidad es la utilización de la prueba de "medios menos restrictivos" (prueba del medio menos intrusivo test, por sus siglas en inglés): el juez se asegura de que la medida no reduzca el derecho más de lo que es necesario para que el gobierno logre los objetivos enunciados. El análisis de proporcionalidad es un marco para la ponderación: si la medida del gobierno falla en la adecuación o en la necesidad, el acto es *desproporcionado per se*; vulnera el derecho alegado y es por tanto inconstitucional. La última etapa, la ponderación, también se conoce como "proporcionalidad en sentido estricto". Si la medida en estudio pasa las tres primeras pruebas, el juez procede a la proporcionalidad *stricto sensu*. En la etapa de ponderación, el juez sopesa los beneficios del acto –del cual ya se determinó que fue "diseñado estrictamente", en la jerga estadounidense– y los costos ocasionados por la infracción del derecho para determinar qué "valor constitucional" prevalecerá, en vista de la importancia respectiva de los valores en tensión y dados los hechos del caso[9].

---

9 En Estados Unidos, el gobierno prevalecerá una vez que una

En muchos regímenes políticos hoy se considera que la proporcionalidad es una característica del constitucionalismo que se da por sentada o un criterio para perfeccionar el "Estado de Derecho". Para nosotros, "darse por sentada" a la ponderación es el resultado de un proceso social que, como todo proceso social, puede y debe ser examinado empíricamente. El tratamiento del análisis de proporcionalidad como un principio natural e inherente del sistema jurídico oculta el proceso abierto meditante el cual surgió, y resta importancia a las controversias que ocasiona rutinariamente entre jueces, funcionarios elegidos y académicos. El origen de la ansiedad es claro: por muy intrínsecamente judicial que se considere el procedimiento, las etapas prueba del medio menos intrusivo test y de la ponderación del análisis de proporcionalidad ponen al descubierto que los jueces actúan como legisladores. De hecho, este marco se discute normalmente desde dos puntos de vista opuestos[10]. Algunos lo consideran peligroso: los

---

corte determine que una medida del gobierno sub examine promueve un "interés urgente" y ha sido "diseñada estrictamente". En la etapa de interés urgente se puede hacer un ejercicio similar a la ponderación, pero en algunos casos se mantiene abierta la pregunta de si una ley que pasa la prueba PRUEBA DEL MEDIO MENOS INTRUSIVO infringe, no obstante, el derecho en cuestión más de lo que es tolerable; un ejemplo obvio es *United States v. O'Brien*, 391 U.S. 367 (1968), donde el derecho que reclamaba Mr. O'Brien no recibió ninguna atención analítica.

10 El estándar de referencia europeo es el debate entre Jürgen

jueces pueden diferir demasiado de los legisladores y del ejecutivo, pueden incluso "eliminar el equilibrio entre los derechos". Otros consideran que limita demasiado la discrecionalidad política y convierte inevitablemente a los jueces en amos de los procesos políticos que controlan[11]. Sus promotores defienden la proporcionalidad contra los ataques de ambos lados[12]. Aunque participaremos en este debate, es necesario subrayar que el análisis de proporcionalidad es un *procedimiento analítico*; en sí mismo no produce resultados sustantivos. Una vez hecha esta aclaración, los jueces también usan la proporcionalidad como fundamento para construir doctrina: los "marcos de argumentación" que rigen el litigio de los derechos.

Habermas, *Between Facts and Norms*, pp. 256-259 (William Rehg, trad., The MIT Press 1996) y Robert Alexy, "Constitutional Rights, Balancing and Rationality", 16 *Ratio Juris* 131, pp. 131-140 (2003). Daniel Halberstam revisa los enfoques estadounidense y continental de la proporcionalidad, y analiza la ambivalencia estadounidense hacia el análisis de proporcionalidad, en "Desperately Seeking Europe: On Comparative Methodology and the Conception of Rights", 5 *International J. Const. L.* 166 (2007).

11   En el contexto estadounidense, ver T. Alexander Aleinikoff, "Constitutional Law in the Age of Balancing", 96 *Yale L. J.* 943 (1987). Los puntos de vista estadounidense y europeo sobre los derechos constitucionales y la ponderación se discuten en *European and U.S. Constitutionalism* (Georg Nolte, ed., Council of Europe Publishing, 2005).

12   Ver, p. ej., David M. Beatty, *The Ultimate Rule of Law*, pp. 159-176 (2004).

Este capítulo se organiza en la forma siguiente. En la Parte I proponemos una teoría de la proporcionalidad que combina elementos estratégicos y jurídicos formales. Argumentamos que la adopción de una postura explícita de la ponderación da claras ventajas a quien aplica los derechos, y que el análisis de proporcionalidad otorga un fundamento doctrinal de principios para la ponderación. Damos contenido empírico a estas ideas de dos maneras. Primera, destacamos la gran "concordancia" entre la proporcionalidad y la estructura de las disposiciones contemporáneas sobre derechos. Segunda, reunimos y analizamos brevemente la influyente teoría de los derechos fundamentales de Robert Alexy[13]. En las Partes II y III exponemos la genealogía del análisis de proporcionalidad, trazamos su difusión global y evaluamos su impacto sobre el derecho y la política en diversos contextos, nacionales y supranacionales. En la Parte IV examinamos la relación entre el análisis de proporcionalidad y el poder judicial. Aunque el análisis de proporcionalidad se puede describir como un procedimiento "neutral", su adopción ha llevado –inexorablemente– a un aumento continuo de la autoridad de los jueces con respecto a cómo se desarrollan las constituciones y cómo se hace la política.

No deseamos que haya malentendidos sobre este último punto. El análisis de proporcionalidad ayuda

---

13 Robert Alexy, *A Theory of Constitutional Rights* (Julian Rivers, trad., Oxford University Press, 2002) (1986).

a los jueces a resolver disputas que tienen una forma particular; no dicta respuestas correctas a los problemas jurídicos. Como se argumenta en la Parte I, la clave del éxito político del análisis de proporcionalidad –su lógica social– es que proporciona un conjunto de soluciones relativamente estables y de fácil acceso para un conjunto de dilemas genéricos que enfrenta el juez constitucional. Si el análisis de proporcionalidad atenúa ciertos problemas de legitimidad, también crea, o al menos saca a la luz, un problema inmanejable de segundo orden. El análisis de proporcionalidad no camufla la legislación judicial. Correctamente empleado, exige que las cortes reconozcan y defiendan –honesta y abiertamente– las decisiones políticas que toman cuando toman decisiones constitucionales. La proporcionalidad no es una varita mágica que los jueces agitan para hacer desaparecer todos los dilemas políticos del control de constitucionalidad atinente a los derechos fundamentales. Por cierto, el hecho de agitarla saca a la luz el carácter del control de constitucionalidad basado en los derechos: es creación del derecho basada en la Constitución. No obstante, una de nuestras pretensiones (la cual explicamos en detalle en la Parte I) es que el análisis de proporcionalidad ofrece la mejor posición hoy disponible para los jueces que buscan racionalizar y defender el control de constitucionalidad basado en los derechos, dadas ciertas consideraciones estratégicas, la estructura de las disposiciones modernas de derechos y los preceptos del constitucionalismo contemporáneo. Para ser claros: no argumentamos que el análisis de

proporcionalidad haga necesariamente a un sistema
político-legal más justo o mejor que las alternativas.
De hecho, no teorizamos explícitamente una posición
normativa, aunque se infiera una. Nuestro objetivo
es, en cambio, explicar por qué los jueces se sienten
atraídos por el análisis de proporcionalidad, y luego
bosquejar el proceso mediante el cual se ha adoptado
de hecho el análisis de proporcionalidad.

En la conclusión discutimos, en términos más generales y comparativos, la relación entre la proporcionalidad y el poder judicial. Cuando una corte pasa a
adoptar el análisis de proporcionalidad como sistema
operativo para la aplicación de los derechos altera la
relación entre la autoridad judicial y las demás autoridades públicas, aumentando la autoridad de los jueces.
Consideremos algunas alternativas. Las cortes podrían
optar, como en los sistemas de la Commonwealth de
antaño, por funcionar de acuerdo con el estándar
de "razonabilidad de *Wednesbury*"[14] desarrollado
por las cortes británicas, por el cual solo se admite
la revisión judicial de las medidas de gobierno si el
demandante puede demostrar que los funcionarios
actuaron irracionalmente. El juez debe encontrar que
los funcionarios tomaron una decisión que no podía
tomar *ningún* decisor racional. La razonabilidad de
Wednesbury es una doctrina de deferencia, empáren-
tada con la indagación del "fundamento racional" de

---

14 *Associated Provincial Picture Houses Ltd. v. Wednesbury Corp.*
    [1948] 1 K.B. 223 (U.K).

Estados Unidos. En muchos sistemas continentales, como en Francia e Italia, las cortes usaban –antes de la proporcionalidad– diversos estándares, incluido el "error de apreciación manifiesto" (que concedía amplia deferencia), la "razonabilidad" (una especie de norma intermedia incompleta, en la jerga estadounidense), y diversos modos de revisión *ultra vires* (o abuso de la discreción)[15]. La adopción de la proporcionalidad remplazó a todos estos estándares por algo semejante al escrutinio estricto, lo que llevó a las cortes a una posición de predominio sobre el desarrollo político y constitucional. Sin embargo, cabe reiterar que la decisión de adoptar el análisis de proporcionalidad, en sí y por sí misma, no determina cómo se utilizará de hecho el análisis de proporcionalidad.

En el capítulo 2 examinamos la evolución de la doctrina estadounidense de los derechos a través de los lentes de la proporcionalidad y del constitucionalismo global. La reversión de la relación, considerar el análisis de proporcionalidad a través de lentes estadounidenses, revela un enigma que está en el centro de nuestras preocupaciones. La etapa de "necesidad" del análisis de proporcionalidad –con su prueba de "medios menos restrictivos"– es también un elemento constitutivo del "escrutinio estricto" estadounidense[16]. En Estados Unidos, es justo decirlo,

---

15 Conferencia en el International Workshop *Reasonableness and Law*, European University Institute, Florencia, Italia, 16-17 de noviembre de 2007.

16 Ver Paul Brest et al., *Processes of Constitutional Decision Making:*

la revisión judicial de los actos del gobierno ha sido la actividad más controversial de las que realiza la Corte Suprema. También es justo decir que constitucionalidad basada en los derechos, conforme al estándar de escrutinio estricto, es la forma más debatida de control de constitucionalidad, en parte porque lleva a la supremacía judicial con respecto a los resultados. Desde esta perspectiva estadounidense, parece bastante notable que muchas nuevas cortes, que actúan en entornos tradicionalmente hostiles al control de constitucionalidad, hayan acogido tan rápida y exitosamente la que es, sin duda, la forma más intrusiva de control que se encuentre en cualquier parte. Cabe subrayar que los jueces *eligieron* adoptar y desarrollar el marco de proporcionalidad, y no le fue impuesto. Ahora pasamos a explicar por qué lo hicieron.

I. Teoría

El fenómeno que intentamos explicar –el surgimiento del análisis de proporcionalidad como estándar constitucional global[17]– es sumamente complejo e

---

Cases and Materials 966 (5th ed. 2006) ("La Corte hoy describe la prueba de escrutinio estricto como si la ley en cuestión estuviese 'diseñada estrictamente para lograr un interés urgente del gobierno'").

17 A pesar de la notable difusión global de la proporcionalidad, solo existe un pequeño grupo de trabajos que intentan explicar o comparar cómo surgió el análisis de proporcionalidad y con qué consecuencias. Un volumen recién editado sobre "la migración de las ideas constitucionales" no dedica ningún

capítulo a la difusión de la proporcionalidad; *The Migration of Constitutional Ideas* (Sujit Choudhry, ed., Cambridge University Press, 2006). Hay algunos tratamientos comparativos de la proporcionalidad, pero tienden a centrarse más estrictamente en los detalles doctrinales de las diversas jurisdicciones. Ver, p. ej., *The Principle of Proportionality in the Laws of Europe* (Evelyn Ellis, ed., Hart Publishing, 1999). De hecho, algunas obras limitan su alcance a las jurisdicciones europeas y/o a la proporcionalidad como principio del derecho administrativo. Ver, p. ej., George Gerapetritis, *Proportionality in Administrative Law: Judicial Review in France, Greece, England and in the European Community* (1997); Robert Thomas, *Legitimate Expectations and Proportionality in Administrative Law* (2000). Aunque no es su tema principal, Nicholas Emiliou argumenta que el giro al análisis de proporcionalidad se deriva del crecimiento del Estado intervencionista moderno: la proporcionalidad es "un instrumento más apropiado para controlar la actividad intervencionista en la creación de un Estado de Bienestar". Nicholas Emiliou, *The Principle of Proportionality in European Law: A Comparative Study*, p. 21 (1996). David Beatty adpta una visión más amplia de la proporcionalidad en su libro *The Ultimate Rule of Law*. Beatty presenta la proporcionalidad como un principio de justicia constitucional que merece aceptación universal, y describe brevemente su adopción en varias jurisdicciones. Beatty está menos interesado en la mecánica de la difusión de la proporcionalidad o en los efectos políticos del AP; su difusión es evidencia de su potencial universalista como "principio neutral". *The Ultimate Rule of Law*, p. 159 (2004). Vicki Jackson hizo una lúcida reseña del libro de Beatty en la cual expuso algunas de sus reflexiones sobre los pros y los contras del análisis de proporcionalidad. Ver Vicki C. Jackson, "Being Proportional about Proportionality", 21 *Const. Comment* 803 (2004) (reseña de David M. Beatty, *The Ultimate Rule of Law*, 2004). La reseña de Jackson es uno de los escritos más perceptivos sobre el análisis de proporcionalidad en inglés, pero no se ocupa de la difusión de la proporcionalidad.

involucra centenares de decisiones discretas tomadas
por actores, públicos y privados, que actúan en contextos políticos y entornos jurídicos muy diferentes.
La primera parte de la explicación se basa entonces
en un conjunto de supuestos simplificadores y en una
serie de argumentos genéricos relacionados con los
dilemas clásicos de la aplicación judicial. ¿Cómo pueden
los jueces reforzar la percepción, entre las partes (o
intereses jurídicos) perdedoras, de que sus decisiones
no son el producto de un sesgo en favor de las partes
(o intereses jurídicos) ganadoras? Si el derecho se
desarrolla principalmente mediante la interpretación
y la aplicación judiciales, ¿cómo pueden justificar los
jueces que esta "creación" sea de derecho "judicial"
y no "legislativa"? Si las disposiciones de derechos
son normas relativamente abiertas, ¿cómo puede una
corte protectora de los derechos escapar a la acusación
de que es a la vez ama de la constitución y de la toma
de decisiones de las ramas "políticas" del gobierno?
Cuando adoptan el marco de proporcionalidad, los
jueces constitucionales adquieren un medio coherente
y práctico para responder estas preguntas básicas

Por último, Mattias Kumm hace algunas consideraciones de
teoría del derecho normativa sobre la práctica del análisis de
proporcionalidad en un artículo reciente que merece amplia
consideración. Mattias Kumm, "Political Liberalism and the
Structure of Rights: On the Place and Limits of the Proportionality Requirement", en *Law, Rights, Discourse: Themes of The
Work of Robert Alexy* (Stanley Paulson y George Pavlakos, eds.,
Hart, 2007).

sobre la legitimidad. E igualmente importante, una vez adoptado, el análisis de proporcionalidad tiende a desarrollar un estatus normativo por sí mismo, incluido un nuevo elemento de una "Grundnorm presupuesta"[18] o un principio metaconstitucional que rige el desarrollo de la doctrina constitucional. Interpretamos la explicación de Alexy acerca de los derechos –como "mandatos de optimización"– a la luz de esta tendencia. La pregunta de cómo se difundió de hecho el análisis de proporcionalidad y con qué consecuencias para el poder judicial se debe responder por aparte, como se hace en las Partes ii-iv.

A. Dos contra uno

Partimos de una teoría simple y reduccionista de la resolución de disputas por terceros (resolución de disputas por terceros)[19]. Su núcleo es una idea planteada inicialmente por los antropólogos, a saber, que la demanda social de resolución de disputas por

---

18 Ver Kelsen, *Pure Theory of Law*, pp. 208-209 (Bonnie Litschewski Paulson y Stanley L. Paulson, trads., Oxford University Press, 1992) (1934) (donde se argumenta que los cambios exitosos de la *Grundnorm* son ratificados una vez son "presupuestos" por quienes interpretan y hacen cumplir el derecho).

19 Ver Alec Stone Sweet, "Judicialization and the Construction of Governance", 32 *Comp. Pol. Stud.* 147 (1999). Ver también Martin Shapiro, *Courts: A Comparative and Political Analysis* (1986); Martin Shapiro y Alec Stone Sweet, *On Law, Politics, and Judicialization* (2002) (especialmente el cap. 4: Prueba y Comparación).

terceros es tan intensa y universal que no se encuentra ninguna sociedad que no la proporcione en alguna forma. Cuando dos partes en litigio piden ayuda a un tercero, construyen, mediante un acto consensual de delegación, un nodo de autoridad social o modo de gobernanza[20]. Por "modo de gobernanza" entendemos el proceso por medio del cual los sistemas de reglas (normas, derecho) vigentes en cualquier sociedad se aplican y adaptan, en forma regular, a las necesidades y propósitos de quienes viven bajo esos sistemas. La teoría se centra en la dinámica y en las consecuencias políticas del paso de un contexto diádico (cooperación, conflicto, solución de disputas entre dos partes) al contexto tríadico, y de la resolución de disputas por terceros consensual a la resolución de disputas por terceros obligatoria.

La gobernanza triádica incluye una tensión fundamental que amenaza con destruirla. En la resolución de disputas por terceros consensual, la figura triádica sabe que su legitimidad social se basa en parte en el consentimiento de las partes y, por tanto, en la percepción de que es neutral *vis à vis* la disputa. Aunque al declarar un ganador, crea una situación de 2 contra 1 que puede debilitar esa percepción. Dado el interés fundamental por *no* declarar un perdedor, intentará mediar para lograr acuerdos o repartir la diferencia entre las partes. Si una parte ha de ganar, la solución

---

20 Shapiro y Stone Sweet, supra nota 19; ver también Stone Sweet, supra nota 2, p. 6.

típica es basar el resultado en normas preexistentes. Por definición, las normas de una sociedad, bien sean informales o estén formalizadas como ley, incluyen estándares predeterminados de comportamiento apropiado, y así facilitan la resolución de disputas. Al invocar normas, la figura triádica dice en efecto al perdedor: "usted no perdió porque yo prefiera a su adversario, perdió porque mi responsabilidad es respaldar lo que es correcto en nuestra comunidad, dado el daño que ocurrió". Su legitimidad ahora se basa, en parte, en la legitimidad percibida de un tercer interés al margen de las partes: el interés social encarnado en las normas que se aplican. Por supuesto, en una comunidad la "legitimidad percibida" de las normas aplicables y, por tanto, de la resolución de disputas por terceros, varía con el tiempo y según el contexto.

La antropología jurídica de antaño[21] y los "nuevos" enfoques económicos de las normas[22] muestran que la resolución de disputas por terceros consensual en sociedades muy unidas normalmente actúa para reafirmar las normas preexistentes o para desarrollar nuevas normas únicamente en forma gradual. En ambientes sociales caracterizados por niveles de interdependencia crecientes (de aumento de la diferenciación social, la división del trabajo y la con-

---

21 Ver Jane Fishburne Collier, *Law and Social Change in Zinacantan* (1973).

22 Ver Robert C. Ellickson, *Order Without Law: How Neighbors Settle Disputes* (1991).

tratación impersonal a grandes distancias) y costos
de transacción crecientes, la demanda funcional de
resolución de disputas por terceros se traslapa con
una necesidad creciente de adaptación de las reglas
(legislación). En tales situaciones, la resolución de
disputas por terceros consensual, con su énfasis en la
solución de conflictos mediante la (re)promulgación
de normas existentes, a menudo es insuficiente para
sostener niveles crecientes de intercambio social. La
gobernanza y los mecanismos de compromiso –el
derecho y su aplicación– son lo que se necesita.

B. Las cortes y la creación judicial del derecho

El paso a la aplicación del derecho agrava el dilema
de 2 contra 1, al menos de dos maneras. Primera, la
autoridad del juez está ligada al cargo y a la jurisdicción obligatoria, y está respaldada por la capacidad
del Estado para hacerla cumplir. Las cortes aún se
describen ritualmente en términos de un "prototipo
ortodoxo" que destaca sus funciones y las propiedades
de la resolución de disputas por terceros. Y los jueces
aún intentan evitar o mitigar los efectos de declarar
un perdedor, desarrollando regímenes de resolución,
repartiendo entre las partes los costos de una decisión,
tramitando las apelaciones, etc. Pero, al menos desde
el punto de vista de los acusados y perdedores, los
jueces forman parte integral del aparato coercitivo del
Estado. Segunda, en un contexto de una jurisprudencia
estable, los jueces crean derecho. Se puede suponer,
como suponemos para los propósitos de este libro,

que este comportamiento legislativo es principalmente defensivo. El juez desarrolla retóricas de justificación, en parte, para contrarrestar la percepción de sesgos. Aun así, el registro de las deliberaciones –la exposición de razones– tendrá efectos prospectivos y regulatorios, siempre que en el sistema exista una mínima noción de los precedentes.

Desde la perspectiva de 2 contra 1, la legislación judicial plantea un dilema de legitimidad de segundo orden, en vista de que el "contenido de la ley que rige la disputa puede no haber sido determinado por las partes en el momento en que estalló"[23]. La ley aplicable se trasluce en la sentencia del juez. Cómo entender apropiadamente la creación judicial del derecho y cómo evaluar la legitimidad de las cortes frente a su permanente actividad legislativa son preguntas que han obsesionado a la teoría democrática y jurídica durante siglos[24]. Aquí solo mencionamos dos de las respuestas.

Una importante corriente de la teoría positivista subraya que la ley en sí misma limita a los jueces. Hart sostiene que el grado de discreción legislativa defendible vigente en algún momento es proporcional

---

23 Stone Sweet, supra nota 19, p. 157.
24 La crisis generada por la legislación judicial también genera montañas de materiales jurídicos –decisiones judiciales, comentarios y tratados– cuyo propósito es reafirmar la coherencia y la estabilidad básica del derecho y, por tanto, la legitimidad de las cortes, con respecto a los precedentes y a los cánones de interpretación y razonamiento establecidos.

al grado de indeterminación de la ley pertinente[25]. La legislación judicial se puede defender en la medida en que proceda a la luz de la ley y de los precedentes existentes, y en la medida en que "haga" más definida a esa ley. El argumento es funcional: si los jueces no tuvieran discreción legislativa, no podrían desempeñar apropiadamente su función de aplicación del derecho, en vista de la indeterminación y otras incertidumbres. Para MacCormick, estudioso cercano a Hart, el principal objetivo de la teoría jurídica es el desarrollo de estándares para evaluar si la jurisprudencia de un tribunal es "buena o mala" y "racional o arbitraria". Se llega a buenas decisiones mediante la deliberación y el razonamiento analógico; y el buen juez presenta su legislación como una extensión relativamente redundante, autoevidente e incremental de los materiales jurídicos disponibles[26]. Un conjunto de argumentos (no incompatibles) proviene de la teoría convencional de la delegación. En los sistemas constitucionales modernos, el poder judicial es un poder delegado. Los gobernantes (los principales) confieren discreción legislativa a las cortes (sus agentes) por sólidas razones funcionales, y los buenos agentes son aquellos que usan esta autoridad para realizar las tareas que les encomiendan. Cuando el sistema funciona adecuadamente, las cortes les ayudan a gobernar más eficientemente. Cuando no está claro

---

25 H. L. A. Hart, *The Concept of Law*, pp. 124-147 (2.ª ed., 1994).
26 Neil MacCormick, *Legal Reasoning and Legal Theory* (1978).

quien tiene la prioridad en el sistema político por múltiples actores (partidos políticos, Estados, etc.), compiten entre sí por el poder y pueden recurrir a las cortes como instancias de compromiso. Consideremos una corte federal, un tribunal de derechos, la Corte Europea de Justicia o el Órgano de Apelación de la Organización Mundial del Comercio. En estos casos, el agente –al que llamamos corte *fideicomisaria* en la siguiente sección– hace cumplir los acuerdos constitucionales a los que llegaron los principales actores políticos (partidos políticos, Estados miembros) incluso contra ellos. Además, así como cualquier contrato complejo, las constituciones son fundamentalmente incompletas. Las partes contratantes necesitan a los jueces no solo para resolver las disputas entre ellas sino también para clarificar sus obligaciones, con el paso del tiempo, cuando surgen disputas y las circunstancias cambian. Se sigue entonces que la legislación judicial es positiva en la medida en que ayuda a los principales actores políticos a manejar sus problemas de gobernanza, incluido el compromiso imperfecto y la indeterminación jurídica.

Desde esta óptica, la legislación judicial es un subproducto normal de la delegación a los jueces constitucionales y, en el peor de los casos, un precio razonable y previsible que se ha de pagar para obtener un beneficio social mayor: proteger derechos, asegurar el federalismo, hacer que funcionen los bloques comerciales. Por su parte, los jueces elaboran la doctrina constitucional: aquellas restricciones al ejercicio de la discreción legislativa que se presumen estables.

No obstante, abundan los debates sobre la legitimidad del "activismo judicial", por una obvia razón. Cuando pasamos de (1) la resolución de disputas por terceros consensual a (2) un juez que interpreta una ley para aplicarla y a (3) una corte constitucional que protege derechos contra una mayoría legislativa, la figura triádica está cada vez más involucrada en la gobernanza sistémica; y en la situación (3) la corte controla a los gobernantes políticos. En los casos de derechos fundamentales, en los que las partes en litigio siempre representan un interés social más amplio, la legislación y el 2 contra 1 necesariamente se traslapan. Una corte que elige un valor constitucional por encima de otro también favorece un interés político por encima de otro. Si todo lo demás es igual, la forma más aguda de este problema aparecerá en condiciones de supremacía judicial.

C. Supremacía judicial: el "nuevo constitucionalismo" y la corte fideicomisaria

En los cincuenta años anteriores el "nuevo constitucionalismo" se extendió por todo el mundo, y hoy no tiene rival como modelo de organización del Estado[27]. Los preceptos del modelo se pueden enumerar

---

27 En los años noventa, la fórmula básica del nuevo constitucionalismo –(a) una constitución escrita, (b) una carta de derechos y (c) un mecanismo de control de constitucionalidad para proteger los derechos– se convirtió en norma, incluso para lo que la mayoría de nosotros consideraríamos Estados autorita-

rápidamente: (a) las instituciones de gobierno son establecidas por una constitución escrita y derivan su autoridad exclusivamente de ella; (b) la constitución asigna el poder último al pueblo por medio de elecciones o referéndums; (c) el uso de la autoridad pública, incluida la autoridad legislativa, es aceptable jurídicamente únicamente en la medida en que se conforme a la ley constitucional; (d) la constitución prevé un catálogo de derechos y un sistema de justicia constitucional para defender esos derechos[28]; y (e) la misma constitución especifica cómo se puede reformar. El "nuevo constitucionalismo" se basa en el precepto de que los derechos y la protección efectiva de los derechos son esenciales para la legitimidad democrática del Estado. Por tanto, rechaza los modelos de soberanía legislativa (p. ej., los de Australia, de la Tercera y de la Cuarta República Francesa, y de Gran Bretaña hasta hace poco), así como las ideologías que

---

rios no democráticos. En un conjunto de datos reciente sobre formas constitucionales compilado por Alec Stone Sweet y Cristina Andersen hay 194 Estados: 190 tienen constituciones escritas, y de estas 183 contienen una carta constitucional de derechos. Desde 1985 ha habido 114 constituciones escritas (no todas duraderas), y tenemos información confiable sobre 106 de ellas. Todas estas 106 constituciones contienen un catálogo de derechos, y 101 establecen el control de constitucionalidad basado en los derechos por parte de una corte suprema o constitucional. Al parecer, la última constitución que omitía los derechos fue la racista constitución surafricana de 1983, un modelo difícil de emular.

28 Stone Sweet, supra nota 1, p. 37.

confieren autoridad política ilimitada a una persona o a un partido[29].

Para que sea viable, el modelo exige una amplia delegación a los jueces constitucionales. Según la constitución clásica de "soberanía legislativa" (hoy prácticamente difunta), se puede considerar a las cortes como agentes (o esclavos) de la legislatura. Sin embargo, el marco básico de agente-principal pierde relevancia cuando se llega a los sistemas modernos de justicia constitucional. Una metáfora más apropiada es la de "fideicomiso" constitucional: aquellas situaciones frente a las cuales los fundadores de nuevas constituciones delegan facultades "fiduciarias" amplias y abiertas a una corte[30]. Un *fideicomisario* es un tipo particular de agente que posee facultades para gobernar a los mismos gobernantes. En la situación más común, el corte fideicomisaria ejerce responsabilidades fiduciarias con respecto a la constitución, en nombre de una entidad ficticia: el pueblo soberano.

En dichos sistemas, las élites políticas –miembros de los partidos, del aparato ejecutivo y del órgano

---

29 Para un análisis más extenso, ver Alec Stone Sweet, "Constitutions and Judicial Power", en *Comparative Politics*, pp. 217-239 (Daniele Caramani, ed., Oxford University Press, 2008).

30 Ver Alec Stone Sweet, "Constitutional Courts and Parliamentary Democracy", 25 *W. Eur. Pol.* 77 (2002), que se basa en las contribuciones de Giandomenico Majone, "Two Logics of Delegation: Agency and Fiduciary Relations in EU Governance", 2 *Eur. Union Pol.* 103 (2001) y de Terry Moe, "Political Institutions: The Neglected Side of the Story", 6 *J. L. Econ & Org.* 213 (1990).

legislativo–*no tienen* nunca prioridad en su relación con los jueces constitucionales[31]. Los funcionarios elegidos pueden tratar de evadir las decisiones o de limitar las facultades de la corte, e intentar influir en la corte de otras maneras (p. ej., por medio de nombramientos). Pero en términos formales, para contrariar a la corte, tendrían que reformar la constitución. Las reglas de decisión que rigen la reforma de la constitución suelen ser, sin embargo, más restrictivas que las que rigen el control de la constitucionalidad de las leyes, y los procedimientos de reforma pueden involucrar a otros actores que están fuera de su control. En muchos de los Estados que estudiamos en este capítulo, por ejemplo, la reforma de las disposiciones de derechos es una imposibilidad práctica o jurídica; y en la Unión Europea y la Organización Mundial del Comercio, la regla de decisión que rige la reforma del tratado es la unanimidad de los Estados miembros.

El constitucionalismo moderno se caracteriza por la supremacía judicial estructural, en la cual los principales actores políticos transfieren, de hecho, un conjunto significativo de "derechos políticos de propiedad" a los jueces, con una duración indefinida. La supremacía estructural es una construcción puramente formal,

---

31 En la práctica, algunos funcionarios elegidos comparten algunas funciones usualmente asociadas con los principales, como los nombramientos. No obstante, más a menudo son simples "jugadores" dentro de las estructuras de reglas comtempladas en la constitución. Compiten entre sí, entre otras cosas para estar en posición de legislar.

varía en grado según el sistema y en esa noción no hay nada que nos diga cómo ejercerán los jueces sus facultades. No obstante, la supremacía institucionalizada significa que los resultados producidos mediante la aplicación de la constitución constitucional serán inflexibles y "más o menos inmunes al cambio, salvo mediante ese mismo proceso", siempre que exista una concepción mínimamente robusta de los precedentes[32]. En una situación tal, los jueces tienen total interés en elaborar una doctrina –unos marcos de argumentación– susceptible de ser desligada de los resultados políticos específicos.

D. Ponderación, argumentación y proporcionalidad

Una de nuestras tesis es que el análisis de proporcionalidad ha proporcionado un importante fundamento *doctrinal*[33] para la expansión de la autoridad judicial basada en los derechos en todo el mundo. En el resto del libro, lo describimos como una especie de sistema

---

32 Stone Sweet, "Path Dependence, Precedent, and Judicial Power", en *On Law, Politics, and Judicialization*, supra nota 19, pp. 112, 120.

33 Reconocemos que muchos abogados y científicos sociales académicos sospechan profundamente de las explicaciones puramente doctrinales de la evolución de los sistemas jurídicos. Nuestra explicación se basa en la doctrina conceptualizada de una forma particular, a saber, como un marco discursivo de argumentación basado en normas que hacen posible que las partes litigantes y el juez diriman el conflicto entre el dominio del derecho y el dominio basado en intereses.

operativo que los jueces constitucionales emplean en la búsqueda de dos objetivos generales entrelazados:

– manejar entornos potencialmente explosivos, dado el carácter políticamente sensible de la aplicación de los derechos.

– establecer y reforzar la pertinencia de la interpretación y de la deliberación constitucional dentro del sistema político más amplio.

El análisis de proporcionalidad proporciona los materiales básicos para lograr ambos objetivos, en forma relativamente estandarizada y fácil de usar. En condiciones de supremacía y de una jurisprudencia estable, una corte fideicomisaria tiene poderosas razones para tratar de atraer a los principales actores del sistema político a los procesos que gobierna e inducirlos a usar los modos de deliberación que predica. En la medida en que lo logren, las élites políticas ayudarán a legitimar a la corte y sus doctrinas, a pesar o debido a la controversia sobre la supremacía.

1. Ponderación

Una tarea básica de los jueces constitucionales es resolver el conflicto intra-constitutional: las disputas jurídicas en las que cada parte defiende un valor o norma constitucional contra otro. Cuando la tensión entre dos intereses de rango constitucional no se puede dejar de interpretar, una corte puede desarrollar una norma de conflicto que determine cuál interés prevalece. De hecho, la mayoría de los jueces son reacios a construir jerarquías de normas *intra-constitutionales*. En cambio, suelen anunciar que ningún derecho es absoluto, lo cual los impulsa a una forma de ponderación.

Cuando se llega a la aplicación de la constitución, la ponderación nunca se puede disociar de la creación de derechos: exige que los jueces se comporten como legisladores, o que tomen decisiones sobre un acto de ponderación anterior realizado por funcionarios elegidos. No obstante, el paso a la ponderación tiene importantes ventajas. Consideremos las alternativas. Una corte puede declarar que los derechos son absolutos o que un derecho siempre debe prevalecer sobre otros valores constitucionales, incluidas otras disposiciones de derechos. La creación de dichas jerarquías *constitucionalizaría*, de hecho, a los ganadores y los perdedores. Además, no conocemos ningún procedimiento defendible para hacerlo aparte de petrificar un acto de ponderación anterior: en la medida en que los jueces expusieron razones para conferir un estatus superior a un valor con respecto a otro, ya ponderaron de hecho. Una corte también podría crear reglas de cobertura basadas en precedentes para determinar cuando está en juego o no un derecho, o en qué circunstancias prevalece un interés contra otro. El procedimiento quizá no evite que la corte sea acusada de legislar o ponderar. Por el contrario, esa corte se inviste con el manto del legislador supremo cuya tarea auto impuesta es elaborar lo que es, en efecto, un código constitucional.

Una corte que reconoce explícitamente que la ponderación es inherente a la aplicación de los derechos es más honesta que una que pretende que solo hace cumplir un código constitucional, pero que no pondera ni legisla. También opera estratégicamente mejor con respecto a las alternativas. El paso a la ponderación deja en claro: (a) que cada parte invoca una norma o un valor constitucionalmente legítimo; (b) que, *a priori*, la corte tiene en una estima igualmente alta a cada uno de estos intereses; (c) que determinar cuál valor prevalecerá en un caso dado no es un ejercicio mecánico sino una tarea judicial difícil que involucra consideraciones políticas complejas; y (d) que los casos futuros en que se enfrenten esos dos mismos intereses legales bien puede ser decididos de manera diferente, dependiendo de los hechos.

2. Marcos de la argumentación

En las situaciones de ponderación lo que varía es el contexto y lo que determina los resultados es la interpretación del contexto –las circunstancias, los patrones de hechos y las consideraciones políticas en juego en cada caso– que hace el juez. No obstante, una corte que pondera, da algún grado de coherencia a la aplicación del derecho desarrollando *procedimientos* estables para llegar a las decisiones. En la medida en que tengan éxito, estos procedimientos cumplirán en forma más amplia algunas de las funciones de sistematización de los precedentes.

Nos centramos en un tipo particular de procedimiento, el "marco de la argumentación". Estas son estructuras discursivas que organizan (a) cómo hacen valer los litigantes sus intereses y cómo enfrentan los argumentos de su adversario, y (b) cómo enmarcan las cortes sus decisiones. Siguiendo a Sartor[34], esos marcos incluyen una serie de pasos de inferencia, representados por una declaración justificada por razones (o reglas de inferencia) que lleva a una conclusión. En situaciones de ponderación, dichos marcos incorporan inconsistencia –es decir, argumentación– en la medida en que cada paso de inferencia ofrece un argumento defendible y un contraargumento, a partir de los cuales se puede llegar a conclusiones contradictorias pero defendibles. En la resolución de disputas dentro de estas estructuras, los jueces normalmente eligen entre un menú de conclusiones de este tipo.

Es nuestra opinión, una corte que pondera intentando manejar su entorno no puede hacer nada mejor que difundir marcos de argumentación apropiados. Una vez vigentes, la corte sabrá, por adelantado, cómo elevarán las partes sus pretensiones en una disputa intra-constitutional, y cada parte sabrá cómo procederá la corte para tomar sus decisiones. En condiciones de supremacía (en el contexto de una jurisprudencia estable), la fidelidad de la corte con un marco particular consagrará ese modo de argumentación como doctrina constitucional. En la medida en que sea ineficaz argumentar fuera de ese marco, los

---

34 Giovanni Sartor, "A Formal Model of Legal Argumentation", 7 *Ratio Juris* 177 (1994). Para un análisis más amplio, ver Stone Sweet, supra nota 30.

actores jurídicos experimentados usarán el marco, reproduciéndolo y legitimándolo.

3. Proporcionalidad

El análisis de proporcionalidad es un marco de argumentación, aparentemente diseñado para tratar las tensiones intra-constitutionales, es decir, la indeterminación de la aplicación de los derechos. El marco indica claramente a las partes litigantes el tipo y la secuencia de argumentos que pueden y deben exponer, y el camino por medio del cual los jueces razonarán para tomar su decisión. A lo largo de este camino, el análisis de proporcionalidad ofrece numerosas oportunidades para que la corte que pondera exprese su respeto, e incluso su reverencia, por las posiciones relativas de cada una de las partes. Este último punto es esencial. En situaciones en las que los jueces no pueden evitar declarar un ganador, pueden al menos hacer una serie de cortesías rituales a la parte perdedora. De hecho, la corte que pasa a la ponderación *en sentido estricto* afirma, en efecto, que cada parte tiene un derecho constitucional significativo de su lado, pero que la corte debe, no obstante, tomar una decisión. La corte puede entonces afirmar creíblemente que comparte en algún grado la angustia del perdedor por el resultado.

E. *La estructura de los derechos constitucionales*

La ponderación predomina en la aplicación judicial de los derechos contemporáneos por tres razones básicas. Primero, las disposiciones de derechos son normas relativamente abiertas, es decir, son indeterminadas y tienen el peligro de ser interpretadas de manera inflexible y partidista. Como ya vimos, los jueces tienen buenas razones para formalizar un procedimiento de ponderación e imponerlo a las partes litigantes. El análisis de proporcionalidad es esa formalización.

Segunda, las constituciones posteriores a la Segunda Guerra Mundial estipulan sin ambigüedades que la mayoría de las disposiciones de derechos no son absolutas sino que pueden ser limitadas por otro valor de rango constitucional. De hecho, las cláusulas de limitaciones son la norma. Veamos los siguientes ejemplos:

– En Alemania (1949), el artículo 2.1 de la Ley Básica (Ley Fundamental Alemana) dice que "Cada uno tendrá derecho al libre desarrollo de su personalidad, siempre que no vulnere los derechos de otros y no infrinja el orden constitucional o el código moral".

– En la Constitución española de 1978, el artículo 20.1.a proclama el derecho a la libre expresión, y el artículo 20.4 lo "delimita" aludiendo al respeto de otros derechos, como el derecho al "honor y la intimidad". El artículo 33.1 declara el derecho a la propiedad privada, mientras que el artículo 33.3 dispone la restricción de los derechos de propiedad por causa de "utilidad pública", de conformidad con las leyes.

– La Sección 1 de la Ley Constitucional canadiense (1982) declara que: "La *Carta canadiense de Derechos y Libertades* garantiza los derechos y libertades establecidos en ella sujetos únicamente a los límites razonables prescritos por la ley que se puedan demostrar justificadamente en una sociedad libre y democrática".

– El artículo 17 de la Carta de Derechos de la República Checa (1993) prescribe: "la ley puede limitar la libertad de expresión y el derecho a buscar y difundir información si se trata de una medida necesaria en una sociedad democrática para proteger los derechos y libertades de los demás, la seguridad del Estado, el orden público, la protección de la salud y de la moralidad, pública".

– En Sudáfrica (1996), la extensa Declaración de Derechos va seguida de la sección 36.1, que anuncia: "Los derechos de la Declaración de Derechos individuales solo pueden se limitados por leyes de aplicación general hasta el punto en que la limitación sea razonable y justificable en una sociedad abierta y democrática basada en la dignidad humana, la igualdad y la libertad, teniendo en cuenta todos los factores pertinentes, incluidos la naturaleza del derecho, la importancia del propósito de la limitación, la naturaleza y el alcance de la limitación, la relación entre la limitación y su propósito, y los medios menos restrictivos para lograr el propósito".

En cada uno de estos contextos (ver infra Parte IV), los jueces constitucionales adoptaron el análisis de proporcionalidad para manejar los conflictos intraconstitutionales asociados con los derechos. En otras palabras, los jueces no elaboran doctrinas que les permitan "hacer cumplir" las cláusulas de limitaciones; una ley se invalida cuando no pasa el exámen de proporcionalidad. En Canadá, los jueces aplican el exámen prueba del medio menos intrusivo cuando se les pide que hagan cumplir la prescripción de "límites razonables" del Artículo 1 de la Ley Constitucional. En Sudáfrica, la misma Declaración de Derechos exige el exámen del medio más benigno, pero los fundadores basaron esta disposición en una sentencia anterior de la Corte Constitucional para adoptar la proporcionalidad como principio fundamental de la aplicación judicial de los derechos[35]. Después de 1989, en Europa Central el análisis de proporcionalidad se activa automáticamente siempre que la "necesidad" o la naturaleza "esencial" o la "razonabilidad" de las medidas del gobierno sean cuestionadas invocando una disposición de derechos.

Una tercera razón: muchas constituciones modernas (o la doctrina o la teoría constitucional) necesitan órganos estatales, incluidos el legislativo y el ejecutivo, para proteger o mejorar el disfrute de los derechos. Una función esencial de las cortes constitucionales y supremas es supervisar esta actividad. En tales situaciones, los gobiernos argumentarán que sus medidas no se oponen a los derechos sino que están asociadas a un derecho específico. El conflicto clásico –entre un derecho x y la voluntad de la "mayoría" expresada en una ley– se transforma en un conflicto entre un derecho x y una acción del gobierno encaminada a

---

35 *S v. Makwanyane & Another* 1995 (3) SA 391 (CC), 436 (S. Afr.). Ver infra Parte IV.A.2.

facilitar el desarrollo o el disfrute del derecho *y*. Las cortes pueden interpretar, y a menudo interpretan, estas disputas como tensiones entre dos derechos. Aparte de adoptar un marco formal de ponderación como el análisis de proporcionalidad, no vemos qué posición de la una corte sería mejor para tratar esos casos.

1. La corte fideicomisaria y la adjudicación de derechos

El paso a la proporcionalidad genera lo que antes llamamos un problema de legitimidad de "segundo orden", por cuanto saca a la luz plenamente la capacidad legislativa del juez protector de derechos.

Este argumento fue expuesto enérgicamente por Hans Kelsen, el fundador de la corte constitucional moderna y de otra importante vertiente del positivismo. En su teoría constitucional, Kelsen concibió el sistema jurídico como una jerarquía de normas, que los jueces están prontos a defender como un medio para asegurar la validez y la legitimidad del sistema. En los años de entreguerras, Kelsen se esforzó por racionalizar el control de constitucionalidad, frente a la tradicional hostilidad política a compartir el poder con los jueces. Aún más importante, distinguió lo que hacen los legisladores y lo que hacen los jueces constitucionales, cuando crean derecho[36]. Los par-

---

36 Hans Kelsen, "La garantie juridictionnelle de la constitution", 45 *Revue du droit public* 197 (1928).

lamentos son "legisladores positivos", puesto que establecen leyes libremente, sujetos únicamente a restricciones constitucionales (reglas de procedimiento). Los jueces constitucionales, por su parte, son "legisladores negativos", cuya autoridad legislativa se limita a anular una ley cuando está en conflicto con el derecho constitucional[37]. La distinción entre el legislador positivo y el legislador negativo se basa en la ausencia, dentro del derecho constitucional, de derechos de obligatorio cumplimiento. Aunque sus actuales seguidores ignoran este hecho, Kelsen advirtió explícitamente contra los "peligros" de las disposiciones de derechos de rango constitucional, a las que equiparó con el derecho natural[38]. La corte que intenta proteger los derechos elimina inevitablemente la distinción entre el legislador "negativo" y el legislador "positivo"[39]. Desde su punto de vista, los jueces constitucionales –en su búsqueda para

---

37 Stone Sweet, "Constitutional Judicial Review", en *On Law, Politics, and Judicialization*, supra nota 19, p. 147.

38 Ibíd.

39 Kelsen, supra nota 36, pp. 221-241. Kelsen escribió:
    A veces las mismas constituciones pueden referirse a principios [ley natural], que invocan los ideales de equidad, justicia, libertad, igualdad, moralidad, etc., sin definir al menos [precisamente] que significan estos términos [...] Pero con respecto a la justicia constitucional, estos principios pueden cumplir un papel sumamente peligroso. Una corte podría interpretar estas disposiciones constitucionales, que invitan al legislador a honrar los principios de justicia, equidad, igualdad [...] como exigencias positivas para el contenido [sustantivo] de las leyes.

descubrir el contenido y el alcance de los derechos– se convertirían inevitablemente en superlegisladores.

El paso al nuevo constitucionalismo demostró que Kelsen tenía razón: una corte fideicomisaria protectora de derechos es un legislador positivo cuya autoridad legislativa discrecional es potencialmente ilimitada, al menos en el papel. No obstante el contexto de los argumentos de Kelsen cambió radicalmente (Parte IV). Después de la Segunda Guerra Mundial, el control de constitucionalidad se tornó esencial para la idea de constitucionalismo. En muchos lugares que tenían nuevas constituciones era un asunto relativamente simple defender la supremacía judicial desde el punto de vista de la teoría de la delegación: el compromiso político con los derechos exige una fuerte delegación a los jueces; y, si los jueces hacen su tarea apropiadamente, a veces afectarán los procesos y los resultados políticos. También se podría argumentar que, conforme al nuevo constitucionalismo, no hay ningún problema de legitimidad, puesto que la misma constitución establece expresamente los derechos, el control de constitucionalidad con base en ellos y la supremacía estructural del juez constitucional en ciertos procesos (políticamente relevantes). Lo interesante es que el argumento no logró cerrar la controversia sobre la supremacía ni sobre lo que los jueces hacen con ella.

F. La ponderación como optimización

El libro de Robert Alexy, *Una teoría de los derechos constitucionales*, es sin duda la obra más importante

e influyente de teoría constitucional que se ha escrito
en los últimos cincuenta años. Alexy elabora una "teoría estructural" de los derechos y de la ponderación
proporcional a la luz de la jurisprudencia de la Corte
Constitucional Federal Alemana[40]. Sin embargo la
teoría tiene una aplicación mucho más amplia porque
habla directamente de los principales problemas que
plantea el nuevo constitucionalismo. En este momento
las ideas de Alexy constituyen el fundamento conceptual básico del análisis de proporcionalidad. En
esta breve sección destacamos algunas de las tesis
Alexy, nos centramos en los conceptos que utilizamos
más adelante.

Para nuestros propósitos, Alexy hace dos aportes
originales. Primero, distingue entre *reglas* y *principios*,
y luego conceptualiza los principios como "mandatos
de optimización"[41]. Las reglas "contienen puntos
establecidos en el campo de lo que es posible factual
y jurídicamente", es decir, una regla es una norma
que se "cumple o no"[42]. Para Alexy, los principios,
como aquellos que se incluyen en las disposiciones
de derechos, son normas que "exigen que algo se
cumpla en el mayor grado posible dadas las posibilidades jurídicas y fácticas"[43]. Esta distinción marca una
diferencia en la aplicación del derecho. Un conflicto
entre dos reglas se puede resolver dando primacía,

---

40 Alexy, supra nota 13, pp. 13-18.
41 Ibíd., pp. 44-61.
42 Ibíd., pp. 47-48.
43 Ibíd., p. 47.

invalidando o estableciendo una "excepción apropiada" a una de las reglas con respecto a la otra. Pero un conflicto entre dos principios solo se puede resolver por medio de la ponderación: el juez encuentra que un principio pesa más que el otro, dado un conjunto particular de circunstancias. La explicación de los derechos que propone Alexy estipula que los derechos tienen una cualidad inherente que no se puede condensar en normas. En sí mismos, por fuera de un contexto particular de disputa o argumentación, los derechos no nos dicen cómo se deben materializar (mientras que una regla que por ejemplo limita la velocidad contiene esos criterios en sí misma). El alcance de lo "jurídicamente posible" –el cual fija las condiciones límite del proceso de optimización– está determinado por la oposición entre principios, la cual está enraizada en las especificidades de un conflicto[44]. Alexy argumenta que "los conflictos entre reglas se manifiestan en el nivel de la validez", mientras que "la competencia entre principios se manifiesta en la dimensión de la ponderación", dentro de un contexto específico[45].

Si los derechos son "mandatos de optimización", obligatorios para todas las autoridades públicas (y en algunos casos privadas), la aplicación de los derechos (y, por tanto, la legislación, en general) se reduce a la

---

44 En vez de ser una propiedad fija de las normas (en abstracto, tienen igual peso).
45 Alexy, supra nota 13, p. 50.

ponderación[46]. Además, el propósito de la ponderación debe ser el de resolver presuntos conflictos entre principios y *ayudar a todos los órganos del Estado* en su tarea de optimizar apropiadamente los derechos y otros principios contrapuestos.

El segundo aporte importante de Alexy se deriva de su construcción de la ponderación como una especie de *regla metaconstitucional* (Alexy no usa esa frase; en nuestra opinión, él presupone el análisis de proporcionalidad y la ponderación como una Grundnorm). Un conflicto entre principios impone a los jueces el deber de ponderar y optimizar. Aunque nos saltamos algunos pasos del argumento, Alexy teoriza sobre la aguda necesidad del análisis de proporcionalidad –de la prueba prueba del medio menos intrusivo– en términos de optimalidad de Pareto[47]. En consecuencia, no puede haber ninguna justificación defendible para permitir que una autoridad pública infrinja un derecho más de lo que es necesario para que cumpla un segundo principio, dado que el derecho puede ser optimizado: el portador del derecho podría estar mejor si el gobierno eligiera medios menos gravosos. La optimización también se incorpora en "la ley de la ponderación" de Alexy, que rige la etapa de "proporcionalidad en sentido estricto" del análisis de proporcionalidad: "Cuanto mayor sea el grado de no

---

46 "Las constituciones con derechos constitucionales intentan simultáneamente organizar la acción colectiva y garantizar los derechos individuales", ibíd., p. 425.

47 Ibíd., p. 399.

satisfacción o de detrimento de un principio, mayor debe ser la importancia de satisfacer el otro"[48].

Aunque Alexy de una justificación de la ponderación como procedimiento, reconoce que la pregunta de qué peso relativo deberían dar los jueces a principios opuestos, en una disputa dada, es totalmente externa a la teoría[49]. En nuestra opinión, todo defensor del análisis de proporcionalidad debe admitir que el paso a la ponderación proporcional saca a la luz, en vez de ocultar, al legislador positivo de Kelsen, a la corte fideicomisaria protectora de los derechos. No obstante, Alexy puede aducir, como aducimos nosotros, que el análisis de proporcionalidad genera una forma particular de argumentación, e impone al juez la obligación de justificar sus decisiones en términos de restricciones ciertas[50]. Por tanto, en la medida en que los jueces busquen realmente soluciones óptimas de Pareto (la fase de necesidad) y realmente intenten cumplir la ley de la ponderación (la fase final de ponderación), el análisis de proporcionalidad será menos vulnerable a la acusación de que procede en ausencia de criterios racionales, y que no es más que un medio para camuflar (sin restricciones) las decisiones políticas de una corte.

---

48 Ibíd., p. 102.
49 Ibíd., 100, 105.
50 Como señala Alexy, la ley de la ponderación "no carece de valor [...] [sino que] identifica lo que es significativo en los ejercicios de ponderación"; ibíd., p. 105.

Desde el punto de vista de 2 contra 1 y de la legislación judicial, debería ser obvio que los fallos que conforman la ley dela ponderación, o que, por decirlo así, tocan algún punto de una frontera Pareto, serán más aceptables que los que no son óptimos de Pareto. Desde una perspectiva de economía política más amplia, esos fallos permiten que los jueces traten conflictos entre (a) aquellos intereses sociales que probablemente pierdan más y (b) aquellos intereses sociales que probablemente ganen más, con la nueva asignación de bienes públicos generada por la medida del gobierno que está en revisión. La corte, en efecto, está diciendo que hará todo el esfuerzo para minimizar las consecuencias negativas de su fallo para la parte o el interés perdedor: el derecho o interés o valor reivindicado por el perdedor así lo exige. Si los jueces hacen ese esfuerzo, *siempre* será posible que algunos observadores pretendan que los efectos políticos de sus fallos son un subproducto inevitable de la aplicación de los derechos, y no resultados que los jueces tratan de imponer al sistema político. Después de todo, el contexto político –y el menú de opciones a disposición de la corte– fue generado por los partidos y no por la corte.

Por último, un aplicador de derechos activo que pondera, se esfuerza por optimizar e intenta seguir la "ley de la ponderación" tenderá a impulsar los resultados políticos hacia el centro del espectro partidista. Así lo hará en la medida en que elimine las medidas extremas que puedan promover los partidos políticos con agendas reformistas. Y así lo hará en la

medida en que el paso judicial al análisis de proporcionalidad afecta o coloniza el espacio legislativo
y administrativo, induciendo a los diseñadores de
políticas a evaluar la proporcionalidad de sus propias
decisiones en forma permanente. Si el análisis de
proporcionalidad lleva a que la política partidista sea
más consensual con el paso del tiempo, es probable
que ese hecho mitigue los dilemas de legitimidad en
los que nos centramos aquí[51].

G. Síntesis

Hasta ahora, nuestro argumento se basa en dos lógicas
separadas en principio pero inseparables en la práctica.
Primera, al menos en teoría, el análisis de proporcionalidad puede ayudar a los jueces a responder a un
conjunto de agudos dilemas que se traslapan, relacionados con el 2 contra 1, la legislación y la supremacía
judiciales. Segunda, el análisis de proporcionalidad se
adapta a la estructura de las disposiciones de derechos
en un mundo dominado por los preceptos del "nuevo
constitucionalismo". Y más importante, las nuevas
constituciones proclaman derechos e inmediatamente
establecen excepciones legítimas a esos derechos, en la
forma de los diversos intereses públicos reconocidos
constitucionalmente. Los conflictos intra-constitu-
cionales son inevitables en dichos sistemas, de ahí la

---

51 Hasta donde sabemos, este punto no ha sido objeto de teori-
zación explícita ni de investigación empírica.

amplia delegación a los jueces constitucionales[52]. En nuestra opinión, esas dos lógicas se suelen traslapar en la aplicación de los derechos. Nuestra explicación combina entonces factores "políticos" (o "estratégicos"), "jurídicos" (o regidos por normas) y lógicos, teorizados de manera particular.

II. La genealogía germana

La Ley Básica alemana (1949) estableció un sistema de justicia constitucional que no solo transformó el derecho, la política, y la teoría del Estado en Alemania, sino que ha influido notablemente en el desarrollo del constitucionalismo en todo el mundo. La Corte Constitucional Federal Alemana ha sido el agente principal de estos cambios. Nos interesa una contribución de la experiencia alemana al constitucionalismo global: el surgimiento del análisis de proporcionalidad como procedimiento formal para tratar las pretensiones basadas en los derechos[53]. Rastreamos los antecedentes

---

52 La segunda lógica también se podría describir en términos estrictamente formales: la estructura de las disposiciones modernas de derechos necesariamente implica el análisis de proporcionalidad. Pero los jueces pueden elegir cómo manejar de la mejor manera el conflicto intra-constitucional basado en derechos; no se les exige adoptar el análisis de proporcionalidad.

53 La idea genérica de proporcionalidad –el principio de que en la ley debe haber al menos un "ajuste" mínimo entre acciones y consecuencias o entre fines y medios– tiene profundas raíces en todos los dominios del derecho alemán; ver en general Franz Wieacker, "Geschichtliche Wurzeln des Prinzips der verhältnis-

del marco de proporcionalidad hasta hace dos siglos, hasta un pilar del derecho administrativo alemán: el derecho de policía (*Polizeirecht*). En la segunda mitad del siglo xix, cuando se amplió el alcance del Estado administrativo, los elementos del análisis de proporcionalidad y en particular la prueba prueba del medio menos intrusivo se convirtieron en un principio esencial del derecho administrativo. La proporcionalidad se extendió al derecho constitucional en la década de 1950 y, bajo la tutela de la Corte Constitucional Federal Alemana, se transformó en el marco extenso de la ponderación.

A. De académicos a jueces

Los académicos propusieron una versión embrionaria del análisis de proporcionalidad a finales del siglo

---

mäßigen Rechtsanwendung", en *Festschrift für Robert Fischer*, pp. 867-869 (Marcus Lutter, Walter Stimpel y Herbert Wiedemann, eds., 1979). Esa idea se refleja en algunas disposiciones del Código Civil –la codificación del derecho privado que se efectuó cuando se iniciaba el siglo xx– y en las antiguas doctrinas del derecho penal. Estas últimas incluyen el mandato de que el castigo se debe ajustar al delito y la doctrina de la necesidad estatutaria adicional, según la cual un acto que de otro modo sería criminal puede ser justificado cuando es necesario para evitar un daño mayor; ver Strafgesetzbuch [StGB] [Código Penal], 15 de mayo de 1871, Reichsgesetzblatt [RGBl] 127, reformado, § 34 (que hace referencia al castigo proporcionado); § 62 (que hace referencia a la necesidad estatutaria adicional); George P. Fletcher, *Rethinking Criminal Law*, pp. 779-783 (2000) (donde se discuten los antecedentes judiciales del StGB § 34).

XVIII, cuando empezaron a contemplar nuevas formas
de intervención del Estado y, por ende, la posibilidad
de un conflicto permanente entre propósitos públicos
y libertades individuales. El área doctrinal en la que
este conflicto se teorizó seriamente por vez primera
fue el campo en desarrollo del *Polizeirecht*. En el uso
contemporáneo, *Polizeirecht*[54] denota la ley aplicable a
la fuerza de policía[55], pero hace dos siglos, ese término
tenía un significado mucho más amplio. Subsumía las
medidas encaminadas a promover el bienestar público, la moralidad y la seguridad públicas, y abarcaba
casi todas las intervenciones del Estado (entonces
bastante primitivas) en la sociedad[56].

Los principales pensadores jurídicos y políticos
intentaron fundamentar la legitimidad de las intervenciones de policía en principios capaces de mediar
el conflicto entre la autonomía privada y el bienestar
público. Este conflicto se tomó en serio debido a que
la autonomía privada era altamente valorada en las
teorías sociales del contrato que animaron la reflexión

---

54 La expresión "poder de policia" da una idea aproximada del
    alcance del *Polizeirecht*. Para una exposición estadounidense
    clásica del "poder de policia", ver *Ives v. South Buffalo Ry. Co.*,
    201 N.Y. 271 (1911).

55 Ver Christoph Gusy, *Polizeirecht*, pp. 132-133 (2003). La ley de
    policía reglamenta, por ejemplo, la cooperación de la policía
    con otras autoridades.

56 Stephanie Heinsohn, *Der öffentlich-rechtliche Grundsatz der
    Verhältnismässigkeit*, p. 14 (1997); Rupprecht von Krauss, *Der
    Grundsatz der Verhältnismässigkeit in seiner Bedeutung für die
    Notwendigkeit des Mittels im Verwaltungsrecht*, p. 7 (1955).

sobre el derecho público en Alemania a finales del siglo XVIII[57]. En opinión de juristas como Carl Gottlieb Svarez (1746-1798), los individuos poseían derechos naturales permanentes y anteriores al Estado, pero renunciaban a parte de su libertad para obtener bienes públicos, mediante la acción del Estado[58]. El contrato social justificaba la autoridad del Estado, pero también fijaba los límites externos de esa autoridad. En esas primeras teorías del poder de policía se dio un lugar central a la proporcionalidad, como estándar que regía la legalidad de las medidas del Estado. En palabras de von Günther Heinrich Berg (1765-1843)[59]:

---

57 Ver Fritz Ossenbühl, "Maßhalten mit dem Übermaßverbot", en *Wege und Verfahren des Verfassungslebens: Festschrift für Peter Lerche zum 65. Geburtstag*, pp. 151, 152 (Peter Badura y Rupert Scholz, eds., 1993); ver también Heinsohn, supra nota 56, p. 9.

58 En palabras de Svarez: "Los derechos de mando de un Estado o un gobernante no se pueden derivar de una bendición divina directa ni del derecho del más fuerte, sino que se deben derivar de un contrato, por el cual los ciudadanos del Estado se someten al orden del gobernante en procura de su felicidad común". Carl Gottlieb Svarez, *Vorträge über Recht und Staat von Carl Gottlieb Svarez von Carl Gottlieb Svarez* (Hermann Conrad y Gerd. Kleinheyer, eds., West-deutscher Verlag 1960), reimpreso en Barbara Remmert, *Verfassungs-und verwaltungsrechts geschichtliche Grunde lagen des Übermassverbots* (1995).

59 Thomas Würtenberger, "Der Schutz von Eigentum und Freiheit im ausgehenden 18. Jahrhundert", en *Zur Ideen-und Rezeptionsgeschichte des Preussisches Allgemeinen Landrechts*, p. 63 (Walter Gose y Thomas Würtenberger, eds., 1999). Von Berg fue el primer académico que usó el término "desproporcionada" en el contexto del derecho de policía; ver Klaus Stern, "Zur Entstehung und Ableitung des Übermaßverbots", en *Wege*

"La primera ley [...] es esta: el poder de policía no puede ir más allá de lo que exigen sus objetivos. El poder de policía puede limitar la libertad natural del súbdito, pero únicamente hasta donde lo exija el objetivo legal. Esta es la segunda ley"[60].

Las leyes de Berg captan la esencia de las pruebas de adecuación y de prueba del medio menos intrusivo: la policía puede invadir las libertades de los ciudadanos únicamente al servicio de objetivos legales, y sus medidas no pueden restringir esas libertades más de lo necesario. El tercer elemento característico del análisis de proporcionalidad –la ponderación en sentido estricto– también fue reconocido en el siglo XVIII. En su tratado, *Conferencias sobre el Estado y el derecho*, Svarez describió el ejercicio de ponderación, pero insistió en que este procedía, observando la escala, en favor de los derechos:

> Solo el logro de un bien más fundamental para el conjunto puede justificar que el Estado exija a un individuo que sacrifique un bien menos sustancial. La libertad natural debe prevalecer siempre que la diferencia de pesos no sea obvia [...] La adversidad [social], que se debe evitar restringiendo la libertad del individuo, tiene que ser más sustancial, por un

---

und Verfahren des Verfassungslebens: Festschrift für Peter Lerche zum 65. Geburtstag, pp. 165, 168 (Peter Badura y Rupert Scholz, eds., 1993).

60 Würtenberger, supra nota 59, p. 63.

margen amplio, que la desventaja, para el individuo
o el conjunto, resultante de la infracción[61].

Aunque los juristas ya habían ideado una prueba de
proporcionalidad para la legitimidad de la intervención
del Estado en las libertades privadas antes de 1800, es
importante señalar que el análisis de proporcionalidad aún no se empleaba para restringir la acción del
Estado. Eso sucedía muchas décadas antes de que el
control judicial de los actos administrativos apareciera
en algunos de los Estados alemanes[62]. Svarez –quien
expuso sus argumentos en las conferencias que presentó al Príncipe Federico Guillermo, el posterior
rey Federico Guillermo III– propuso en efecto un
principio que el Estado habría de adoptar en su comportamiento; no describió un derecho positivo[63]. Pero
en su función de redactor de la extensa codificación
legal de Prusia, el Derecho General Prusiano de 1794
(*Allgemeines Landrecht*, Código General Prusiano)[64],
Svarez también estableció un "ancla" textual importante para el desarrollo doctrinal posterior de
la proporcionalidad. La disposición referente a las

---

61 Carl Gottlieb Svarez, *Vorträge über Recht und Staat von Carl
    Gottlieb Svarez*, p. 40 (Hermann Conrad y Gerd Kleinheyer,
    eds., West-deutscher Verlag 1960), citado en Würtenberger,
    supra nota 59, p. 62.
62 Würtenberger, supra nota 59, pp. 64-65, 67. El primero fue
    Baden, en 1863, y el segundo Prusia, en 1875.
63 Heinsohn, supra nota 56, pp. 8-14.
64 Stern, supra nota 59, p. 168.

facultades de la policía, el Artículo 10 II 17 Código General Prusiano, dice: "El oficio de la policía es tomar las medidas necesarias por mantener la paz, la seguridad y el orden público"[65]. Como se muestra más adelante, esta cláusula constituyó en últimas el fundamento de la doctrina inicial de la proporcionalidad, una vez las nuevas cortes administrativas se encargaron de revisar la "necesidad" de las medidas administrativas casi un siglo después.

Durante el siglo xix los académicos reiteraron y refinaron los estándares basados en la proporcionalidad para el ejercicio del poder de policía[66], y estas ideas finalmente adquirieron autoridad con la creación de cortes administrativas[67]. La más importante de ellas, la *Oberverwaltungsgericht* de Prusia, o Corte Supe-

---

65　Allgemeines Landrecht für die preußischen Staaten [Código General Prusiano], 5 de febrero de 1794, § 10 II 17.

66　Quizá la figura más importante de mediados del siglo xix fue Robert von Mohl, cuyos conceptos de "desproporcionalidad objetiva" y "proporcionalidad subjetiva" anticiparon la proporcionalidad en el sentido estricto y el principio de la necesidad, respectivamente. Robert von Mohl, *Polizei-Wissenschaft*, vol. iii, p. 40 (1844), que se discute en Heinsohn, supra nota 56, pp. 33-34. Aunque von Mohl se basó en la obra de juristas anteriores, no fundamentó la proporcionalidad en la teoría de los derechos naturales, como hizo Svarez, sino en la regña de los conceptos legales. Para una descripción más completa de los fundamentos teóricos más generales de los pensadores de derecho público del siglo xix, ver Remmert, supra nota 58, pp. 52-98.

67　Heinsohn, supra nota 56, p. 31; Krauss, supra nota 56, p. 3.

rior Administrativa, empezó a funcionar en 1875[68]. Alimentada por una jurisprudencia estable, la corte rápidamente ganó reputación en Alemania como principal exponente de los principios del derecho administrativo[69]. En la década de 1880, empleaba la cláusula de "medidas necesarias" del Código General Prusiano de 1794 para anular medidas de policía por razones de prueba del medio menos intrusivo[70].

---

68 Würtenberger, supra nota 59, pp. 65, 67; Preußischen Verwaltungsgerichtsgesetz [Tribunal Administrativo Superior de Prusia], 3 de julio de 1875, *Preußische Gesetzsammlung* 1875, p. 375.

69 Michael Stolleis, *Public Law in Germany, 1800-1914*, p. 283 (Pamela Biel, trad., Berghahn Books, 2001).

70 Dos ejemplos son suficientes para ilustrar la jurisprudencia inicial. En un caso de 1886, la corte determinó que la policía no podía exigir, por razones de seguridad pública, que un hacendado retirara un poste situado al borde de su propiedad. Más bien, lo que era necesario para proteger al público era exigir que el hacendado iluminara el poste después del anochecer. Como explicó la corte, "la protección contra accidentes [...] es en efecto tarea de la policía; pero esta tarea y la autoridad tienen límites porque las medidas elegidas no se pueden extender más allá de lo que se debe para cumplir el objetivo de eliminar el peligro"; Preußisches Oberverwaltungsgericht [PrOVG] [Tribunal Administrativo Superior de Prusia] 3 de julio de 1886, 13 *Entscheidungen des preußischen Oberverwaltungsgerichts* [PrOVGE] 426, 427. Ese mismo año, la corte dispuso que era desproporcionado y, por tanto, inaceptable que la policía clausurara un almacén porque su propietario distribuía brandy sin licencia. El funcionamiento del almacén no era ilegal en sí mismo; solo era ilegal la distribución de brandy. Por tanto, la clausura del almacén era una medida más drástica de la que la policía necesitaba para cumplir el objetivo legítimo de

Así, a finales del siglo xix las cortes administrativas alemanas anularon acciones de policía que violaban la proporcionalidad, lo que en esa época se conceptualizaba como una prueba prueba del medio menos intrusivo obligatoria[71].

A finales del siglo xix, el principio de proporcionalidad ocupaba un lugar seguro en el derecho administrativo, tanto en las decisiones judiciales como en los tratados académicos[72]. En las décadas siguientes se ampliaron las actividades del Estado regulador,

---

hacer cumplir la exigencia de la licencia. Preußisches Oberverwaltungsgericht [PrOVG] [Corte Superior Administrativa de Prusia] 10 de abril de 1886, 13 *Entscheidungen des preußischen Oberverwaltungsgerichts* [PrOVGE] 424, 425.

71 Las cortes administrativas de los demás Estados alemanes pronto empezaron a seguir las medidas de Prusia, invalidando las medidas de policía por razones de prueba del medio menos intrusivo. Stern, supra nota 59, p. 168.

72 Para citas de casos y de tratados, ver Lothar Hirschberg, *Der Grundsatz der Verhältnismässigkeit*, p. 4 n. 20, p. 5 n.21 (1980). El importante estudioso del derecho administrativo Otto Mayer escribió extensamente sobre la proporcionalidad en la ley de policía y popularizó de hecho el término "proporcionalidad"; ver Otto Mayer, *Deutsches Verwaltungsrecht*, pp. 267, 351 (1895). Ver también George Frumkin, A "Survey of the Sources of the Principle of Proportionality in German Law", p. 29 (1991) (tesis inédita, Universidad de Chicago) (archivo de los autores). Fritz Fleiner también captó la esencia de la proporcionalidad en su memorable aforismo "La policía no debería disparar a los gorriones con cañones". Fritz Fleiner, *Institutionen des deutschen Verwaltungsrechts*, p. 404 (1928); ver también Thomas Henne, "Mit Kanonen auf Spatzen schießen: Ein Beitrag Fritz Fleiners zur deutschen Juristensprache", 16 *Deutsches Verwaltungsblatt* 1094 (2002) (donde se traza la historia de esta metáfora).

especialmente a nivel de cada Estado alemán, y aumentaron los litigios por actos administrativos; los jueces respondieron aplicando la prueba prueba del medio menos intrusivo. Como ya se señaló, al comienzo los jueces parecían considerar la proporcionalidad principalmente en términos de prueba del medio menos intrusivo, pero las cortes no siempre distinguían entre las diversas maneras en que las medidas administrativas podían ser desproporcionadas[73]. Con el paso del tiempo, también se contempló y se utilizó el balanceo, pero la práctica estaba lejos de ser uniforme[74].

---

73 Ver Hirschberg, supra nota 72, p. 6.

74 La diversidad de puntos de vista es ilustrada por dos casos de 1929 concernientes a la misma disposición, el § 127 de la Ley de Procedimiento Penal [StPO]. Esa disposición autorizaba a los ciudadanos a detener delincuentes sospechosos que se daban a la fuga. En el caso que se presentó ante la Hamburg Oberlandesgericht, un conductor que creyó (equivocadamente) que el conductor de un auto que venía en sentido contrario usaba inapropiadamente las luces delanteras, interpuso su auto en el camino del otro vehículo para obligarlo a detenerse. En el caso que se presentó ante la Jena Oberlandesgericht, un cazador encontró a un intruso que huyó; incapaz de obligarlo a detenerse, el cazador le disparó y lo hirió. En ambos casos, la pregunta era si el comportamiento de los acusados correspondía a lo que era permisible bajo el § 127. Para abordar la pregunta, la corte de Hamburgo adoptó un análisis de balanceo, preguntando si la acción peligrosa del acusado –el único medio que tenía para detener al otro conductor– estaba "en una relación correcta con los intereses de atrapar al malhechor". Urteil vom 25.3.1929, Oberlandesgericht Hamburg, 58 *Juristische Wochenschrift* 2842 (1929). La corte de Jena, por su parte, rechazó expresamente

El control de constitucionalidad con base en los derechos fundamentales resultó ser más problemático de lo que se pensaba. Aunque las constituciones de la mayoría de los Estados alemanes incluían declaraciones de derechos a finales del siglo xix, las cortes no hacían cumplir esos derechos como triunfos contra la acción estatal, que de otro modo sería conforme al derecho. En el periodo 1875-1918, el control judicial de la administración se convirtió, en ciertos aspectos, en "un sustituto funcional de la falta de control de constitucionalidad"[75], y los jueces administrativos invocaban derechos rutinariamente, en la forma de principios vinculantes para el ejecutivo. Sin embargo las leyes eran inmunes al control judicial, al menos técnicamente.

La Constitución de Weimar (1919-1933) estableció una república. También incluia un catálogo de "derechos", aunque quizá se pueda describir mejor como una lista de aspiraciones programáticas, puesto que

---

el "balanceo de intereses" (*Güterabwägung*): la pregunta era simplemente si se disponía de medios menos restrictivos para detener al intruso. Como no se disponía de medios menos restrictivos el disparo era permisible. Urteil vom 31.5.1929, Jena Oberlandesgericht, 58 *Juristische Wochenschrift* 3324 (1929). Estos casos pueden consituir una circunstancia inusual, porque involucran ciudadanos comunes que ejercen facultades de policía, pero sí indican que la ponderación se contemplaba al menos en el análisis de proporcionalidad.

75 Michael Stolleis, "Judicial Review, Administrative Review, and Constitutional Review in the Weimar Republic", 16 *Ratio Juris* 266, p. 270 (2003).

podían anulados por una ley ordinaria. No obstante, en la década de 1920, con una autoridad política débil y dividida, los jueces emprendieron lo que el historiador jurídico Michael Stolleis denomina una "guerra" reaccionaria contra los políticos, desatada por casos de fraudes y deudas[76]. Desde 1921, la *Reichsgericht* (la Corte Suprema) reclamó la autoridad para controlar la conformidad de las leyes con los derechos fundamentales, especialmente con los derechos de propiedad, a los que calificó de "sagrados"[77]. Al mismo tiempo, importantes juristas –incluidos Carl Schmitt, Heinrich Triepel, Rudolf Smend y el joven Gerhard Leibholz– empezaron a teorizar los derechos como base fundacional de toda legalidad constitucional. Gran parte de esta obra académica era conservadora y antiparlamentaria, pero no toda. Triepel y Smend, al menos, consideraban la capacidad de los derechos para "integrar" al Estado y a la sociedad, y para reducir las tensiones sociales entre clases y facciones. Ellos argumentaban que los derechos se podían entender mejor como un sistema de "valores legalizados", que estos valores se debían infundir en todo el derecho constitucional y debían imponer deberes positivos al gobierno. Smend renovó sus esfuerzos después de 1945, y Leibholz, quien se

---

76 Ibíd., p. 273; ver también 4 *Dokumente zur deutschen Verfassungsgeschichte 1918-1933*, p. 36 (Ernst Rudolf Huber, ed., 1992).

77 Stolleis, supra nota 75, p. 272.

unió a la primera CCFA en 1951, se esforzó para que
la Corte adoptara estas ideas[78].

Si la República de Weimar hubiese sobrevivido,
habría sido posible que la Corte Suprema desarrollara
al menos una jurisprudencia orientada a los derechos
cuyo núcleo habría sido la doctrina de la proporcionalidad. De hecho, la Corte Suprema de Suiza dio
pasos en esa dirección durante ese mismo periodo. En
1926, la Corte Suprema suiza señaló, en sus dictámenes, que eran injustificables las reglamentaciones de
salud pública que infringían la libertad de comercio
y manufactura garantizada por la constitución, más
allá de lo necesario para proteger al público[79].

---

78 Ver Frieder Günther, *Denken vom Staat her: die bundesdeutsche
    Staatsrechtslehre zwischen Dezision und Integration, 1949-1970*,
    pp. 190-191 (2004).

79 Bundesgericht [BGer] [Federal Court] 24 de septiembre de 1926,
    52 *Entscheidungen des Schweizerischen Bundesgerichts* [BGE] I 222
    (F.R.G.). El caso se refería a la impugnación de una orden de las
    autoridades sanitarias del cantón de Zug, que prohibía la venta
    de un bálsamo no medicinal para la ubre de las vacas porque los
    agricultores podían hacer mal uso de él, y evitar el tratamiento
    médico de graves problemas de la ubre. La Corte falló que la
    prohibición no estaba autorizada por la reglamentación de Zug
    sobre licencias de venta de medicamentos, y además observó
    que si la reglamentación se podía interpretar en una forma tan
    amplia de tal modo que autorizaba la prohibición, entonces
    violaba la libertad de comercio y manufactura, garantizada en
    la sección 31 de la Constitución de 1874. La sección 31 incluye
    reservas que permiten alguna regulación económica. La Corte
    sostuvo que la cláusula de reserva que condensa toda la sec-
    ción 31 permitía limitaciones al libre comercio "únicamente
    cuando se basan en el interés público"; ibíd., 227. La sección

Sin embargo, el advenimiento del Tercer Reich en Alemania clausuró el debate sobre el tema, cuando la revisión judicial fue atacada por los nazis y su nuevo establecimiento doctrinal[80]. El simple hecho de calificar de "política" a una medida del Estado solía ser suficiente para protegerla de la revisión judicial[81].

B. La constitucionalización de la proporcionalidad

Redactada bajo la mirada vigilante de las fuerzas de ocupación, la Ley Básica alemana de 1949 creó la República Federal como un nuevo orden constitucional basado en el compromiso con los derechos humanos de cumplimiento obligatorio como ley superior. La

---

31 proscribe reglamentaciones que no son de interés público, también "aquellas medidas que bien pueden ser de interés público, pero que pueden ser sustituidas por una medida de menor alcance [*eine weniger weitgehende Massnahme*] de efecto equivalente. Porque hasta ahora [como es el caso] la infracción de mayor alcance no está justificada en el bien común"; ibíd. Siguiendo las innovaciones alemanas de finales de la década de 1950, la Corte Suprema suiza empezó a aplicar una forma de AP en tres etapas a las restricciones de la libertad de comercio y manufactura. En esa época, esta conocida forma de análisis también se aplicaba a las restricciones de otros derechos. Para un análisis más detallado de los desarrollos suizos, ver Beatrice Weber-Dürler, "Zur neuesten Entwicklungen des Verhältnismäsbigkeitsprinzips", en *Mélanges en l'honneur de Pierre Moor*, pp. 593 (Benoît Bovay y Minh Son Nguyen, eds., 2005).

80 Michael Stolleis, *The Law under the Swastika: Studies on Legal History in Nazi Germany*, p. 134 (University of Chicago Press, 1998).

81 Ibíd.

constitución anuncia un extenso catálogo de derechos
(Arts. 1-20) antes de establecer los órganos del Estado
y el ordenamiento del gobierno. Estos derechos son
vinculantes para el Estado (Art. 1 § 3) y las leyes no
pueden afectar su "contenido esencial" (Art. 19 § 2).
La Ley Básica también creó una corte constitucional,
la Corte Constitucional Federal Alemana, y le confirió jurisdicción para defender esos derechos, en
colaboración con las cortes ordinarias. La ley de la
Corte Constitucional Federal Alemana permitía que
los individuos interpusieran directamente a la Corte
sus reclamaciones por violación de los derechos, y
esta vía de reparación judicial se constitucionalizaría
en 1969 (Art. 93 § 4a).

Inmediatamente, los juristas empezaron a argumentar en favor del reconocimiento de la proporcionalidad como principio constitucional. Algunos,
como Herbert Krüger[82], eran "asociados cercanos" o
seguidores de Rudolf Smend, y las teorías de Smend
sobre los derechos y la "integración" constitucional
disfrutaron de una posición privilegiada en los años
cincuenta[83]. Al mismo tiempo, en la Corte Constitucional Federal Alemana se nombraron académicos
orientados a los derechos, como Gerhard Leibholz.
En retrospectiva, se observa que los estudiosos del

---

82 Krüger escribió extensamente sobre el alcance de la proporcio-
    nalidad ya en 1950. Ver "Die Einschränkung von Grundrechten
    nach dem Grundgesetz", en 1950 *Deutsches Verwaltungsblatt*
    625.
83 Günther, supra nota 78, p. 180.

derecho cumplieron un papel sumamente importante para elevar la proporcionalidad a principio constitucional. Refinaron los conceptos que utilizaban las cortes y propusieron justificaciones para la expansión de la proporcionalidad.

Sobresalen dos figuras en particular: Rupprecht Krauss y Peter Lerche. La influyente disertación de Krauss de 1953 defendió el tratamiento de la prueba de la ponderación como parte fundamental del principio de proporcionalidad, y el tratamiento de la proporcionalidad como principio constitucional. Krauss acuñó el término "proporcionalidad en sentido estricto" y lo presentó como una variante latente del verdadero concepto de proporcionalidad[84]. "Partiendo del significado lógico de la palabra, se refiere a dos o más cantidades que se pueden contraponer empleando un patrón de referencia común, es decir, que son comparables y concordantes entre sí de cierta manera"[85]. La insistencia de Krauss en que el concepto de proporcionalidad implicaba una prueba de ponderación reflejaba su intensa preocupación por los derechos. Escribió: "si la medida [de la legalidad] es únicamente la necesidad [es decir, la prueba de me-

---

84 Krauss también citó una reglamentación de la policía de Danzig que limitaba las intervenciones a aquellas que estaban justificada en la ponderación, habida cuenta de los intereses públicos y privados en juego, para mostrar que la proporcionalidad "en sentido estricto" ya estaba presente en el derecho positivo, Krauss, supra nota 56, p. 15.

85 Ibíd., p. 14.

dios menos restrictivos], un interés público bastante insignificante puede llevar a una grave infracción de un derecho, sin que sea ilegal"[86]. Debido a que las garantías de derechos de la Ley Fundamental eran el rasgo característico del nuevo orden constitucional[87] –argumentó Krauss– la proporcionalidad debe tener aplicación general como contrapeso a la acción del Estado:

> Frente a esta situación constitucional sería una contradicción elevar la libertad personal a principio conductor del Estado y al mismo tiempo permitir que se consideren legales las restricciones innecesarias de esta libertad por parte del Estado. En consecuencia, es simplemente irreconciliable con el sistema de la Ley Fundamental que se pueda permitir que el ejecutivo haga incursiones en la esfera privada de los individuos que vayan más allá de lo que es absolutamente necesario para lograr un fin permisible[88].

El nuevo orden constitucional se reduce así a lo que equivale a un derecho constitucional del análisis de proporcionalidad, un punto que luego dio a entender Alexy[89].

---

86 Ibíd., p. 15.
87 Krauss relacionó la concepción robusta de los derechos de la Ley Fundamental con la influencia del pensamiento de los derechos naturales, ibíd., pp. 39-41.
88 Ibíd., p. 25.
89 Ibíd., p. 26.

Peter Lerche hizo su contribución en una disertación de 1961, cuando estaba en marcha la constitucionalización de la proporcionalidad. Aunque Lerche tuvo el cuidado para distinguir entre la prueba de medios menos restrictivos y la proporcionalidad en sentido estricto, igual que Krauss, argumentó que las dos estaban conectadas lógicamente. La prueba de medios menos restrictivos sería ineficaz en sí misma, puesto que "dos medidas cualesquiera se pueden presentar como medidas 'necesarias', si el propósito al que sirven es definido en términos suficientemente amplios"[90]. La proporcionalidad en sentido estricto se debe sumar a la prueba de medios menos restrictivos, "para que el principio de necesidad no pierda toda sustancia"[91]. Para Lerche, la elevación de la proporcionalidad a rango constitucional es una función del cambio de carácter de las interacciones ciudadano-Estado en el Estado de bienestar moderno. En contraste con épocas anteriores, el carácter de la legislación moderna se ha vuelto más administrativo, organizado en detalle e individualizado en programas regulatorios (como el código tributario), en oposición a las normas amplias de aplicación general[92]. Además, el brazo del Estado se extiende más profundamente a la vida privada de

---

90 Peter Lerche, Übermass und Verfassungsrecht: Zur Bindung des Gesetzgebers an die Grundsätze der Verhältnismäß*igkeit und der Erforderlichkeit*, p. 20 (1961).

91 Ibíd.

92 Ibíd., pp. 48-49.

los individuos que en épocas anteriores[93]. Las antiguas restricciones puramente formales a la legitimidad legislativa son inadecuadas para cumplir la tarea de proteger a los ciudadanos contra este Estado transformado[94]. La proporcionalidad, desarrollada en el contexto del derecho administrativo ahora refleja al Estado en forma más amplia, establece una barrera más alta que los legisladores deben superar antes de infringir derechos individuales, puntos que se remontan a Svarez.

De Svarez a Lerche se observa entonces una notable continuidad en el compromiso doctrinal con el desarrollo de una explicación de los derechos basada en la proporcionalidad. Aunque este compromiso era indudablemente importante, el derecho constitucional de la República Federal Alemana sería modelado en adelante principalmente por los jueces constitucionales y no por la autoridad doctrinal[95]. En 1949, la Corte Constitucional bávara enfrentó un caso relacionado con el artículo 98, parágrafo 2, de la Constitución de ese Estado, el cual dispone que "las restricciones [de los derechos] prescritas por la ley son permisibles, únicamente cuando sean urgentes y necesarias, en interés de la seguridad, la moral, la

---

93 Ibíd., p. 54.
94 Ibíd., pp. 54-55.
95 Jörn Ipsen, Dietrich Murswiek y Bernhard Schlink, *Staatszwecke Im Verfassungsstaat – nach 40 Jahren Grundgesetz: Berichte und Diskussionen auf der Tagung der Vereinigung der Deutschen Staats Rechtslehrer* (1989).

salud y el bienestar del público"[96]. La Corte bávara decidió que la prueba prueba del medio menos intrusivo se debía emplear para que los jueces controlaran la "necesidad" de las medidas del Estado, aunque no citó ninguna autoridad para respaldar su sentencia[97]. En 1956, esa misma corte explicó que había deducido el Principio de Proporcionalidad de la naturaleza de los derechos garantizados en la constitución bávara, en combinación con el principio del *"Rechtsstaat"*[98] (Estado de Derecho). La Corte Constitucional Federal Alemana actuó con casi igual rapidez. Inicialmente invocó elementos de la proporcionalidad caso por caso, sin citar autoridades ni dar justificaciones para su aplicación[99]. Hasta hoy la Corte no ha explicado

---

96 Bayerische Verfassung [Constitución de Baviera], art. 98, par. 2, http://www.bayern.landtag.de/cps/rde/xbcr/SID-0A033D451BE906D3/www/dateien/BV_Engl_BF.pdf

97 Bayerischer Verfassungsgerichtshof [VerfGH Bayern] [Corte Constitucional de Baviera] 7 de julio de 1949, 1 II *Entscheidungen des Bayerischen Verfassungsgerichtshofs* [VerfGHE Bayern] 63 (76, 78) (F.R.G.).

98 Bayerischer Verfassungsgerichtshof [VerfGH Bayern] [Corte Constitucional de Baviera] 28 de diciembre de 1956, 9 II *Entscheidungen des Bayerischen Verfassungsgerichtshofs* [VerfGHE Bayern] 158 (177) (F.R.G.); ver también Stern, supra nota 59, p. 171.

99 Ver Bundesverfassungsgericht [BVerfG] [Corte Constitucional Federal], 3 de junio de 1954, 3 *Entscheidungen des Bundesverfassungsgerichts* [BVerfGE] 383 (399) (F.R.G.) (que declaró constitucional una ley electoral porque reflejaba "un medio adecuado para lograr el objetivo" y "no sobrepasaba la frontera que el principio de proporcionalidad traza entre medios y fines"). Ver también Eberhardt Grabitz, "Der Grundsatz der

la fuente de la proporcionalidad. Como dice Dieter Grimm (Magistrado de la Corte Constitucional Federal Alemana, 1987-1999): "El principio fue introducido como si se pudiera dar por supuesto"[100].

A finales de los años cincuenta la Corte Constitucional Federal Alemana había elaborado el marco de múltiples etapas que hoy es muy conocido. En el importante caso *Apothekenurteil* (1958), la Corte distinguió por vez primera la prueba prueba del medio menos intrusivo de la ponderación en sentido estricto, como elementos independientes del principio de proporcionalidad. En ese caso se impugnó una ley bávara que reglamentaba las farmacias con base en la disposición de libertad para ejercer la profesión del Artículo 12 § 1 de la Ley Fundamental Alemana. En su marco de análisis, la Corte Constitucional Federal Alemana se centró en la tensión entre derechos individuales y objetivos públicos, una tensión que exige ponderar y preocuparse por la optimización:

> El [propósito del] derecho constitucional debe ser el de proteger la libertad del individuo [mientras que el propósito de] la regulación debe ser el de asegurar

---

Verhältnismäßigkeit in der Rechtsprechung des Bundesverfassungsgericht", 98 *Archiv des öffentlichen Rechts* 568, p. 569 n. 1 (1973) (que analiza en detalle los precursores del análisis de proporcionalidad en las decisiones de la CCF).

100 Dieter Grimm, "Proportionality in Canadian and German Constitutional Jurisprudence", 57 *U. Toronto L. J.* 383, p. 385 (2007).

una suficiente protección de los intereses de la sociedad. La protección de libertad del individuo tendrá un efecto más intenso [...] cuanto más se ponga en cuestión su derecho a la libre elección de una profesión; la protección del público será más urgente cuanto mayores sean las desventajas provenientes de la libre práctica de las profesiones. Cuando se busca maximizar ambas [...] demandas de la manera más efectiva, la solución solo puede estar en una cuidadosa ponderación [*Abwägung*] del significado de los dos intereses opuestos y quizá en conflicto[101].

¿Por qué la proporcionalidad y la ponderación ganaron protagonismo en ese momento particular? No podemos responder la pregunta en forma concluyente, pero destacaríamos lo siguiente. Primero, la Ley Fundamental estableció derechos constitucionales con una estructura particular, a la cual se adaptaban perfectamente el análisis de proporcionalidad y la ponderación (como se argumenta en las partes I.C y I.D de este capítulo). Segundo, los elementos centrales del análisis de proporcionalidad eran originarios de Alemania. Todos los estudiosos y jueces de derecho público estaban familiarizados con la prueba prueba del medio menos intrusivo; y todos los jueces de derecho privado tenían experiencia en la ponderación, a partir del Código Civil alemán. Algunas disposiciones del

---

101 Bundesverfassungsgericht [BVerfG] [Corte Constitucional Federal, 11 de junio de 1958, 7 *Entscheidungen des Bundesverfassungsgerichts* [BVerfGE] 377 (pp. 404-405) (F.R.G.).

Código exigen que los jueces ponderen ciertos intereses contra otros, en especial las famosas secciones 138[102], 343[103] y 228[104], aunque ninguna de estas disposiciones exige que las cortes se ocupen de la ponderación de los derechos y los intereses del Estado. No obstante, la ponderación era parte de la caja de herramientas judiciales más amplia, e incluso la estructura analítica del balanceo no era totalmente ajena a los jueces de derecho público. La Corte Constitucional Federal Alemana siempre ha incluido una combinación de jueces con experiencia en derecho privado y público, lo cual también habría facilitado el desarrollo del análisis de proporcionalidad. Tercero, en la Corte no

---

102 La Sección 138, es en esencia una prohibición de los contratos leoninos; dispone que una transacción jurídica es nula si "explotando la necesidad, la inexperiencia, la falta de buen juicio o la debilidad de voluntad de otro, obtiene para él o para un tercero, a cambio de una prestación, la promesa o la entrega de ventajas pecuniarias claramente desproporcionadas a la prestación"; *Bürgerliches Gesetzbuch* [BGB] [Código Civil] 18 de agosto de 1896, Reichsgesetzblatt [RGBl] 195, reformado, § 138, num. 2, traducido al inglés en http://www.gesetze-im-internet.de/englisch_bgb/index.html.

103 La Sección 343 dispone que las indemnizaciones "desproporcionadamente altas" se pueden reducir a "una cantidad razonable", tomando en cuenta "todo interés legítimo del acreedor y no simplemente el interés financiero"; BGB § 343, num. 1.

104 La Sección 228 dispone que una persona que daña o destruye la propiedad de otros actúa legítimamente", si [...] es necesario para protegerse del peligro [causado por la propiedad] y el daño no está fuera de proporción con el peligro"; BGB § 228. Ver también BGB § 904.

solo se nombraban profesores de derecho sino que también tendían a dominarla intelectualmente. En los años cincuenta, los profesores de derecho intachables de simpatizar con los nazis (y por tanto elegibles) también poseían mucho más prestigio que cualquier otro juez de las altas cortes.

Algo quizá más importante, la nueva Alemania Occidental se comprometió firmemente a proteger los derechos fundamentales al nivel más alto posible, mientras que el prestigio de los partidos políticos y la autoridad legislativa era relativamente bajo. Al mismo tiempo, el profundo compromiso con el Estado administrativo y de bienestar, y las demandas de la reconstrucción de posguerra, implicaban un papel importante del gobierno. Dada la estructura de las disposiciones alemanas de derechos y su amplia jurisdicción, la Corte Constitucional Federal Alemana enfrentó inevitablemente una pregunta molesta: ¿una medida del Estado que pase una prueba del medio menos intrusivo debe prevalecer *automáticamente* sobre los derechos que infringe y, de ser así, con base en qué teoría de los derechos o de la constitución? Incluso una medida diseñada estrictamente para lograr un propósito legítimo del Estado puede, no obstante, infringir un derecho del individuo más de lo que es tolerable, *dados los compromisos constitucionales existentes*. La Corte alemana añadió la etapa de la ponderación y así evitó tener que defender la superioridad de un marco que finalizaba con la prueba prueba del medio menos intrusivo.

Argumentaríamos que si la Corte hoy tuviera que
justificar su paso al análisis de proporcionalidad
invocaría estas consideraciones: la prioridad de los
derechos, dado el reciente pasado nazi; la estructura
de derechos, teniendo en cuenta el Estado de bienestar
moderno y los compromisos con la socialdemocracia;
y la racionalidad del principio de proporcionalidad
como principio general del derecho bien teorizado, que
"fluye", en palabras de Grimm, "del Estado de derecho
o de la esencia de los derechos fundamentales"[105], y
confiere legitimidad básica al sistema en su conjunto.

En todo caso, después de *Apothekenurteil*, las in-
vocaciones de la Corte Constitucional Federal Alemana al análisis de proporcionalidad se volvieron
más confiables y la estructura de su análisis más
formalizada. En 1963, la Corte sugirió que aplicaría
el análisis de proporcionalidad en todos los casos en
que se restringiera un derecho[106], y en 1965 anunció,
sin apoyarse en citas, que "en la República Federal de Alemania, el principio de proporcionalidad
posee estatus constitucional"[107]. En 1968, la Corte

---

105 Grimm, supra nota 100, p. 386.
106 Bundesverfassungsgericht [BVerfG] [Corte Constitucional
    Federal] 10 de junio de 1963, 16 *Entscheidungen des Bundes-
    verfassungsgerichts* [BVerfGE] 194 (201) (F.R.G.).
107 Bundesverfassungsgericht [BVerfG] [Corte Constitucional
    Federal] 15 de diciembre de 1965, 19 *Entscheidungen des Bun-
    desverfassungsgerichts* [BVerfGE] 342 (pp. 348-349) (F.R.G.).
    En este caso la Corte ehcontró que un tribunal inferior violó
    los derechos constitucionales del demandante por no haber
    considerado si la detención –antes del juicio– del demandante,

Constitucional Federal Alemana declaró que la proporcionalidad debía ser un "estándar trascendente para toda acción del Estado" vinculante para todas las autoridades públicas[108]. Aunque en esa época la Corte no siempre utilizó todas las etapas del análisis de proporcionalidad para decidir un caso, especialmente cuando la proporcionalidad era solo uno de los problemas jurídicos en juego[109], en casos posteriores tuvo el cuidado de ser explícita acerca de cómo usaría los diferentes elementos del análisis de proporcionalidad[110]. Desde entonces la constitucionalización de la proporcionalidad procedió velozmente[111].

El impacto de la jurisprudencia de derechos de la Corte Constitucional Federal Alemana sobre el derecho

---

un admirante retirado de 75 años de edad acusado de asesinato por una orden que impartió durante la Segunda Guerra Mundial, era congruente con el principio de proporcionalidad.

108 Bundesverfassungsgericht [BVerfG] [Corte Constitucional Federal] 5 de marzo de 1968, 23 *Entscheidungen des Bundesverfassungsgerichts* [BVerfGE] 127 (133) (F.R.G.).

109 En el caso citado en la nota 108, por ejemplo –una demanda de un Testigo de Jehová contra la sanción por negarse a prestar el servicio civil– la corte pasó directamente a la proporcionalidad en el sentido estricto; ibíd., p. 134.

110 Bundesverfassungsgericht [BVerfG] [Corte Constitucional Federal] 15 de enero de 1979, 27 *Entscheidungen des Bundesverfassungsgerichts* [BVerfGE] 344 (352) (F.R.G.).

111 Según cálculos de Eberhart Grabitz, en 1973 la CCFA ya había usado el análisis de proporcionalidad en 132 casos. Eberhart Grabitz, "Der Grundsatz der Verhältnismäßigkeit in der Rechtsprechung des Bundesverfassungsgerichts", 98 *Archiv des öffentlichen Rechts* 568, p. 570 n. 3 (1973).

y la política alemanes ha sido extenso y profundo. Por varias razones, casi todos los principales problemas de política que surgen llegan eventualmente a la Corte, en forma de pretensiones de derechos. La voluminosa literatura sobre la "judicialización" del proceso legislativo alemán[112] se centra en la autoridad pedagógica de la jurisprudencia de derechos de la Corte en los procesos legislativos (una política de reacción anticipada que tiene lugar *durante* el proceso legislativo). El análisis de proporcionalidad alienta la judicialización porque lleva a que la Corte se ponga en los zapatos de los diseñadores de políticas, y luego revise, paso a paso, el camino de sus procesos de toma de decisiones, para ello evalúa la constitucionalidad de las decisiones a lo largo del camino. (Y cuando el comportamiento en cuestión no es legislativo sino un acto discrecional que se realiza dentro de algún marco legal, la Corte puede recorrer el camino del análisis dos *veces*: el de la ley que la autoriza y el de la acción discrecional, cualquiera de las cuales puede infringir un derecho.) Como resultado se ha producido un conjunto relativamente detallado de

---

112 El estudio clásico es Christine Landfried, *Bundesverfassungs-gericht und Gesetzgeber* (*La Corte Constitucional Federal y la Legislatura*) (1984). Ver también Donald P. Kommers, "The Federal Constitutional Court in the German Political System", 26 *Comp. Pol. Stud.* 470 (1994); Christine Landfried, "Judicial Policymaking in Germany: The Federal Constitutional Court", 15 *W. Eur. Pol.* 50 (1992); Alec Stone Sweet, *Governing with Judges: Constitutional Politics in Europe*, pp. 61-126 (2000).

prescripciones acerca de cómo se deben comportar los legisladores y los administradores si quieren ejercer su autoridad legítimamente en casi todas las esferas importantes de política. A la sombra del control de proporcionalidad, y en particular de la ponderación en el sentido estricto, los legisladores alemanes se empeñan en una deliberación constitucional significativa, en forma sistemática.

Los derechos y la ponderación también han sido esenciales para la "constitucionalización" del derecho privado, iniciada por el fallo de la Corte Constitucional Federal Alemana en *Lüth* (1958)[113]. De acuerdo con la Corte –luego de la disertación doctoral de Günter Dürig[114]– el sistema de valores expresado en la *Grundgesetz*, y en particular su sistema de derechos, "influye en todas las esferas del derecho". En consecuencia, "toda disposición del derecho privado (es

---

113 Bundesverfassungsgericht [BVerfG][Federal Constitutional Court], 15 de enero de 1958, 7 *Entscheidungen des Bundesverfassungsgerichts* [BVerfGE] 198 (F.R.G.).

114 En la década de 1950, Dürig fue el principal exponente de la visión de que la GG establecía "un orden objetivo de valores" que penetraba cada aspecto del orden legal. Ver Günter Dürig, "Grundrechte und Zivilrechtsprechung", en *Vom Bonner Grundgesetz zur gesamtdeutschen Verfassung: Festschrift zum 75. Geburtstag von Hans Nawiasky*, p. 157 (Theodor Maunz, ed. 1956). En su fallo sobre el caso *Lüth*, nota 113, la CCFA se apoyó fuertemente en la tesis de Dürig, que sostenía que los derechos fundamentales se debían aplicar en las relaciones de derecho privado, lo cual extendía drásticamente el alcance de la ponderación constitucional al derecho privado. Agradecemos a Robert Alexy por señalarnos la contribución de Dürig.

decir, los diversos códigos, especialmente el Código
Civil) debe ser compatible con este sistema [...] y
todas esas disposiciones deben ser interpretadas en
su espíritu"[115]. Los jueces de derecho privado deben
hacerlo por medio de la ponderación. Cuando fallan
para encontrar un balance apropiado entre derechos
y otros intereses legales, no solo violan el "derecho
constitucional objetivo" sino también el derecho subjetivo del individuo. El fallo creó una nueva causa de
acción, contra el juez de derecho civil, que la Corte
Constitucional Federal Alemana consideraría por
medio del procedimiento constitucional de apelación.
Tal como se desarrolló posteriormente, la línea de
jurisprudencia de *Lüth* significa que "todo derecho
privado está sujeto directamente a los derechos constitucionales" –y, por consiguiente, a la ponderación–, lo
que aumenta radicalmente la presencia de los derechos
fundamentales y de la Corte Constitucional Federal
Alemana en el derecho privado alemán.

III. Difusión

En esta sección examinamos el proceso mediante el
cual los jueces de tres sistemas nacionales y tres sistemas internacionales llegaron a adoptar el análisis
de proporcionalidad. Aquí nos interesa saber cómo se

---

115 Bundesverfassungsgericht [BVerfG] [Corte Constitutional
     Federal] 15 de enero de 1958, 7 *Entscheidungen des Bundesver-
     fassungsgerichts* [BVerfGE] 198 (205) (F.R.G.).

representan los jueces lo que están haciendo cuando recurren al análisis de proporcionalidad, y si y cómo el análisis de proporcionalidad es "constitucionalizado" como meta-principio de gobernanza judicial. No intentamos revisar todas las similitudes y diferencias que se observan cuando examinamos comparativamente el uso del análisis de proporcionalidad en estos sistemas. Cabe destacar por adelantado uno de los hallazgos. En cada uno de los sistemas que examinamos, los jueces adoptaron el análisis de proporcionalidad para tratar los problemas políticamente más importantes y potencialmente controversiales a los que podían esperar que estuvieran expuestos. En nuestra opinión, esta es una sólida evidencia en favor de los argumentos que expusimos en la Parte I de este capítulo.

Un punto importante es que el impacto de la proporcionalidad no se ha circunscrito al poder judicial. En todos nuestros casos, las legislaturas y los ejecutivos se adaptaron, en grados diferentes, a la adopción del análisis de proporcionalidad de un modo que refuerza su estatus como compromiso constitucional. La forma y el alcance exactos de estos desarrollos dependen fuertemente de las estructuras institucionales particulares y de los legados dentro de los cuales se injertó el análisis de proporcionalidad. La explicación completa del proceso mediante el cual los actores no judiciales internalizaron la proporcionalidad en sus propios procedimientos de toma de decisiones sobrepasa el alcance de este libro. No obstante, es claro que esa interiorización puede ocurrir y ocurre, y que tiene importantes consecuencias para nuestra comprensión de la autoridad "judicial" *vis à vis* la autoridad "política".

A. Sistemas jurídicos nacionales

Desde la perspectiva del derecho comparado, el análisis de proporcionalidad se asemeja a un virus y se propaga de modo relativamente rápido de una jurisdicción a otra. Después de 1989, en Europa Central y Oriental, por ejemplo, prácticamente todas las cortes constitucionales adoptaron el análisis de proporcionalidad siguiendo el modelo alemán; la mayoría lo adoptó casi inmediatamente, citando como autoridad la jurisprudencia de la Corte Constitucional Federal Alemana y de la Corte Europea de Derechos Humanos[116]. El análisis de proporcionalidad hoy también gana terreno en los sistemas jurídicos de América Central y del Sur, y las citas de Alexy en las revistas de derecho están en continuo aumento. En esta sección nos centramos en los casos de Canadá,

---

116 Wojciech Sadurski, *Rights Before Courts: A Study of Constitutional Courts in Post-communist States of Central and Eastern Europe*, p. 287 (2005) ("Las cortes de Europa Central y Oriental siguieron claramente el camino de la doctrina de la proporcionalidad trazado por sus contrapartes occidentales, y en particular por la Corte Europea de Derechos Humanos"). Sadurski analiza el uso del análisis de proporcionalidad por las cortes de Bulgaria, Croacia, Lituania, Eslovaquia, Eslovenia, República Checa, Polonia, Estonia, Hungría y Rumania, pero la lista no es exhaustiva.

Sudáfrica e Israel, en parte porque históricamente en estos sistemas no hubo mucha influencia del derecho alemán o continental. En Canadá, Sudáfrica e Israel el marco de proporcionalidad era desconocido antes del inicio del control de constitucionalidad con base en los derechos, la cual era desconocida hasta hace poco. Una vez se establecieron los derechos el control de constitucionalidad, las altas cortes de los sistemas respectivos adoptaron rápidamente el análisis de proporcionalidad.

1. Canadá

La Corte Suprema canadiense adoptó el análisis de proporcionalidad a mediados de los años ochenta, como técnica para decidir las pretensiones de derechos conforme a la Carta de Derechos y Libertades de Canadá. Antes de que se promulgara la Carta, en 1982, la constitución –el Acta de la Norteamérica Británica (1867)– solo incluía un pequeño conjunto de derechos que tenían estatus constitucional[117]. En 1960, una Declaración de Derechos estatutaria concedió a la Corte Suprema la autoridad para interpretar las leyes a la luz de los derechos[118], pero no la facultad para

---

117   Estos incluían el derecho a la educación religiosa y algunos
      derechos relativos al idioma, Constitution Act of 1867 §§ 93,
      133.
118   Canadian Bill of Rights § 2: "Salvo que una Ley del Parla-
      mento de Canadá declare expresamente que funcionará a
      pesar de la Declaración de Derechos canadiense, toda ley de

invalidarlas, y se consideró que el poder de la Corte
para hacer cumplir la Declaración de Derechos era
"modesto" y fue rotundamente criticado[119]. La Carta,
en cambio, incluye un extenso catálogo de derechos y
una invitación a las cortes para que revisen las leyes
por infracciones de esos derechos. Conforme a la
sección 1, la Carta "garantiza" los derechos *sujetos
únicamente a los límites razonables prescritos por ley que
se puedan demostrar justificadamente en una sociedad
libre y democrática*"[120].

En los primeros casos que se presentaron durante
la vigencia de la Carta, la Corte Suprema de Canadá
logró evitar el anuncio de una fórmula doctrinal para
determinar los límites permisibles a los derechos
de la Carta[121]. En el caso *Big Mart* (1985), la Corte

Canadá será interpretada y aplicada de modo que no abrogue,
limite o infrinja ninguno de los derechos o libertades aquí
reconocidos y declarados". Llevada a un modo de análisis
textual deferencial conforme a la Sección 2, la Corte Suprema
no desarrolló normas coherentes de control bajo el régimen
de la Declaración de Derechos. Solo invalidó una ley bajo la
Declaración de Derechos, en *R. v. Drybones*, [1970] S.C.R. 282
(Can.).

119 Janet L. Hiebert, "New Constitutional Ideas: Can New Parliamentary Models Resist Judicial Dominance When Interpreting
Rights?", 82 *Tex. L.Rev.* 1963, p. 1970 (2004). Ver también
Andrew Lokan, "Rise and Fall of Doctrine under Section 1
of the Charter", 24 *Ottawa L. R.*, 163, p. 169 (1992).

120 Canadian Charter of Rights and Freedoms § 1 (énfasis añadido).

121 Ver, p. ej., *Law Society of Upper Canadá v. Skapinker*, [1984] 1
S.C.R. 357 (Can.) (donde decidió que el derecho reclamado no
fue violado por la ley impugnada); *R. v. Big M Drug Mart Ltd.*,

señaló *in dicta* que pasaría a "una forma de prueba de proporcionalidad" una vez surgiera un verdadero conflicto entre un derecho y una ley[122]. La Corte estableció los términos del análisis de proporcionalidad en el siguiente periodo, en *Regina v. Oakes*[123]. En este caso el objeto bajo control era una disposición de la Ley de Control de Drogas que dio lugar a la presunción refutable de que una persona que se encontrara en posesión de drogas estaba, de hecho, traficando drogas. Los acusados que no pudieran proporcionar pruebas suficientes para refutar la presunción serían sometidos a las penas por tráfico de drogas. El Sr. Oakes adujo que la disposición violaba su derecho a la presunción de inocencia conforme a la sección 11 (d) de la Carta.

Luego de que la Corte concluyera que la disposición constituía una limitación *prima facie* del derecho a la presunción de inocencia pasó a considerar si la Ley de Control de Drogas era, no obstante, conforme al derecho protegido por la sección 1. El Presidente de la Corte Dickson, en nombre de la Corte, dividió la indagación en dos partes. La pregunta inicial era si la ley era "de suficiente importancia para justificar la negación de un derecho o libertad protegido constitucionalmente", entendiendo, "como mínimo, que el objetivo se relacione con preocupaciones urgentes y

---

[1985] 1 S.C.R. 295 (Can.) (donde decidió que la ley impugnada era inexequible porque su propósito no era permisible).

122 *Big M Drug Mart*, [1985] 1 S.C.R. (Can.), p. 352.

123 *R. v. Oakes*, [1986] 1 S.C.R. 103 (Can.).

sustanciales en una sociedad libre y democrática"[124].
Si la ley satisfacía esta condición, sobre sus defensores recaía la carga de demostrar "que los medios
escogidos [eran] razonables y demostrados justificadamente". Citando el dictamen de *Big Mart*, la Corte
describió este obstáculo "como una forma de prueba
de proporcionalidad"[125]. El Juez Dickson señaló que
"la naturaleza de la prueba de proporcionalidad varía
dependiendo de las circunstancias", y añadió "en mi
opinión, existen tres componentes importantes en
una prueba de proporcionalidad":

> Primero, las medidas adoptadas deben ser diseñadas
> cuidadosamente para lograr el objetivo en cuestión.
> No deben ser arbitrarias, injustas o basadas en con-
> sideraciones irracionales. En síntesis, deben estar
> conectadas racionalmente con el objetivo. Segundo,
> las medidas, aunque estén racionalmente conectadas
> con el objetivo en este primer sentido, deben afectar
> 'lo menos posible' el derecho o libertad en cuestión.
> Tercero, debe haber una proporcionalidad entre los
> *efectos* de las medidas que son responsables de limitar
> el derecho o libertad de la Carta, y el objetivo que se
> considera de 'suficiente importancia'[126].

En el análisis a los hechos del caso, la Corte concluyó
que la disposición de la Ley de Control de Drogas no

---

124 Ibíd., pp. 138-139.
125 Ibíd., p.139.
126 Ibíd. (se omiten las citas internas).

satisfacía la sección 1. Aunque "el objetivo de proteger a nuestra sociedad de los graves males asociados con el tráfico de drogas, es, en mi opinión, de suficiente importancia para justificar la limitación de un derecho o libertad constitucionalmente protegido en ciertos casos"[127] la ley no sobrevivió a la prueba de conexión racional: "sería irracional inferir que una persona intentaba traficar con base en su posesión de una ínfima cantidad de narcóticos"[128].

¿Por qué la Corte Suprema eligió interpretar la cláusula de limitaciones como un requisito de proporcionalidad? "Los límites razonables [...] que se pueden demostrar justificadamente en una sociedad libre y democrática" se pueden interpretar como "límites proporcionales", pero esa interpretación no es impuesta por el texto. La redacción de la sección 1 parece igualmente abierta a un estándar de "razonabilidad" o de "fundamento racional" más elástico. Sin embargo, la elección de la Corte de un control más estricto de las restricciones legislativas a los derechos puede tener sentido a la luz de la historia de la Carta. En 1980, después de más de una la década de esfuerzos fallidos para aprobar un instrumento de derechos humanos[129], el nuevo gobierno liberal de Canadá impulsó en forma concertada una nueva

---

127 Ibíd., p. 141.

128 Ibíd., p. 142.

129 Lorraine E. Weinrib, "Of Diligence and Dice: Reconstituting Canadá's Constitution", 42 *U. Toronto L. J.* 207, pp. 211-218 (1992).

propuesta de Carta en 1980[130]. En un esfuerzo para evitar la oposición de las provincias, que bloquearon esfuerzos anteriores en los años setenta, el borrador propuesto incluía una cláusula de limitaciones razonablemente permisiva. El borrador del gobierno reconocía derechos "sujetos únicamente a los límites razonables *generalmente aceptados* en una sociedad libre y democrática con un *sistema parlamentario de gobierno*"[131].

Cuando el Comité Conjunto Especial del Parlamento sobre la Constitución convocó audiencias sobre el borrador propuesto, encontró una fuerte oposición de una gran variedad de asistentes a esta amplia cláusula de limitaciones[132]. En respuesta a esta crítica, el gobierno revisó la cláusula. Eliminó la referencia a "un sistema parlamentario de gobierno", con sus alusiones a la supremacía parlamentaria, y el requisito de que los límites solo fueran "generalmente aceptados". En el

---

130 Janet L. Hiebert, "The Evolution of the Limitation Clause", 28 *Osgoode Hall L. J.* 103, pp. 118-119 (1990).

131 The Canadian Charter of Rights and Freedoms, Revised Discussion Draft of Sept. 3, 1980, (Federal-Provincial Conference of First Ministers on the Constitution, Ottawa, 8-12 de septiembre de 1980), citado en Hiebert, supra nota 130, p. 119 (1990) (énfasis añadido).

132 Janet Hiebert reporta que entre los asistentes se incluían "grupos de libertades civiles, profesores universitarios, grupos de mujeres, asociaciones étnicas, grupos de juristas, policías y el consejo de la corona", cuya "abrumadora mayoría" se opuso a la cláusula de limitaciones tal como fue redactada; Hiebert, supra nota 130, p. 122.

nuevo borrador, los límites razonables a los derechos debían ser "prescritos por la ley" y susceptibles de ser "demostrar justificadamente" en una "sociedad libre y democrática". El gobierno ahora podía "ir a las provincias y defender la nueva cláusula, más rígida, con la pretensión de que el público apoyaría una Carta más estricta". La Carta fue promulgada con esta revisión de la sección 1[133].

Con este telón de fondo, la mayoría de los primeros comentaristas entendió que la cláusula de limitaciones establecía un obstáculo mayor a las violaciones de derechos incluso antes de que la Corte aplicara la cláusula a casos concretos. Un tratado de 1983 sugiere que, en aplicación de la cláusula de limitaciones, las cortes "deben examinar si la ley impugnada es un ejercicio justo, razonable y apropiado del poder del Estado o si es una interferencia irrazonable, innecesaria y arbitraria del derecho del individuo a una libertad o un derecho fundamental establecido en la Carta"[134]. Walter Tarnopolsky, quien durante muchos años defendió protecciones más enérgicas de los derechos, señaló la afinidad entre la redacción de las cláusulas

---

133 Hiebert, supra nota 130, pp. 125-126. Las provincias insistieron en una cláusula de limitaciones, para permitir limitaciones legislativas de las disposiciones de la Carta que contrabalancearan el requisito más riguroso; ver Lorraine E. Weinrib, "Canadá's Constitutional Revolution: From Legislative to Constitutional State", 33 *Isr. L. Rev.* 13, p. 31 (1999).

134 Morris Manning, *Rights, Freedoms, and the Courts: A Practical Analysis of the Constitution Act, 1982*, p. 146 (1983).

de limitaciones de la Carta y del Convenio Europeo de Derechos Humanos. Tarnopolsky sugirió que, en la interpretación de la cláusula de limitaciones de la nueva Carta, "se debería recurrir a la jurisprudencia de los tribunales en el marco del Convenio Europeo [...] para encontrar guías sobre esos límites razonables"[135]. Como se comenta más adelante, la Corte Europea de Justicia y la Corte Europea de Derechos Humanos entonces desarrollaban una jurisprudencia de proporcionalidad con respecto a sus cláusulas de limitaciones[136]. Por tanto, aunque difícilmente estaba predestinado que la Corte Suprema tratara la cláusula de limitaciones como una exigencia de proporcionalidad, esta interpretación no parece ser inconsistente con el intento básico de proporcionar una enérgica protección a los derechos de la Carta.

Aunque se reconoce que el caso *Oakes* es un caso trascendental, introdujo el análisis de proporcionalidad de cuatro etapas en el derecho canadiense con poca fanfarria. La sentencia subrayó la continuidad con el cuerpo preexistente de precedentes de la sección 1, en particular con *Big Mart*, el cual anticipó el uso de la proporcionalidad en este contexto. Con respecto a la fase de ponderación del análisis de proporcionalidad, que no se mencionó en *Big Mart*, la Corte dedicó un

---

135   Walter S. Tarnopolsky, "The Constitution and Human Rights", en *And no One Cheered: Federalism, Democracy, and the Constitution Act*, 261, pp. 269-270 (Keith Banting y Richard Simeon, eds., 1983).

136   Ver infra Partes IV.B.1 y IV.B.2.

párrafo a explicar por qué era un elemento necesario de la prueba: porque incluso leyes importantes que satisfacen los dos primeros elementos pueden causar efectos tan perjudiciales que pesan más que su valor.

Lo que es llamativo es que la corte que juzgó el caso *Oakes* no hizo ninguna referencia a antecedentes extranjeros de su análisis de proporcionalidad y no hizo referencia a ninguna otra autoridad. La fórmula que presentó en *Oakes* es tan cercana a la versión alemana del análisis de proporcionalidad que podemos presumir que la Corte estaba familiarizada con la doctrina alemana. La Corte Suprema canadiense no evita citar el derecho extranjero por principio; de hecho, los comentarios sobre análogos extranjeros son muy comunes. *Oakes* mismo incluye un examen detallado de la presunción de inocencia en el derecho constitucional estadounidense. El silencio aquí sugiere que, en vez de recurrir a un pedigrí extranjero, la Corte desea presentar la proporcionalidad como un enfoque razonado y sensible del problema particular planteado por los derechos de la Carta[137]. La declaración sorprendentemente no dogmática del juez Dickson de que, *en su opinión*, la proporcionalidad tiene cuatro elementos subraya que la Corte está desarrollando el marco de análisis mediante un proceso de argumentación razonada.

---

137 Después, la Corte reconoció más abiertamente la influencia alemana; ver *Attorney General of Canadá v. JTI-Macdonald Corp.*, [2007] 2 S.C.R. 610 (Can.).

En todo caso, no pasó mucho tiempo para que el
marco de proporcionalidad desarrollado en *Oakes* fuera
aceptado como estándar de procedimiento operativo
en los litigios de la Carta. En 1987, la justificación
de las leyes que limitan los derechos conforme a la
sección 1 se identificaba claramente con una

> exigencia de proporcionalidad entre medios y fines
> [que] normalmente tiene tres aspectos: a) debe haber
> una conexión racional entre las medidas y el objetivo
> al que van a servir; b) las medidas deben limitar lo
> menos posible el derecho o libertad posible en cuestión;
> y c) los efectos nocivos de las medidas deben ser
> justificables a la luz del objetivo al que van a servir[138].

Y, en 1989 la Corte, en *Irvin Toys*, pudo declarar que
"hoy está bien establecido que la carga de justificar
la limitación de un derecho o libertad recae sobre la
parte que defiende la limitación [...] y que el análisis
que se debe realizar es el que estableció el Juez Dickson en *R. v. Oakes*"[139].

Desde esa época, el marco de proporcionalidad
Oakes ha tenido un profundo impacto en la práctica
de control con base en los derechos de la Corte Suprema de Canadá. Desde la decisión *Irvin Toys*, *Oakes*
ha sido citado en cerca de doscientas decisiones de la

---

138 Reference re Public Service Employee Relations Act (Alta.),
     [1987] 1 S.C.R. 313, par. 103 (Can.).
139 *Irwin Toy Ltd. v. Quebec* (Fiscal General), [1989] 1 S.C.R. 927
     (Can.).

Corte[140]. En el análisis de proporcionalidad la Corte encontró una fórmula que le permitió intervenir en las disputas contenciosas de derechos, algo que la Corte nunca había estado dispuesta a hacer durante el antiguo régimen de la Declaración de Derechos[141].

Con todo, las decisiones judiciales solo cuentan una parte de la historia del impacto de la proporcionalidad en Canadá. Al igual que en Alemania, la jurisprudencia de la Corte sobre la Carta ha inducido cambios significativos "río arriba", exigiendo que otros actores del gobierno consideren la proporcionalidad como parte del proceso legislativo. *Oakes* y las decisiones relacionadas han ejercido, como muestra Hiebert, "una importante influencia en las culturas burocrática y política, que se han vuelto más receptivas, o al menos más resignadas, a la importancia de evaluar la legislación propuesta desde la perspectiva de la Carta[142]. Sabiendo que sus acciones serán sometidas al control judicial de su conformidad con la Carta, los legisladores tienen un incentivo para considerar la proporcionalidad en su diseño de políticas, y para llevar un registro de sus deliberaciones, con el fin de "probar la constitucionalidad" de sus políticas[143].

---

140 Hasta el 29 de febrero de 2008.

141 Ver supra nota 118 y el texto que la acompaña.

142 Hiebert, supra nota 119, p. 1970.

143 Janet L. Hiebert, "Parliamentary Bills of Rights: An Alternative Model?", 69 *Mod. L. Rev.* 7, 27 (2006) [en adelante Hiebert, "Parliamentary Bills of Rights"]; ver también Janet L. Hiebert, "Legislation under the Influence of Charter Norms in

Las consideraciones relativas a la proporcionalidad entran en las primeras etapas tempranas de la elaboración de políticas en Canadá. La legislación propuesta por el gobierno debe ser depurada de conflictos con la Carta antes de presentarla al Gabinete[144], y en caso de que la viole derechos de la Carta en opinión del Ministro de Justicia, la ley le exige presentar un informe al Parlamento[145]. Dicho informe anularía la legislación propuesta[146], y para evitar este resultado, los abogados de la rama ejecutiva asumen un papel activo en la elaboración de la política para cumplir las exigencias de proporcionalidad[147]. Aunque este proceso de la rama ejecutiva se lleva a cabo a puerta cerrada, el Parlamento también considera si la legislación propuesta es congruente con la Carta, y este proceso es abierto al público. Cuando se anticipan demandas de inconstitucionalidad, el Parlamento trabaja diligentemente para mostrar que eligió cuidadosamente las medidas legislativas más adecuadas para lograr un objetivo importante del gobierno. Los testimonios

---

Canada", p. 16 (2007) [en adelante Hiebert, Legislation under the Influence].

144 Hiebert, "Legislation under the Influence", supra nota 143, 13.

145 Hiebert, supra nota 119, p. 1971. Muchas provincias adoptaron un proceso pre-revisión similar; James B. Kelly, *Governing with the Charter: Legislative and Judicial Activism and Framers' Intent*, p. 214 (2005).

146 Janet L. Hiebert, *Charter Conflicts: What is Parliament's Role?*, pp. 12-13 (McGill-Queen's Press 2002).

147 Kelly, supra nota 145.

de las audiencias, las declaraciones en el senado y los datos provenientes de las ciencias sociales pueden sumarse para reforzar este punto[148]. El Parlamento también puede encabezar las leyes con preámbulos que subrayan que la legislación está diseñada estrictamente para lograr un objetivo importante[149].

Es posible que el Parlamento lleve un registro más exhaustivo de las deliberaciones sobre asuntos de la Carta cuando prevé una seria demanda de inconstitucionalidad, como cuando se ha invalidado una legislación anterior sobre el mismo tema[150]. Para tomar solo un ejemplo, en 1997 la Corte Suprema invalidó las prohibiciones de la publicidad y la promoción de productos del tabaco como violaciones desproporcionadas de la libertad de expresión[151]. Trabajando en conjunto, los departamentos de Salud y de Justicia redactaron una nueva Ley del Tabaco

---

148 Hiebert, "Legislation under the Influence", supra nota 143, p. 10.
149 Ver Peter W. Hogg, Allison A. Bushell Thornton y Wade K. Wright, "Charter Dialogue Revisited – Or 'Much Ado About Metaphors'", 45 *Osgoode Hall L. J.*, 1, pp. 48 (2007).
150 El "diálogo" entre el Parlamento y la Corte Suprema que se presenta después de que la Corte invalida una ley ha recibido continua atención académica en Canadá; ver Hogg, Bushell y Wright, supra nota 149, p. 1; Peter W. Hogg y Allison A. Bushell, "The *Charter* Dialogue between Courts and Legislatures (Or Perhaps the *Charter of Rights* Isn't Such a Bad Thing After All)", 35 *Osgoode Hall L. J.* 75 (1997). En el fondo, el tema de este "diálogo" es la proporcionalidad.
151 *RJR-MacDonald Inc. v. Canadá* (Attorney General), [1995] 3 S.C.R. 199 (Can.).

para satisfacer las preocupaciones constitucionales[152]. Las nuevas restricciones fueron elaboradas siguiendo la guía proporcionada por *RJR-MacDonald*: en vez de una prohibición general de la publicidad, el nuevo enfoque se centró en la publicidad del "estilo de vida"[153]. Cuando el Parlamento consideró la nueva legislación, también se esforzó por demostrar la proporcionalidad de la nueva ley. El Comité Permanente de Asuntos Jurídicos y Constitucionales del Senado, por ejemplo, convocó a una serie de expertos legales que rindieron testimonio sobre la proporcionalidad de la ley revisada[154].

No obstante, en un caso de 2007, la Corte Suprema atendió una demanda de inconstitucionalidad de la Ley de Tabaco revisada y sus reglamentaciones. Esta vez la Corte concluyó que la ley era congruente con la Carta[155]. Los cuidadosos esfuerzos del Parlamento para demostrar la proporcionalidad de la ley dieron fruto. Como señaló la Corte, "el gobierno presentó pruebas detalladas y copiosas en apoyo de su argumento de que allí donde la nueva legislación imponía límites a

---

152 Hiebert, supra nota 146, p. 85.

153 Ibíd.

154 *Bill to Regulate the Manufacture, Sale, Labelling and Promotion of Tobacco Products: Hearings on C-71 Before the Standard Senate Committee on Legal and Constitutional Affairs, Issue 54 – Evidence – Afternoon Sitting* (3 de april de 1997), http://www.parl.gc.ca/35/2/parlbus/commbus/senate/Com-e/lega-e/54evb-e.htm?Language=E&Parl=35&ses=2&comm_id=11

155 *Attorney General of Canadá v. JTI-Macdonald Corp.* [2007] 2 S.C.R. 610, par. 8 (Can.).

la libre expresión, esos límites estaban demostrados justificadamente conforme a la sección 1 de la Carta"[156].

Aquí es importante señalar que, cuando enfrentaba la invalidación judicial de una ley, el Parlamento podía lograr sus objetivos políticos sin preocuparse por aprobar una nueva ley y defender su proporcionalidad. La Carta contiene una cláusula "no obstante" que permite que el Parlamento (y los gobiernos provinciales) aprueben la legislación pese a las decisiones judiciales de que la ley viola derechos de la Carta[157]. Con todo, el Parlamento nunca se ha valido de la cláusula "no obstante" para pasar por encima de una sentencia judicial[158]. Los miembros del Parlamento y del gobierno evidentemente consideran "demasiado costoso políticamente" invocar la cláusula[159]. Pero esta renuencia es en sí misma un indicador del éxito de la Corte para establecer la legitimidad de una aplicación de los derechos basada en la proporcionalidad en la

---

156 Ibíd.
157 Canadian Charter of Rights and Freedoms § 33. La "Cláusula no obstante" se aplica a la mayoría de los derechos de la Carta, pero no a todos, y la legislación puede tener vigencia durante no más de cinco años (sujeta a renovación).
158 Quebec, por su parte, invocó la cláusula "no obstante" para mantener durante varios años una prohibición de símbolos comerciales que no estuvieran en francés contra un fallo de la Corte Suprema por el cual esa política violaba los derechos de igualdad y de idioma; "An Act to Amend the Charter of the French Language", *Statutes of Quebec*, cap. 54 [1988].
159 Hiebert, "Parliamentary Bills of Rights", supra nota 143, pp. 19-20.

cultura constitucional canadiense. Si el uso que da la
Corte al análisis de proporcionalidad en las demandas de protección de los derechos fundamentales se
considerara una extralimitación judicial, los políticos
podrían ignorar las sentencias de la Corte sin incurrir
en costos políticos.

El hecho de que el gobierno y el Parlamento hayan
incorporado normas de proporcionalidad en el proceso
legislativo sitúa en otra perspectiva la jurisprudencia
de la Corte Suprema acerca de la Carta. Algunos
comentaristas argumentan que la Corte Suprema se
ha vuelto más deferente hacia el Parlamento en el
control de la legislación desde la época de *Oakes*[160].
La acusación plantea difíciles problemas metodoló-
gicos pero se podría llegar, sin duda, a la conclusión

---

160 Ver, p. ej., Sujit Choudhry, "So What Is the Real Legacy of
Oakes? Two Decades of Proportionality Analysis under the
Canadian Charter's Section 1", 34 *Sup. Ct. L. Rev.* (2d) 501, pp.
506-509 (2006); Lokan, supra nota 119; Lorraine E. Weinrib,
"Canadá's Charter of Rights: Paradigm Lost?", 6 *Rev. Const.
Stud.*, 119 (2002). Esta visión está lejos de ser universal. Otros
comentaristas lamentan el "activismo judicial" de la Corte en
cumplimiento de la Carta. Ver, p. ej., F. L. Morton y Rainer
Knopff, *The Charter Revolution and the Court Party* (2000); ver
también Cristóbal P. Manfredi, "The Day the Dialogue Died:
A Comment on *Sauvé v. Canadá*", 45 *Osgoode Hall L. J.* 105, p.
116 (2007) (quien describe el análisis de proporcionalidad y
de vulneración mínima como "formas fuertes de revisión
sustantiva"). Y otros más concluyen que la corte realiza un
balance apropiado; ver, p. ej., David M. Beatty, *The Ultimate
Rule of Law*, p.159-176 (2004) (que elogia la jurisprudencia de
la Corte Suprema sobre la Carta posterior a *Oakes*).

opuesta. Puesto que las demás ramas han asumido la responsabilidad de considerar la proporcionalidad y han llegado a compartir lo que es un nuevo sistema de diseño de políticas, la Corte tiene menos necesidad de realizar el análisis de la Carta *de novo*. Además, la Corte ha dejado en claro que rara vez haya una "respuesta correcta" única a las preguntas relacionadas con la sección 1: lo que es esencial para estas políticas es que quien tome las decisiones muestre claramente que deliberó sobre la proporcionalidad. Como señaló la Corte:

> El proceso de diseño rara vez admite la perfección y las cortes deben dar cierta libertad de acción al legislador. Si la ley pertenece a la gama de alternativas razonables, las cortes no encontrarán que es excesiva simplemente porque puedan concebir una alternativa mejor diseñada para cumplir el objetivo de menor intrusión. *Por otra parte, si el gobierno no logra explicar por qué no escogió una medida mucho menos intrusiva e igualmente efectiva, la ley puede ser reprobada*[161].

---

161 *RJR-MacDonald Inc. v. Canadá* (Fiscal General), [1995] 3 S.C.R. 199, par. 160 (Can.): ver también *JTI-Macdonald Corp.*, [2007] 2 S.C.R. 610, par. 43 (Can.).

De nuevo, puede ser apropiado cierto grado de deferencia cuando el Parlamento intenta resolver un problema social complejo. Puede haber muchas formas de abordar un problema particular, sin ninguna certeza de cuál de ellas sea la más efectiva. En la calma de la sala de la corte es posible imaginar una solución que vulnere el derecho en cuestión menos que la solución adoptada por el Parlamento. Pero

La Corte vela entonces para que el Parlamento demuestre sus conclusiones acerca de la proporcionalidad de la legislación[162].

Algunos críticos del análisis de proporcionalidad en Canadá también han sugerido que la etapa de ponderación del análisis de proporcionalidad se ha vuelto irrelevante[163], y es cierto que ninguna ley que haya satisfecho las etapas anteriores del análisis ha sido

---

también cabe preguntar si la alternativa sería razonablemente efectiva cuando se sopese contra la medida escogida por el Parlamento. Para complicar el asunto, un régimen legislativo particular puede tener numerosos objetivos, y la vulneración mínima de un derecho en aras de un objetivo particular puede impedir que se logre otro objetivo. El diseño de soluciones legislativas para problemas complejos es necesariamente una tarea compleja. Una tarea que exige sopesar y ponderar. Por esta razón, esta Corte ha declarado que en asuntos sociales complejos, el Parlamento cumple la exigencia de vulneración mínima si elige una de varias alternativas razonables.
Ibíd.

162 La Corte también ha mostrado deferencia hacia el Parlamento con respecto al elemento de conexión racional del análisis; ver *JTI-Macdonald Corp.*, [2007] 2 S.C.R 610, par. 41.
La deferencia puede ser apropiada cuando se evalúa si se ha cumplido el requisito de conexión racional. Las respuestas efectivas a problemas sociales complejos, como el consumo de tabaco, no son simples o evidentes. Puede haber lugar para el debate acerca de lo que funcionará y de lo que no funcionará, y el resultado puede no ser científicamente medible. En tales casos se debería conceder gran deferencia a la decisión del Parlamento sobre las medidas que se deben adoptar.
Ibíd.

163 Ver Peter W. Hogg, *Constitutional Law of Canada* 816-817 (2003); Choudhry, supra nota 160.

invalidada por razones o efectos de proporcionalidad. Sin embargo, en 2007 la Corte Suprema se empeñó en rebatir estas críticas, confirmando que consideraba que la ponderación en sentido estricto era esencial para la aplicación de derechos conforme a la Carta:

> Aunque los casos más a menudo se resuelven con base en la afectación mínima del derecho, la indagación final de los efectos de la proporcionalidad es esencial. Es el único lugar donde el logro del objetivo se puede sopesar contra el impacto sobre el derecho. Si la conexión racional y la afectación mínima fueran satisfechas, y el análisis terminara allí, el resultado podría ser el de respaldar una grave limitación de un derecho frente a un objetivo menos importante[164].

En la familia de sistemas jurídicos de la Comunidad Británica de Naciones Commonwealth, la Corte Suprema canadiense ha sido un agente importante en la difusión del análisis de proporcionalidad. En la mayoría de los sistemas de la Commonwealth, la adopción de la proporcionalidad significa el abandono de estándares menos rigurosos de revisión judicial derivados de los principios tradicionales de imparcialidad y razonabilidad. La Alta Corte Irlandesa, que ha ejercido poderosas facultades de aplicación de los derechos desde 1937, solo acogió el análisis de proporcionalidad en 1994, citando como autori-

---

164 *JTI-Macdonald Corp.*, [2007] 2 S.C.R. 610, par. 46.

dad a *Oakes*[165]. Se podría afirmar que hacia 1997 la proporcionalidad era "un principio bien establecido del Derecho Constitucional irlandés"[166]. En Sudáfrica y el Reino Unido (que se examinan en detalle más adelante), la prueba del medio menos intrusivo hoy constituye el estándar y *no* la razonabilidad de *Wednesbury* (pariente de la fundamento racional, en la jerga estadounidense).

En Nueva Zelanda, donde se mantienen los principios básicos de la soberanía parlamentaria, los jueces adoptaron no obstante el análisis de proporcionalidad, mediante la prueba *Oakes*[167]. La Ley de Declaración de Derechos de 1990 (así como la Ley canadiense de 1960) tienen jerarquía de leyes ordinarias que prohíben expresamente que las cortes invaliden leyes por inconsistencia con los derechos enunciados[168], aunque

---

165 *Heaney v. Ireland* [1994] 3 IR 593 (Ir).

166 *Rock v. Ireland* [1997] 3 IR 484, 500 (Ir).

167 Ver *Ministry of Transport v. Noort* [1992] 3 N.Z.L.R. 260 (C.A.) (que cita la Re Republic Service Employee Relations Act, [1987] 1 S.C.R. 313, 373-374 (Can.), sobre la prueba de proporcionalidad en *Oakes*). El programa de la conferencia sobre proporcionalidad del Instituto de Administración Judicial de Australasia de 2004, que contenía escritos y discursos de jueces de Australia y Nueva Zelanda, da una idea del impacto de la proporcionalidad en Nueva Zelanda. 22nd AIJA Annual Conference, Proportionality-Cost-Effective Justice? (17-19 de septiembre de 2004) http://www.aija.org.au/ac04/papers.htm. Ver también 22nd AIJA Annual Conference, Proportionality-Cost-Effective Justice? (17-19 de septiembre de 2004) http://www.aija.org.au/ac04/papers.htm.

168 Bill of Rights Act 1990, 1990 S.N.Z. No. 109 § 4.

ordenan a las cortes que interpreten las leyes para que sean consistentes con los derechos cuando es posible[169]. La cláusula de limitaciones usa expresiones similares a las de la Carta de Canadá y establece un estándar de "razonabilidad"[170]. Incluso los jueces de Nueva Zelanda aceptan que estas dos cláusulas tienen relación: ¿las cortes deben imponer primero una construcción sólida, y después indagar si la ley así construida limita injustificadamente los derechos o preguntarse primero si la ley tal como es aplicada limita injustificadamente los derechos antes de buscar una construcción alternativa?[171] Aun desde el principio, la interpretación de las cortes es que la cláusula de limitaciones requiere un análisis de proporcionalidad estilo *Oakes* en vez de un estándar de razonabilidad de *Wednesbury* o alguna otra prueba[172]. En los últimos años, las cortes de Nueva Zelanda han asumido un papel significativo en el control de proporcionalidad

---

169 Ibíd. § 6.
170 Ibíd. § 5 ("Sujetos a la sección 4 de esta Declaración de Derechos, los derechos y libertades contenidos en esta Declaración de Derechos solo pueden estar sometidos a los límites razonables prescritos por ley que se puedan demostrar justificadamente en una sociedad libre y democrática").
171 Ver *Hansen v. The Queen* [2007] 3 N.Z.L.R. 1 (S.C.); Noort, [1992] 3 N.Z.L.R. 260.
172 Ver *Noort*, 3 N.Z.L.R., 283. Ver "The New Zealand Bill of Rights Experience", en *Promoting Human Rights through Bills of Rights: Comparative Perspectives* 283, p. 305 (Philip Alston ed., Oxford Univ. Press 1999) (donde se discute la afirmación de *Noort* sobre la prueba *Oakes*).

de la legislación, a pesar de la debilidad de la Declaración de Derechos. En 2000, la Corte de Apelaciones sugirió que las cortes podían tener el deber de declarar que las leyes son inconsistentes con la Declaración de Derechos, aunque carezcan de la facultad para invalidar leyes[173]. En 2007, la Corte Suprema (citando extensamente a *Oakes*) siguió este camino, declarando que una disposición de inversión de la carga de la prueba infringía desproporcionadamente la presunción de inocencia, y que no se pudo encontrar una construcción sólida[174]. Esta nueva asertividad puede constituir un importante punto de quiebre para la judicatura. Las cortes hoy parecen estar dispuestas a usar el análisis de proporcionalidad como medio para supervisar la actividad legislativa y proteger los derechos[175].

En Australia, que no posee una carta de derechos escrita de ningún tipo, los jueces superiores hoy debaten intensamente los méritos de la proporcionalidad[176].

---

173 *Moonen v. Film and Literature Bd. of Review* [2000] 2 N.Z.L.R. 9, 17 (C.A).

174 Hansen, [2007] 3 N.Z.L.R. 1.

175 Ver Janet L. Hiebert, "Parliamentary Bills of Rights", supra nota 143, pp. 14-15.

176 Murray Gleeson, Presidente de la Corte de Australia, Discurso en la Australian Bar Association Conference: Global Influences on the Australian Judiciary (8 de julio de 2002), http://www. hcourt.gov.au/speeches/cj/cj_global.htm

2. Sudáfrica

A mediados de los años noventa hubo un rápido desarrollo constitucional en Sudáfrica, y uno de los principales resultados fue la constitucionalización de la proporcionalidad. Como parte de la transición del régimen de *apartheid*, en noviembre de 1993 se ratificó una Constitución Interina. El Capítulo 3 de la Constitución Interina incluía un extenso catálogo de derechos fundamentales, junto con una cláusula de limitaciones –sección 33– que recuerda a la de Canadá[177]. La constitución interina también creó la Corte Constitucional de Sudáfrica y le confirió expresamente la facultad de revisión judicial[178].

La nueva Corte Constitucional inicialmente se resistió a aplicar el análisis de proporcionalidad a la cláusula de limitaciones, pero esta resistencia se desvaneció casi inmediatamente. En *State v. Zuma and Two Others*, su primera decisión sobre el tema, la Corte enfrentó un patrón de hechos similar al de

---

177 Const. de S. Afr. (interina) 1993. La Sección 33 dispuso que los derechos fundamentales podían ser limitados por una ley de aplicación general, siempre que la limitación sea razonable, "justificable en una sociedad abierta y democrática basada en la libertad y la igualdad", y no "niegue el contenido esencial del derecho en cuestión". La constitución dispuso además que las limitaciones a un subconjunto de derechos fundamentales –incluidos los derechos a la dignidad humana, la libertad frente al trabajo forzoso y la libertad de conciencia– solo eran permisible cuando tales limitaciones eran "necesarias". § 33(1).
178 Id. § 98(5).

Oakes; una demanda de inconstitucionalidad de una disposición de "reversión de la carga de la prueba" que imponía a los presuntos delincuentes la carga de demostrar que las confesiones a la policía eran involuntarias[179]. La Corte encontró una violación *prima facie* de la presunción de inocencia constitucional, pero se rehusó a emplear el análisis de proporcionalidad para determinar la constitucionalidad de la disposición. Aunque reconoció que los "criterios de proporcionalidad" bien pueden ser de ayuda para nuestras cortes en casos que se exigen una delicada ponderación entre los derechos individuales y de los intereses sociales", la Corte insistió en que "la sección 33(1) establece los criterios que debemos aplicar, y no [vemos] ninguna razón, al menos en este caso, para tratar de ajustar nuestro análisis al patrón canadiense"[180].

La Corte superó su resistencia al análisis de proporcionalidad en su siguiente decisión sobre la cláusula de limitaciones. Es significativo que los jueces de la Corte recién constituida pasaran una semana en Alemania visitando a los jueces de la Corte Constitucional Federal Alemana poco antes de dictar la sentencia[181]. En *State v. Makwanyane*[182] se impugnó la constitucio-

---

179 *S v. Zuma & Others* 1995 (2) SA 642 (CC) (S. Afr.).

180 Ibíd., p. 660.

181 Craig Smith, "An American's View of The Federal Constitutional Court: Karlsruhe's Justices", 2 *German L. J.*, http://www.germanlawjournal.com/article.php?id=17.

182 *S v. Makwanyane & Another* 1995 (3) SA 391 (CC), p. 436 (S. Afr.).

nalidad de la pena de muerte. Al redactar la opinión principal, el Presidente Chaskalson encontró que la ley constituía una violación *prima facie* del derecho constitucional contra castigos crueles, inhumanos, y degradantes[183]. Luego pasó a la proporcionalidad: "La limitación de los derechos fundamentales por un propósito que es razonable y necesario en una sociedad democrática implica la ponderación de los valores contrapuestos y, en últimas, una valoración basada en la proporcionalidad"[184]. La proporcionalidad, en opinión de la Corte, está "implícita en las disposiciones de la sección 33(1)":

El hecho de que los distintos derechos tengan implicaciones diferentes para la democracia, y en el caso de nuestra Constitución, para 'una sociedad abierta y democrática basada en la libertad y la igualdad', significa que no hay un estándar absoluto que se pueda establecer para determinar la razonabilidad y la necesidad. Se pueden establecer principios, pero la aplicación de esos principios a circunstancias particulares solo se puede hacer caso por caso. Esto es inherente al requisito de proporcionalidad, que exige la ponderación de intereses diferentes[185].

La Corte elaboró entonces una extensa lista de factores relacionados con el análisis de proporcionalidad:

---

183 Ibíd., p. 434.
184 Ibíd., p. 436.
185 Ibíd.

> En el proceso de ponderación, las consideraciones relevantes incluirán la naturaleza del derecho que se limita y su importancia para una sociedad abierta y democrática basada en la libertad y la igualdad; el propósito por el cual se limita el derecho y la importancia de ese propósito para dicha sociedad; el alcance de la limitación, su eficacia y, en particular cuando la limitación tiene que ser necesaria, si los fines deseados se pueden lograr razonablemente con otras medios menos perjudiciales para el derecho en cuestión[186].

Chaskalson citó explícitamente fuentes de autoridad extranjeras para dar ese paso, examinó el papel del análisis de proporcionalidad en el derecho alemán, canadiense y europeo, y señaló las diferencias y semejanzas con el contexto surafricano[187]. Luego pasó a considerar la proporcionalidad de la pena de muerte. Sopesó los objetivos putativos de la ley –disuasión, prevención y retribución– contra "los factores, que tomados en conjunto, hacen cruel, inhumana y degradante la pena capital: la destrucción de la vida, la aniquilación de la dignidad, los elementos de arbitrariedad, la desigualdad y la posibilidad de error en la ejecución de la pena"[188]. Aunque la fórmula *Makwanyane* trata la proporcionalidad como una ponderación de múltiples factores en una etapa, están presentes los elementos de indagación de la

---

186 Ibíd.
187 Ibíd., pp. 436-439.
188 Ibíd., p. 448.

adecuación y de los medios menos restrictivos. Al final, la pena de muerte falló la prueba, porque había pocas evidencias de que su papel disuasivo era más efectivo que el de la alternativa menos violatoria –la cadena perpetua– y la retribución tenía poco valor en el orden constitucional post *apartheid*, el cual se dedicó expresamente a la reconciliación[189].

El enfoque *Makwanyane* fue adoptado en los casos subsiguientes. Al inicio, la proporcionalidad fue tratada como un enfoque pragmático para aplicar la cláusula de limitaciones más que como un principio ineluctable del derecho[190]. Pero cuando Sudáfrica adoptó una constitución permanente en 1996, el análisis de proporcionalidad fue elevado al estatus de principio constitucional. Se revisó la cláusula de limitaciones de la Constitución Interina para incorporar los factores mencionados en *Makwanyane* como elementos del análisis de proporcionalidad[191]. Además, algo

---

189 Ibíd., p. 446, 451.
190 Ver, p. ej., *S v. Williams & Others* 1995 (3) SA 632 (CC), p. 649 ("En *S v. Makwanyane* esta Corte trató la Sección 1(2) de la Constitución sobre la base de que la Sección 33(1) es aplicable a los vacíos de esa sección. Sigo el mismo enfoque en el presente caso" [se omiten las citas]).
191 La cláusula de limitaciones dice:
36. Limitación de los derechos
1. Los derechos de la Declaración de Derechos solo se pueden limitar en términos de una ley de aplicación general en la medida en que la limitación sea razonable y justificable en una sociedad abierta y democrática basada en la dignidad humana, la igualdad y la libertad, teniendo en cuenta todos los factores relevantes, incluidos:

que fue crucial, la Corte Constitucional certificó que
la nueva Constitución era congruente con los Principios Constitucionales del documento interino[192].
La Corte consideró, y rechazó, las objeciones acerca
de que la sección 36(1) no cumplía con las normas
internacionales de derechos humanos, y por tanto,
las garantías de derechos de la Constitución Interina,
porque no incluía la exigencia de "necesidad" en las
limitaciones de los derechos[193]. La Corte declaró que
la sección 36(1) era válida, esencialmente porque el
análisis de proporcionalidad define los estándares de
mejor práctica para el control de la necesidad:

> Es cierto que los instrumentos internacionales de
> derechos humanos indican que las limitaciones a los
> derechos fundamentales son permisibles únicamente
> cuando son "necesarias" o "necesarias en una sociedad
> democrática". Pero la "necesidad" no es de ninguna
> manera universalmente aceptada como la norma

---

1. La naturaleza del derecho,
2. La importancia del propósito de la limitación,
3. La naturaleza y el alcance de la limitación,
4. La relación entre la limitación y su propósito, y
5. Las medidas menos restrictivas para lograr el propósito.
2. Salvo lo que se dispone en la subsección (1) o en alguna otra disposición de la Constitución, ninguna ley puede limitar un derecho consagrado en la Declaración de Derechos.

192 *Certification of the Constitution of the Republic of South Africa*, 1996 (4) SA 744 (CC). La sección 71(2) de la Constitución Interina asignó a la Corte Constitucional la responsabilidad de la certificación.

193 Williams, supra nota 190, p. 804.

apropiada para la limitación en las constituciones nacionales. Además, se han dado diversas interpretaciones al término, todas las cuales dan el lugar central a la relación proporcionada entre el derecho que se debe proteger y la importancia del objetivo que se va a lograr con la limitación. El contenido que esta Corte dio a la cláusula de limitaciones de la Constitución Interina 33(1) en *S v. Makwanyane and Another* es conforme con esa interpretación. De hecho, la sección 36(1) es sustancialmente una repetición de lo que se dijo en esa sentencia. Pero lo que importa para el presente propósito es que se cumple el requisito conceptual establecido por las normas internacionales referentes a la proporcionalidad o la ponderación. La elección de las palabras compete al Constituyente. Los criterios establecidos en la sección 36(1) se conforman a los estándares internacionalmente aceptados y cumplen el Principio Constitucional II de la Constitución Interina[194].

---

194 Ibíd., pp. 804-805. Se debería señalar que la proporcionalidad obtuvo otros puntos de apoyo en el derecho surafricano además del § 36(1) durante este periodo, aunque estos desarrollos son menos relevantes para nuestros propósitos. La Sección 33(1) de la Constitución Final creó el "derecho a que la acción administrativa sea legal, razonable y procedimentalmente justa". Se ha considerado que esta disposición, y la legislación aprobada después de ella, imponen una forma de prueba de proporcionalidad; ver Promotion of Administrative Justice Act of 2000 s. 6(f); *Carephone (Pty) Ltd v. No & Others* 1999 (3) SA 304 (LC) (S. Afr.); Claudia Lange, *Unreasonableness as a Ground of Judicial Review in South Africa: Constitutional Challenges for South Africa's Administrative Law* (2002); Cora

Desde mediados de los años noventa, la proporcionalidad se convirtió en una piedra angular de la labor de la Corte Constitucional de Sudáfrica. El Magistrado Albie Sachs declaró en 2003 que "la proporcionalidad y la ponderación están en el centro de los litigios de constitucionalidad en nuestro país", y calculó que unas tres cuartas partes de los casos de la Corte exigían que los magistrados hagan una ponderación[195]. En el marco de proporcionalidad de la sección 36(1), la Corte ha resuelto numerosas

---

Hoexter, "Standards of Review of Administrative Action: Review for Reasonableness", en *A Delicate Balance: The Place of a Judiciary in a Constitutional Democracy* 61, pp. 64-65 (2006). Además, el Acta de Promoción de la Unidad Nacional y la Reconciliación de Sudáfrica, convertida en ley en 1995, creó un comité competente para conceder la amnistía por "cualquier acto, omisión o infracción en razón de que es un acto asociado con un objetivo político"; Promotion of National Unity and Reconciliation Act, No. 34 of 1995 s. 18(1). Para determinar si una acción dada "está asociada con un objetivo político" dentro del significado de la ley, enumera varios factores que se deben considerar, incluidos "la relación entre el acto, omisión o infracción y el objetivo político buscado, y en particular la sinceridad y *la proximidad de la relación y la proporcionalidad del acto, omisión o infracción con el objetivo buscado*"; ibíd., s. 20(3) (f) (énfasis añadido). Aunque el Comité de Amnistía no aplicó ningún tipo de análisis estructurado de proporcionalidad, a veces se basó en una prueba tosca de medios menos restrictivos para determinar si la amnistía era apropiada; ver, p. ej., Cornelius Johannes Van Wyk, Amnesty Decision No. 1050/96 (6 de diciembre de 1996).

195 Albie L. Sachs, "The Challenges of Post-Apartheid South Africa", 7 *Green Bag* 2d 63, p. 67 (2003).

disputas de alto perfil, que incluyen demandas de
constitucionalidad del castigo corporal a los jóvenes[196], de leyes contra la sodomía[197], de privación
de derechos a los delincuentes[198], una prohibición
de la marihuana aplicada a los rastafaris, quienes la
usan para propósitos religiosos[199], y varias normas de
procedimiento penal supuestamente onerosas para
la presunción de inocencia[200].

En su desarrollo desde mediados de los años noventa,
"la jurisprudencia sudafricana de limitaciones se ha
basado extensamente en la jurisprudencia canadiense
de limitaciones"[201]. Sin embargo, el análisis de proporcionalidad no toma una forma idéntica exacta en
esas dos jurisdicciones: en particular, en Sudáfrica el
análisis no siempre se realiza siguiendo una secuencia

---

196 *S. v. Williams & Others* 1995 (3) SA 632 (CC) (S. Afr.).

197 *National Coalition for Gay and Lesbian Equality & Another v.
   Minister of Justice* 1999 (1) SA 6 (CC) (S. Afr.).

198 *Minister of Home Affairs v. National Inst. for Crime Prevention &
   the Reintegration of Offenders (NICRO) & Others* 2005 (3) SA 280
   (CC) (S. Afr.).

199 *Prince v The President of the Law Soc'y of the Cape of Good Hope*
   2001 (2) SA 388 (CC) (S. Afr.).

200 Ver, p. ej. *S v. Mello & Another* 1998 (3) SA 712 (CC) (S. Afr.).
   Para un análisis de la jurisprudencia de la Corte Constitucional bajo la cláusula de limitaciones, ver Ziyad Motala y
   Cyril Ramaphosa, *Constitutional Law: Analysis and Cases*, pp.
   414-432 (2002).

201 Kevin Iles, "A Fresh Look at Limitations: Unpacking Section
   36", 23 *S. Afr. J. Hum. Rts.* 68, p. 69 (2007).

de etapas discretas[202]. Pero aunque "como parte de su valoración general no mecánica, la Corte no siempre desagrega las diversas etapas de la prueba", como en Canadá", "la parte de la prueba correspondiente a las medios menos restrictivos ha sido quizá la más importante en la práctica"[203].

Igual que las cortes canadiense y alemana, la Corte Constitucional sudafricana reconoce que la prueba prueba del medio menos intrusivo permite deferencia hacia las decisiones del legislativo. Como señalan las autoridades académicas, "el uso de un estándar basado en valores y sensible al contexto para determinar cuán razonables son las limitaciones legislativas y otras limitaciones de los derechos fundamentales –que se apoya en la proporcionalidad y la ponderación– es difícilmente compatible con la idea de una separación rígida de las funciones legislativas y judiciales"[204]. Por su parte, la Corte espera que el parlamento considere

---

202 En palabras del Magistrado Ngcobo:
    Ninguno de estos factores [del § 36(1)] es individualmente decisivo. Tampoco incluyen todos los factores relevantes que se deben considerar. Estos factores junto con otros factores relevantes se deben considerar en la indagación general. El análisis de la limitación involucra entonces la ponderación de los valores contrapuestos y, en últimas, una valoración basada en la proporcionalidad.
    Prince v. The President of the Law Society of the Cape of Good Hope 2001 (2) SA 388 (CC) (S. Afr.) (se omiten las citas internas).
203 Stephen Gardbaum, "Limiting Constitutional Rights", 54 *UCLA L. Rev.* 789, p. 842 (2007).
204 Henk Botha, "Rights, Limitations, and the (Im)possibility of Self-Government", en *Rights and Democracy in a Transformative*

los asuntos constitucionales como parte del proceso de diseño de políticas. En *S. v. Manamela* (2000), los Magistrados O'Regan y Cameron señalaron:

> El problema de la Corte es dar significado y efecto al factor de los medios menos restrictivos sin limitar excesivamente la gama de opciones de política disponibles para el legislador en un área específica. Cuando el legislador elige una disposición particular no solo considera los derechos fundamentales sino también las preocupaciones relacionadas con el costo, la ejecución práctica, la prioridad de ciertas necesidades y demandas sociales y la necesidad de reconciliar los intereses en conflicto. La Constitución confía la tarea de legislar al legislador porque es la institución apropiada para tomar estas difíciles decisiones de política. Cuando un corte busca atribuir peso al factor de los "medios menos restrictivos" debe tener cuidado para evitar un resultado que elimine la gama de opciones disponibles para el legislador. En particular, debe tener cuidado para no dar órdenes a la Legislatura salvo que determine que el mecanismo que esta ha elegido es incompatible con la Constitución[205].

Constitution 13, p. 14 n. 5 (Henk Botha, Andre Van der Walt y Johan Van der Walt. eds., 2003).

205 *S v. Manamela & Others* 2000 (3) SA 1, 41 (CC) (S. Afr.) (Magistrados O'Regan y Cameron, salvamento de voto disintieron). En este caso, la mayoría concordó con estos principios; ibíd., p. 20.

En contraste con Canadá, el dominio del poder
ejecutivo en la legislación en Sudáfrica dificulta la
evaluación del impacto de la jurisprudencia sobre la
proporcionalidad de la Corte sobre el proceso legislativo. Especialmente después de las reformas de 1998,
que fortalecieron las instituciones presidenciales[206], las
propuestas legislativas en Sudáfrica son examinadas
totalmente por una serie de equipos de la presidencia
y del gabinete antes de que se sometan a discusión
pública en la Asamblea Nacional[207]. Este examen
incluye consultas con asesores jurídicos del Estado,
que certifican que los proyectos son congruentes con
la Constitución y las leyes existentes[208]. Estas primeras
etapas del proceso legislativo, que tienen lugar a la
vista del público, son las que dan a los funcionarios
la mejor oportunidad para considerar si las leyes
que limitan derechos fundamentales satisfacen los
requisitos de proporcionalidad. Esto se debe a que

---

206 Phiroshaw Camay y Anne J. Gordon, *Evolving Democratic
Governance in South Africa*, pp. 316-317 (2004).

207 Además de la Asamblea Nacional, el parlamento bicameral
sudafricano incluye un Concejo Nacional de Provincias que
representa las nueve provincias del país y tiene un papel aún
más limitado en la elaboracion de políticas que la Asamblea
Nacional.

208 Dewald van Niekerk et al., *Governance, Politics, and Policy in
South Africa*, pp. 88-89 (2001); ver también Arthur Chaskalson,
"Dialogue: Equality and Dignity in South Africa", 5 *Green Bag*
2d 189 (2002); Republic of South Africa, Department of Justice
and Constitutional Development, The Legislative Process,
[http://www.doj.gov.za/2004dojsite/legislation/legprocess.
htm].

la influencia de la Asamblea Nacional en las políticas es "a lo sumo tangencial"[209], debido a los escasos recursos de presupuesto y de personal disponibles para los legisladores, al gran número de legisladores y al desplazamiento de la supervisión parlamentaria hacia organismos de la rama ejecutiva[210]. En este contexto institucional distinto, puede ser que no veamos que el legislador lleve un registro de su análisis de proporcionalidad de la legislación propuesta.

3. Israel

Israel es uno de los cuatro países del mundo que hoy carece de una constitución codificada y consagrada[211]. No obstante, el país tiene una Corte Suprema que se convirtió en una Corte poderosa cuando empezó a introducir los derechos y las doctrinas del control de constitucionalidad en la ley superior en los años ochenta[212]. En ese mismo periodo, la Corte estaba en los inicios del desarrollo de una especie de doctrina de proto-proporcionalidad nativa. Una vez que el uso del análisis de proporcionalidad en otros sistemas

---

209 Anthony Butler, *Contemporary South Africa* 95 (2004).

210 Ibíd., pp. 95-96; Phiroshaw Camay y Anne J. Gordon, *Evolving Democratic Governance in South Africa*, p. 337 (2004).

211 Los otros son Bután, Nueva Zelanda y Reino Unido.

212 Aeyal M. Gross, "The Politics of Rights in Israeli Constitutional Law", 3 *Isr. Stud.*, 80, p. 85 (1998); Ran Hirschl, "The Political Origins of Judicial Empowerment through Constitutionalization: Lessons from Israel's Constitutional Revolution", 33 *Comp. Pol.* 315 (2001).

jurídicos recibió de su atención en los años noventa, la
Corte adoptó rápidamente el marco estándar de tipo
alemán. Luego utilizó el análisis de proporcionalidad
para determinar cuándo eran permisibles las limitaciones de los derechos y para juzgar la legalidad de la
acción administrativa. Hoy es indudable que la Corte
Suprema israelí aplica el análisis de proporcionalidad
en forma más coherente y rigurosa que cualquier otro
organismo judicial en el mundo.

Los casos más importantes de "proto-proporcionalidad" en Israel comparten un patrón similar de
hechos. La regla 119 de las Reglamentaciones de Defensa (de Emergencia), un remanente de los días del
Mandato Británico[213], da a los comandantes militares
amplio margen para tomar medidas en respuesta a
actos terroristas. En los casos de reclamación contra
estas respuestas por ser "excesivas", la Corte Suprema adoptó una forma simplificada de análisis de
proporcionalidad. En *Hamri v. Commander of Judea and
Samaria* (1982)[214], Mahmoud y Rathab, dos hombres
de la Franja Occidental confesaron haber asesinado
a puñaladas a un vigilante nocturno en una misión
ordenada por Al Fatah[215]. Los comandantes militares
israelíes ordenaron la demolición de su vivienda

---

213 Defense (Emergency) Regulations, 1945 P.G. no. 1442, Sup.
     No. 2, p. 1089.
214 HCJ 361/82 *Hamdi v. Commander of Judea and Samaria* [1982]
     IsrSC 36(3) 439.
215 Ibíd., 440, traducido en I *Palestine Y. B. Intl'l. L.* 129, p. 130
     (1984).

para disuadir a presuntos futuros terroristas[216]. El demandante, padre de Mahmoud y tío de Rathab, pidió a la corte que ordenara al comandante de Judea y Samaria que demostrara por qué no se debía de haber abstenido de demoler la vivienda[217]. En nombre de la Corte, el entonces Magistrado Aharon Barak sostuvo que la orden de destruir la vivienda era razonable en vista de los graves actos de homicidio cometidos por los dos jóvenes[218]. Aunque no usó el término "proporcionalidad", la esencia de su argumento fue que las medidas administrativas tenían que guardar una relación proporcionada con los actos prohibidos que las provocaron. El patrón de hechos en *Turkeman v. Minister of Defense*[219] fue similar: un hombre de la Franja Occidental disparó a dos israelíes, matando uno e hiriendo al otro, y el comandante militar ordenó la demolición de su domicilio. Aquí, sin embargo, la casa pertenecía a la madre del delincuente, y ella la compartía con sus siete hijos, el de más edad era casado y tenía su propia familia[220]. Los militares ordenaron derribar toda la casa después de decidir que era imposible demoler

---

216 Ibíd., 443-444, traducido en I *Palestine Y.B. Intl'l. L.* 129, p. 133 (1984).

217 Ibíd., 439, traducido en I *Palestine Y. B. Intl'l. L.* 129, p. 129 (1984).

218 Ibíd., 444, traducido en I *Palestine Y. B. Intl'l. L.* 129, p. 133 (1984).

219 HCJ 5510/92 *Turkeman v. Minister of Defense* [1993] IsrSC 48(1) 217.

220 Ibíd., pp. 218-219.

apenas una parte. El Magistrado Barak, en nombre de la Corte, encontró que la medida era irrazonable. "Toda autoridad, no importa cuán amplia, se debe ejercer de manera razonable", escribió insistiendo en que el comandante debía elegir una respuesta que correspondiera a la gravedad del delito[221]. Esta vez, la Corte declaró desproporcionada" la orden de demolición y la sustituyó por una orden de acordonar dos habitaciones de la casa para que el hijo casado pudiera seguir viviendo allí[222]. Aunque la Corte invocó el principio de proporcionalidad en *Turkeman*, aún no había ninguna referencia a la doctrina en otras jurisdicciones.

Los comentarios académicos sentaron el camino para la aceptación judicial del análisis de proporcionalidad. Un estudio comparativo de 1994, del profesor de derecho (y después Magistrado de la Corte Suprema) Itzhak Zamir, fue el primer trabajo importante sobre las conexiones entre la proporcionalidad en el derecho administrativo alemán e israelí[223]. Al mismo tiempo, el comentario sobre la nueva Ley Básica de Libertad

---

221 Fania Domb, "Judicial Decisions: Judgments of the Supreme Court of Israel Relating to the Administered Territories", 25 *Isr. Y. B. on Hum. Rts.* 323, p. 347 (1995) (donde se resume el caso *Turkeman*).

222 *Turkeman*, [1993] IsrSC 48(1), 220.

223 Itzhak Zamir, "Israeli Administrative Law Compared to German Administrative Law", 2 *Mishpat U'Mimshal* [*Derecho y Gobierno en Israel*] 109, p. 130 (1994). Un escrito del Professor Segal, de 1990, también fue muy influyente, aunque carecía de un extenso tratamiento de los materiales internacionales;

y Dignidad Humanas de Israel escrito por Aharon Barak en 1994 defendió explícitamente el análisis de proporcionalidad del caso *Oakes* como método para determinar en qué casos los derechos deben ceder ante el derecho público.

En su calidad de Magistrados en la Corte Suprema, los autores de estos escritos introdujeron rápida y vigorosamente esta visión cosmopolita de la proporcionalidad en el derecho israelí. En *Euronet Golden Lines [1992] Ltd. v. Minister of Communication*[224], el Magistrado Zamir examinó la aceptación de la proporcionalidad en otras jurisdicciones e hizo un enérgico llamamiento a darle "el peso y el estatus apropiados" en el derecho israelí. Por su parte, como Presidente de la Corte, Barak presentó un extenso análisis de los orígenes y la difusión del análisis de proporcionalidad en su aclaración del voto en *Ben-Atiyah v. Minister of Education, Culture & Sports*[225]. Barak incluso encontró antecedentes de la proporcionalidad en el precepto de tratar la enfermedad con medicamentos poderosos únicamente si los medicamentos más débiles no funcionaban, de Maimónides[226]. En el caso

---

Zeev Segal, "Disproportionality in Administrative Law", 39 *HaPraklit* 501 (1990).

224 HCJ 987/94 *Euronet Golden Lines (1992) Ltd. v. Minister of Commc'n* [1994] IsrSC 48(5) 412, 435.

225 HCJ 3477/95 *Ben-Atiya v. Minister of Educ., Culture & Sports* [1995] IsrSC 49(5) 1, 9. *Ben-Atiyah* fue publicado realmente después de *United Mizrachi Bank*, pero sus argumentos se expusieron varios meses antes de *United Mizrachi Bank*.

226 Ibíd.

Ben-Atiyah, referente a un programa que daba a los estudiantes la posibilidad de no presentar el examen de matrícula sobre ciertas materias[227], el Ministerio de Educación negó el acceso a este programa a los estudiantes matriculados en las escuelas que en los años anteriores tuvieron un alto número de casos de fraude en los exámenes de matrícula[228]. Barak habría anulado la orden del ministerio por razones de proporcionalidad, mientras que los otros dos jueces decidieron el caso en términos de razonabilidad, un estándar más bajo que la prueba del medio menos intrusivo en el derecho israelí[229].

El momento decisivo para la proporcionalidad llegó en *United Mizrachi Bank Ltd. v. Migdal Cooperative Village*[230], un hito en el derecho constitucional israelí. En ese caso, los acreedores demandaron una ley que permitía que un organismo especial del gobierno cancelara deudas porque violaba el derecho a la propiedad garantizado por la Ley Básica de Dignidad Humana Libertad y de Israel[231]. La primera pregunta para la Corte fue la del control de constitucionalidad: si la Corte poseía la facultad para invalidar la legislación

---

227 Ibíd., p. 5. El examen de matrícula es una prueba nacional exigida para graduarse en la escuela secundaria (similar al diploma Regents de Nueva York).

228 Ibíd., p. 6.

229 Ibíd., pp. 15-16.

230 CA 6821/93 *United Mizrachi Bank plc v. Migdal Cooperative Village* [1995] IsrSC 49(4) 221.

231 Ibíd., pp. 223-234.

que contraviniera los derechos mencionados en las Leyes Básicas[232]. La Corte respondió afirmativamente[233]. Aunque las Leyes Básicas fueron aprobadas mediante el procedimiento legislativo ordinario en el parlamento israelí –la Knesset–, la Corte consideró que el catálogo de derechos fundamentales tenía estatura constitucional[234]. Por tanto, la Knesset podía aprobar leyes que infringieran esos derechos únicamente si satisfacían la sección 8 de la Ley Básica: la cláusula de limitaciones[235], que dice: "No se violarán los derechos amparados por esta Ley Básica excepto por una ley acorde con los valores del Estado de Israel, promulgada con un propósito adecuado, en un grado no mayor del que sea necesario"[236].

Escribiendo en su nombre y en el de otros seis miembros, el Presidente de la Corte, Barak, consideró que la ley que cancelaba deudas constituía una violación *prima facie* del derecho de propiedad, y luego pasó a considerar si a pesar de ello la ley satisfacía

---

232 Ver, Omi, "Leading Decisions of the Supreme Court of Israel and Extracts of the Judgment", 31 *Isr. L. Rev.* 754, p. 766 (1997).
233 Ibíd.
234 Ibíd., pp. 766-767.
235 Ibíd., p. 768.
236 Basic Law: Human Dignity and Liberty, 5752-1992, S.H. 1391 (Isr.). La cláusula de limitaciones fue reformada en 1994 para permitir la invalidación legislativa explícita de las disposiciones de la Ley Básica; Human Dignity and Liberty-Amendment, 5754-1994, S.H. 1454 (Isr.), http://www.knesset.gov.il/laws/special/eng/basic3_eng.htm.

la cláusula de limitaciones[237]. En la interpretación de
la cláusula de limitaciones, el Presidente de la Corte,
Barak, consideró que el elemento final – "en un grado
no mayor del que sea necesario"– debía ser una exigencia constitucional de proporcionalidad[238]. Barak
procedió a señalar que en el derecho administrativo
israelí se reconocía una forma de proporcionalidad, y
utilizó ejemplos comparativos para mostrar que el paso
de la proporcionalidad del derecho administrativo al
nivel constitucional tenía amplios precedentes en otros
sistemas jurídicos[239]. Explicó que la proporcionalidad
comenzó en el derecho administrativo europeo, "y
de allí se difundió al derecho constitucional de la
mayoría de los países de Europa y de fuera de ella"[240].
Barak citó a *Oakes* con respecto a los elementos de la
prueba de proporcionalidad y citó frentes doctrinales alemanas[241]. Y concluyó que la ley satisfacía las
condiciones de la cláusula de limitaciones[242].

---

237 Ver Omi, supra nota 232, p. 769.
238 Ibíd., 789. El concepto de Barak no fue el único que mencionó
     la proporcionalidad; el presidente Shamgar también mencio-
     nó la proporcionalidad como un elemento de la cláusula de
     limitaciones; ver *United Mizrachi Bank* [1995] IsrSC 49(4), pp.
     335-352. Pero debido a que el análisis del Magistrado Barak
     fue más extenso y a que escribió en nombre de la mayoría
     de los Magistrados, mientras que el Presidente Shamgar solo
     escribió en nombre propio, nos centramos en el análisis de
     Barak.
239 Ver *United Mizrachi Bank*, p. 436.
240 Ibíd., Barak menciona específicamente a Canadá y a Sudáfrica.
241 Ibíd., pp. 436-437.
242 Ibíd., p. 446.

Después de que ser introducido en *United Mizra-chi Bank*, el análisis de proporcionalidad de cuatro etapas fue acogido por la Corte Suprema de Israel, y su aplicación no se ha limitado a resolver casos de derechos amparados por las Leyes Básicas. La prueba de proporcionalidad estilo *Oakes* también se aplicó para controlar acciones administrativas[243]. El caso *Beit Sourik*, de 2004, mostró el arraigo que había logrado el análisis de proporcionalidad en el derecho israelí. En este caso se denunciaron los planes para erigir una controversial barrera de separación que impidiera el acceso de terroristas a Israel[244]. La ruta propuesta para levantar la barrera separaba a miles de agricultores de la Franja Occidental de sus campos y exigía la expropiación de tierras de muchos habitantes locales. Los demandantes admitieron que de este modo, se asignaban ciertas violaciones del derecho administrativo israelí y del derecho internacional[245].

Barak, quien redactó el fallo unánime de un jurado de tres magistrados, encontró que la ruta violaba la proporcionalidad en el sentido estricto[246]. El Magis-

---

243 Ver, p. ej., HCJ 4541/94 *Miller v. Minister of Def.* [1995] IsrSC 49(4) 94 (donde respaldó el derecho a la igualdad en el contexto del servicio militar); HCJ 3278/02 *Ctr. for the Def. of the Individual v. Commander of the IDF* [2002] IsrSC 57(1) 385 (revisión judicial de detención administrativa por parte del ejército).

244 HCJ 2056/04 *Beit Sourik Village Council v. Government of Israel* [2004] IsrSC 58(5) 807; traducido en *Isr. L. Rep.* 264 (2004).

245 Ibíd.

246 Ibíd., p. 861; traducido en *Isr. L. Rep.* 264, p. 332 (2004).

trado Barak determinó que los planes satisfacían las dos primeras subpruebas de la proporcionalidad: la barrera estaba conectada racionalmente con el objetivo de seguridad, y ninguna ruta alternativa que infringiera menos los derechos humanos menos podía proporcionar el mismo nivel de seguridad[247]. Pero el mejoramiento de la seguridad que se obtenía con la ruta demandada, frente al que se obtenía con la alternativa menos intrusiva, simplemente no eran suficientemente para justificar la infracción:

> La diferencia entre las ganancias de seguridad requeridas por el enfoque del comandante militar y los beneficios de seguridad de la ruta alterna es muy pequeña en comparación con la gran diferencia entre una barrera que separa a los habitantes locales de sus tierras y una barrera que no crea dicha separación o que crea una separación que es pequeña y puede ser tolerada[248].

La decisión *Beit Sourik* dio un peso sin precedentes al análisis de proporcionalidad. El resultado en este caso de alto perfil se inclinó totalmente hacia la prueba de ponderación. La Corte admitió que la invalidación de la ruta propuesta reduciría la seguridad de Israel, y aun así la invalidó[249]. Además, la Corte todavía no

---

247 Ibíd., pp. 849-850; traducido en *Isr. L. Rep.* 264, pp. 308-309 (2004).

248 Ibíd., par. 61.

249 Ibíd., p. 861-862; traducido en *Isr. L. Rep.* 264, p. 323 (2004).

había encontrado una violación *prima facie* de un derecho constitucional para justificar este paso[250]. En *Beit Sourik*, la proporcionalidad figuraba como un principio general del derecho administrativo y no como un medio para determinar cuándo son permisibles constitucionalmente las limitaciones de los derechos básicos. Quizá debido a que el análisis de proporcionalidad se utilizó intensamente en esta decisión, el Presidente de la Corte, Barak, justificó en algún detalle la proporcionalidad en su sentencia. Describió la proporcionalidad como un "principio básico" del derecho que "atraviesa todas las ramas del derecho"[251]. Es parte de la solución "universal" al "problema general del derecho (internacional y nacional)" de "ponderar la seguridad y la libertad"[252]. Barak luego procedió a demostrar los orígenes doctrinales de la proporcionalidad como "un principio general del derecho internacional" así como del derecho administrativo de Israel[253]. La decisión también subrayó cuán similar es el marco del análisis de proporcionalidad en distintos sistemas jurídicos, incluidos el derecho

---

250 La corte encuentra estos derechos en el artículo 46 del Reglamento de La Haya y en el artículo 27 del Cuarto Convenio de Ginebra; ibíd., p. 832-836; traducido en *Isr. L. Rep.* 264, pp. 289-293 (2004).

251 Ibíd., pp. 836-837; traducido en *Isr. L. Rep.* 264, p. 293 (2004).

252 Ibíd.

253 Ibíd., pp. 837-848; ibíd., pp. 289-293; traducido en *Isr. L. Rep.* 264, pp. 294-295 (2004).

internacional, el derecho común, el derecho civil y el derecho israelí[254].

La rama judicial no es la única rama del gobierno afectada por la constitucionalización de la proporcionalidad en Israel. De acuerdo con el Presidente de la Corte, Barak, "el poder ejecutivo ha internalizado la revolución constitucional"[255]. Toda la legislación del gobierno y todos los actos administrativos "son evaluados cuidadosamente para determinar si satisfacen la prueba de constitucionalidad", y el Fiscal General y los asesores legales de los ministerios han inculcado el marco de análisis de derechos en el servicio civil[256]. El Presidente de la Corte, Barak, también escribió que "la rama legislativa toma en serio el cambio constitucional" y "ejerce gran precaución sobre este asunto"[257]. Pero a diferencia de Canadá, la Corte Suprema de Israel sigue realizando su análisis de proporcionalidad *de novo*, sin considerar las decisiones de otras ramas acerca de la constitucionalidad de sus acciones[258].

---

254 Ibíd., pp. 839-840; ibíd., pp. 289-293; traducido en *Isr. L. Rep.* 264, pp. 296-297 (2004).

255 Aharon Barak, "Human Rights in Israel", 39 *Isr. L. Rev.* 12, p. 19 (2006).

256 Ibíd.

257 Ibíd.

258 La corte defendió enérgicamente su prerrogativa para hacer un dictamen de proporcionalidad independiente en el caso *Beit Sourik*:

La segunda pregunta examina la proporcionalidad de la ruta de la barrera de separación, tal como fue determinada por el comandante militar. Esta pregunta no suscita problemas en el

B. Regímenes internacionales

Pasamos ahora a la consolidación del análisis de proporcionalidad en tres regímenes creados por el derecho internacional: el Convenio Europeo de Derechos Humanos, la Comunidad Europea y la Organización Mundial del Comercio. Por medio de sus cortes, estos regímenes han desarrollado importantes características constitucionales, y destacados académicos participan en animados debates acerca de si se han "constitucionalizado" en forma significativa[259]. Sin importar cómo respondamos esta pregunta[260], estos debates son datos. Nos indican que ha ocurrido una transformación a la cual no se pueden aplicar fácilmente los conceptos y categorías tradicionales tomados del derecho y la política comparados o internacionales[261].

---

campo militar; se relaciona, más bien, con la severidad de la lesión causada a los habitantes locales por la ruta decidida por el comandante militar [...] El estándar para esta pregunta no es el estándar subjetivo del comandante militar. La pregunta no es si el comandante militar creía, de buena fe, que el daño es proporcionado. El estándar es objetivo. La pregunta es si, habida cuenta de estándares jurídicos, la ruta de la barrera de separación pasa las pruebas de proporcionalidad. Esta es una pregunta jurídica y la competencia para responderla es de la Corte.
IsrSC 58(5) 807, par. 48.

259 Ver supra notas 2-4.

260 Ver Alec Stone, "What is a Supranational Constitution? An Essay in International Relations Theory", 55 *Rev. Pol.* 441 (1994).

261 Neil Walker, "The EU and the WTO: Constitutionalism in a New Key" en *The EU and the WTO: Legal and Constitutional Issues* 31

En cada uno de los casos el análisis de proporcionalidad está involucrado directamente en los procesos
y resultados en los que normalmente se centran los
académicos cuando discuten sobre la constitucionalización de estos sistemas. Ese hallazgo no debería
ser una sorpresa. En cada régimen, se ha delegado
a una corte fideicomisaria la tarea de hacer cumplir
los tratados, y estos instrumentos poseen o han llegado a manifestar una estructura hoy familiar. Los
valores básicos de los tratados, como derechos de
los individuos o de los Estados, están cualificados
por otros valores importantes, cualificaciones que se
expresan en la forma de derogaciones que los Estados pueden reclamar en aras del interés público. En
nuestra opinión, un corte que resuelve los conflictos
que surgen en dicha estructura es una corte que funciona de manera constitucional, en forma intrínseca e
independiente de cómo se entienda más ampliamente
el carácter "constitucional" del régimen. El hecho de
que las altas cortes de estos regímenes hayan acogido
el análisis de proporcionalidad, un estándar constitucional global, respalda esta opinión.

1. La Comunidad Europea

El Tratado de Roma, que entró en vigencia en 1959, creó
la Comunidad Europea, el primer pilar de la Unión

(Gráinne De Búrca y Joanne Scoot, eds., 2001).

Europea[262]. Y, más importante, el Tratado sentó las bases para construir un mercado "único" o "común". La construcción del mercado procedería por medio de dos procesos relacionados. La "integración negativa", es decir, el proceso mediante del cual se suprimirían las barreras interfronterizas a la actividad económica dentro de Europa; y la "integración positiva", es decir, al proceso mediante del cual los órganos legislativos de la Comunidad Europea crearían regulaciones del mercado "armonizadas y supranacionales", para sustituir al caleidoscopio de medidas nacionales.

En 1970, la Corte de Justicia Europea dio un primer paso para reconocer la proporcionalidad como principio general y no escrito del derecho de la Comunidad Europea[263]. Dedujo una exigencia de necesidad

---

262 Treaty Establishing the European Economic Community, 25 de marzo de 1957, 298 U.N.T.S. 11.

263 Creemos que la primera vez que la Corte de Justicia Europea aplicó una prueba prueba del medio menos intrusivo fue en el caso *Internationale Handelsgesellschaft*, en el que declaró: "Una autoridad pública no puede imponer obligaciones a un ciudadano excepto cuando sean estrictamente necesarias en el interés público de lograr el propósito de la medida". T. C. Hartley, *The Foundations of European Community Law*, p. 152 (5th ed., 2003) (que cita al Abogado General Dutheillet de Lamothe en el caso 11/70, *Internationale Handelsgesellschaft mbH v. Einfuhr- und Vorratstelle für Getreide und Futtermittel*, 1970 E.C.R. 1125, 1146). En ese caso, el Abogado General lo dedujo del anterior Artículo 40 (ahora Artículo 34) del Tratado, cuya sección pertinente establece: "La organización común [para administrar la Política Agícola Común] se limitará a la búsqueda de los objetivos establecidos en el Artículo 33 y excluirá toda discriminación entre productores o consumidores dentro de la

(prueba del medio menos intrusivo) a partir de una prohibición de la discriminación, sin citar fuentes o autoridades. Hoy la proporcionalidad regula la legislación y las sentencias en casi todos los dominios importantes del derecho establecidos por el Tratado de Roma. En efecto, el consenso entre autoridades doctrinales es que la proporcionalidad es inherente a todo sistema jurídico apropiado y, por consiguiente, al de la Unión Europea, al ser "una expresión del principio del Estado de derecho"[264].

El análisis de proporcionalidad es el fundamento de la jurisprudencia de la Corte de Justicia Europea sobre las cuatro libertades –libre circulación de bienes, de trabajadores, de capital y de servicios (y su localización)– y del enfoque de la Corte acerca de la discriminación sexual indirecta[265]. Está en el

---

Comunidad". Jürgen Schwarze, "The Role of General Principles of Administrative Law in the Process of Europeanization of National Law", en *Studies on European Public Law* 24, p. 37 (Luis Ortega Álvarez, ed., 2005). En todo caso, en *Schraeder*, la Corte anunció que "el principio de proporcionalidad es uno de los principios generales del derecho de la Comunidad. En virtud de ese principio, las medidas [...] son legales siempre que sean apropiadas y necesarias para cumplir los objetivos legítimamente buscados por la legislación en cuestión. Por supuesto, cuando hay la posibilidad de elegir entre varias medidas apropiadas, se debe usar la medida menos onerosa". Caso 265/87, *Schraeder v. Hauptzollamt Gronau*, 1989 E.C.R. 2237, 2269.

264 Schwarze, supra nota 263, p. 37.
265 Alec Stone Sweet, *The Judicial Construction of Europe*, pp. 165-170 (2004); ver, en general, ibíd., cap. 4.

centro del sistema de derecho administrativo de la Comunidad creado en su mayoría por los jueces, y se aplica a las leyes sobre fusiones y antimonopolio. El análisis de proporcionalidad también predomina en el enfoque de la Corte de Justicia Europea sobre los derechos fundamentales, que, durante el periodo 1969-1974, la Corte incorporó en el Tratado de Roma como "principios generales del derecho"[266]. Los Estados miembros han ratificado estos pasos de diversas maneras, ayudando a institucionalizar la proporcionalidad como un principio constitucional básico. La malograda Constitución Europea de 2004 contenía una detallada Carta Constitucional, de 54 artículos, la Carta de Derechos Fundamentales de la Unión Europea. Siguiendo la indicación de la Corte de Justicia Europea, el Artículo 52 estipula:

Cualquier limitación del ejercicio de los derechos y libertades reconocidos por la presente Carta deberá

---

266 Caso 4/73, *Nold v. Comm'n*, 1974 E.C.R. 491, 507. El Tratado de Roma no contiene un catálogo unificado de derechos y en cambio los establece en varios artículos de los Títulos I y III. Ver supra nota 262. La Corte citó como fuentes a las "tradiciones constitucionales comunes de los Estados miembros" y al Convenio Europeo de Derechos Humanos; ibíd. Ver también el Caso 127/73 *Belgische Radio en Televisie v. Societé Belge des Auteurs, Compositeurs et Editeurs*, [1974] 2 *Common Mkt. L. R.* 238, pp. 246-247; Joseph H. H. Weiler y Nicolas J. S. Lockhart, "Taking Rights Seriously" Seriously: The European Court and its Fundamental Rights Jurisprudence", Parte I, 32 *Common Mkt. L. Rev.* 51, pp. 84-94 (1995).

ser establecida por la ley y respetar el contenido esencial de dichos derechos y libertades. Solo se podrán introducir limitaciones, respetando el principio de proporcionalidad, cuando sean necesarias y respondan efectivamente a objetivos de interés general reconocidos por la Unión o a la necesidad de protección de los derechos y libertades de los demás.

La Carta Constitucional, incluido el Artículo 52, era parte del paquete de reformas acordadas por los Estados miembros en diciembre de 2007 (el Tratado de Lisboa), hoy en curso de ser ratificadas[267].

Después de la consolidación de las doctrinas "constitucionales" de la supremacía de la Corte de Justicia Europea y del efecto directo[268], el surgimiento de la

---

267 Treaty of Lisbon Amending the Treaty on European Union and the Treaty Establishing the European Community, § 8, 13 de diciembre de 2007, 2007 O.J. (C 306) 1, 13, [http://eur-lex.europa.eu/JOHtml.do?uri=OJ:C:2007:306:SOM:EN:HTML].

268 La doctrina de la supremacía, anunciada por vez primera en *Costa*, establece que en *cualquier* conflicto entre una norma jurídica de la Comunidad Europea y una norma de una ley nacional, se debe dar primacía a la primera; Caso 6/64, *Costa v. E.N.E.L*, 1964 E.C.R. 1141, 1159-1160. De hecho, de acuerdo con la Corte, desde el momento de su entrada en vigencia, toda norma de la Comunidad Europea "hace automáticamente inaplicable cualquier disposición que esté en conflicto con [...] la ley nacional", incluidas las normas constitucionales nacionales; Caso 106/77, *Amministrazione delle Finanze dello Stato v. Simmenthal*, 1978 E.C.R. 629, 643. Cuando se aplica la doctrina del efecto directo, las normas de la Comunidad Europea confieren –directamente a los individuos– derechos jurídicos que las autoridades públicas deben respetar y que se

ponderación y de la proporcionalidad como técnicas maestras de gobernanza judicial es la innovación institucional más importante en la historia de la integración jurídica europea. Aquí ilustramos brevemente el punto haciendo referencia a los principales resultados producidos por la Corte en el dominio de la libre circulación de bienes, centrándonos en el Artículo 28 del Tratado de Roma, que prohíbe las barreras no arancelarias al comercio. Ninguna otra disposición del Tratado de Roma ha estado más involucrada en la construcción del mercado y en la definición de la relación entre el alcance y la autoridad del derecho europeo, por un lado, y la autonomía regulatoria de los Estados miembros, por el otro.

El Tratado de Roma exigió que los Estados miembros eliminaran la barreras nacionales al comercio intra-Unión Europea a finales de 1969, al tiempo que ordenó a los organismos legislativos de la Comunidad Europea que adoptaran regulaciones "armonizadas" del mercado de la Comunidad Europea en el momento oportuno. El Artículo 28 establece que "Quedarán prohibidas entre los Estados miembros las restricciones cuantitativas a la importación, así como todas las medidas de efecto equivalente [medidas de efecto equivalente]". El Artículo 30 permite que un

---

pueden invocar en las cortes nacionales. El Tratado de Roma no contiene ninguna cláusula de supremacía, y no dispone el efecto directo de las disposiciones del Tratado o de una categoría importante de la legislación, a saber, la directiva; ver Stone Sweet, supra nota 265, pp. 66-71.

Estado miembro derogue el Artículo 28, por razones
de orden público, moralidad y seguridad públicas,
protección de la salud y patrimonio cultural, aunque
dichas derogaciones "no deberán constituir un medio
de discriminación arbitraria ni una restricción encubierta del comercio entre los Estados miembros".
En su jurisprudencia sobre el Artículo 28, la Corte
después añadiría condiciones adicionales, incluidas
la protección del consumidor, la protección de las
condiciones de trabajo y la protección del medio
ambiente[269].

Por diversas razones, a comienzos de los años
setenta los Estados miembros habían hecho pocos
esfuerzos para suprimir por sí mismos las medidas
de efecto equivalente –barreras no arancelarias–, y
los esfuerzos de armonización se habían atascado
en Bruselas. La Corte entonces tomó la iniciativa.

---

269 En *Cassis de Dijon*, la Corte de Justicia Europea añadió la
    "supervisión fiscal", la "protección de la salud pública", la
    "equidad de las transacciones comerciales" y la defensa del
    consumidor". Caso 120/78, *Rewe-Zentral AG v. Bundesmo-
    nopolverwaltung für Branntwein (Cassis de Dijon)*, 1979 E.C.R.
    649, 662. En fallos posteriores añadió el "mejoramiento de
    las condiciones laborales", Caso 155/80, *Sergius Oebel*, [1983]
    1 *Common Market. L .R*. 390, 399, y la "protección del medio
    ambiente", Caso 302/86, *Comm'n v. Denmark (Danish Bottles)*,
    1988 E.C.R. 1-4607, 4630. Aunque la fuente de la Corte para estas
    nuevas categorías es el Artículo 28 (originalmente Artículo 36
    antes de la renumeración por el Tratado de Amsterdam), están
    sujetas al AP exactamente de la misma manera que la Corte
    trata las derogaciones conforme al Artículo 30 (originalmente
    Art. 36).

En una serie de fallos que respondían a referencias preliminares de los jueces nacionales, la Corte de Justicia Europea dio un alcance casi ilimitado al Artículo 28. En *Dassonville* (1974), su primer fallo sobre el Artículo 28, la Corte anunció que "todas las reglas comerciales [...] que puedan obstaculizar directa o indirectamente, real o potencialmente" el comercio intra-Comunidad Europea constituían medidas de efecto equivalente, y eran por consiguiente presuntamente ilegales[270]. La Corte de Justicia Europea entendía las implicaciones políticas que su decisión tendría para la integración negativa y positiva. La supresión absoluta de las reglamentaciones nacionales impediría que los regímenes legales sirvieran a un interés público que de otro modo sería legítimo. Además, cuando el legislador de la Comunidad Europea fuera incapaz de establecer una legislación armonizada en forma oportuna, esta falta de protección no solo podría ser duradera sino que debilitaría el apoyo público y político para continuar la integración. La Corte de Justicia Europea determinó, por lo tanto, que los Estados miembros podían seguir reglamentando, en forma razonable, la producción y la venta de bienes en interés del público, dejando pendiente la armonización. Pero subrayó que la judicatura controlaría estrictamente la condición de "razonabilidad", caso por caso. En su siguiente fallo importante sobre ese

---

270 Caso 8/74, *Procureur du Roi v Benoît and Gustave Dassonville*, 1974 E.C.R. 837.

asunto, *De Peijper* (1975), la Corte determinó que todas las derogaciones del Artículo 28 que fueran demandadas serían sometidas a una prueba prueba del medio menos intrusivo[271]. Por último, en *Cassis de Dijon* (1979), la Corte amplió el alcance del Artículo 28 –y con ello la formulación del caso *Dassonville* y la aplicación de las pruebas prueba del medio menos intrusivo– a todas las medidas nacionales, abarcando así todas las regulaciones del mercado, incluidas aquellas que se aplicaban a los bienes domésticos y extranjeros sin distinción[272].

El impacto de la aplicación del Artículo 28 sobre el curso general de la integración europea ha sido profundo y multidimensional. Después de *Dassonville*, y durante más de dos décadas, los litigios relacionados con el Artículo 28 en las cortes nacionales fueron predominantes dentro de los asuntos que trató la Corte. Los problemas planteados eran intrínsecamente constitucionales y, en su respuesta a ellos, la Corte, y no los Estados miembros, creó el anteproyecto constitucional del federalismo de mercado en Europa. En cumplimiento del Artículo 28, el sistema jurídico abrió grandes vacíos en los marcos regulatorios nacionales. Y, algo igualmente importante, también elevó los costos del atascamiento político en Bruselas, creó modelos para armonizar la legislación y acrecentó el poder de la Comisión y de

---

271 Caso 104/75, *Officier van Justitie v. De Peijper*, 1976 E.C.R. 613.
272 Caso 120/78, *Cassis de Dijon*, 1979 E.C.R. 649.

las empresas transnacionales *vis à vis* los gobiernos de los Estados miembros. Como ha demostrado una abundante cantidad de investigaciones empíricas sofisticadas, la jurisprudencia de la Corte 28 sobre el Artículo fue esencial para el "relanzamiento de Europa", y la superación del atascamiento, por medio del Acta Única Europea (1986)[273].

El impacto de la Corte en la evolución del federalismo de mercado en Europa se basa en dos condiciones doctrinales necesarias, que se deben examinar contra el telón de fondo de su estatus como corte fideicomisaria[274]. La primera es la consolidación del efecto directo y de la supremacía del Artículo 28 en los órdenes jurídicos nacionales: el efecto directo permitió que los individuos invocaran el Artículo 28 –que les confiere derechos de comercio– ante los jueces nacionales; y la supremacía exigió que los jueces nacionales hicieran cumplir estos derechos cuando entraran en conflicto con medidas nacionales. La segunda es el paso al análisis de proporcionalidad, que organiza la deliberación sobre los límites apro-

---

273 Ver, p. ej., Michelle P. Egan, *Constructing a European Market: Standards, Regulations, and Governance* (2001); Miguel Poiares Maduro, *We the Court: The European Court of Justice and the European Economic Constitution* (1998); Stone Sweet, supra nota 265, cap. 3 (que hace referencia a la libertad de circulación de bienes); Joseph H. H. Weiler, "The Transformation of Europe", 100 *Yale L. J.* 2403 (1991).

274 Sus fallos sobre el Tratado solo pueden ser "anulados" por votación unánime de los Estados miembros, que hoy son veintisiete.

piados de la autonomía regulatoria nacional, dado el
compromiso de la Comunidad Europea con el libre
comercio. Hans Kutscher y Pierre Pescatore fueron
los líderes intelectuales de este paso. Kutscher, quien
fue Magistrado de la Corte Constitucional Federal de
Alemania durante su periodo fundacional (1955-1969),
llegó a la Corte de Justicia Europea en 1970 y fue su
Presidente desde 1976 hasta 1980. Pierre Pescatore[275]
dejó su cátedra para ir a la Corte de Justicia Europea
en 1967, y se desempeñó en la Corte hasta 1985.

El sistema jurídico usa el análisis de proporcionalidad como instrumento para determinar si las
regulaciones nacionales son barreras no arancelarias
ilegales de hecho, conforme al Artículo 28. Si una
medida nacional no pasa la prueba prueba del medio
menos intrusivo, constituye entonces "una restricción
encubierta al comercio entre los Estados miembros"
según el Artículo 30[276]. Puede ser preocupante que una

---

275 Pescatore, profesor de derecho, menciona la proporcionalidad
como principio general del derecho en un artículo de 1970,
el cual escribió mientras estaba en la Corte. Pierre Pescatore,
"Fundamental Rights and Freedoms in the System of the
European Communities", 18 *Am. J. Comp. L.* 343, p. 350 (1970).

276 La Corte de Justicia Europea puede proceder a través de cada
etapa del análisis de proporcionalidad, incluida la pnderación
en sentido estricto, aunque la prueba prueba del medio menos
intrusivo claramente tiene más dientes y más importancia.
Además, la Corte de Justicia Europea a veces integra elementos de la ponderación en sentido estricto en el análisis de la
necesidad; ver Federico Ortino, *Basic Legal Instruments for the
Liberalisation of Trade: A Comparative Analysis of EC and WTO Law*,
p. 471 (2004). Para una revisión reciente del estado del AP en

corte internacional, que reclama la autoridad para sí misma, proponga y considere medidas alternativas para lograr objetivos de política. Después de todo, los gobiernos y legisladores nacionales ya han balanceado los intereses que están en juego en dichos casos. Parece ser que, en respuesta a esta preocupación, la Corte de Justicia Europea desarrolló rápidamente la práctica de identificar políticas alternativas, compatibles con el Artículo 28, políticas que se podría esperar razonablemente que el Estado miembro hubiera adoptado inicialmente. En dichos casos, la Corte hace un esfuerzo extraordinario para demostrar que sus opciones preferidas son medidas más apropiadas y efectivas para lograr el interés estatal declarado, además de ser menos restrictivas del comercio intra-Comunidad Europea. Como paso estratégico, parecería que cuanto más fácilmente pueda la Corte elaborar una lista de alternativas razonablemente disponibles, y al menos tan efectivas, a las medidas ilegales del Artículo 28, más se puede defender el papel de formulación de políticas de la Corte. Examinamos este punto en la siguiente sección, con respecto a la práctica de la Organización Mundial del Comercio, y de nuevo en la conclusión.

Se puede decir que en el contexto de la Comunidad Europea/Unión Europea el paso de las cortes a la

---

el enfoque de la Corte acerca del Artículo 28, ver Opinion of Advocate General Miguel Poiares Maduro, C-434/04, *Ahokainen v. Virallinen Syyttäjä* (Procurador Público), 2006 E.C.R. I-09171, §§ 23-32.

proporcionalidad tiene importancia "constitucional"
–o que es intrínsecamente constitucional– al menos
de dos maneras. Primera, cuando emplea el análisis
de proporcionalidad, la Corte de Justicia Europea está
haciendo lo que hacen las cortes constitucionales y
las cortes supremas: manejar tensiones y conflictos
entre derechos y libertades, por un lado, y el poder
de la Comunidad Europea/Unión Europea y de los
Estados miembros, por el otro. Segunda, unido a las
doctrinas "constitucionales" de la supremacía y del
efecto directo, el análisis de proporcionalidad constituye un mecanismo de coordinación entre el orden
jurídico supranacional y los órdenes jurídicos nacionales. Cuando la Corte de Justicia Europea la acogió
a finales de la década de 1960, la proporcionalidad
era nativa de un solo Estado miembro: Alemania.
En su jurisprudencia sobre la libre circulación de
bienes, la discriminación sexual indirecta y otras
esferas jurídicas, la Corte de Justicia Europea exigía
que los jueces nacionales usaran el análisis de proporcionalidad cuando revisaban la legalidad de las
leyes y las prácticas nacionales según las leyes de la
Comunidad Europea. Como se ha documentado, al
comienzo algunos jueces nacionales se opusieron
a esta "obligación"[277]. Cuando la formalización del
principio de proporcionalidad prosiguió, la oposición se debilitó gradualmente, un proceso que fue

---

277 Ver Stone Sweet, supra nota 265, pp. 168-170.

reforzado por las decisiones de la Corte Europea de Derechos Humanos.

2. El Convenio Europeo de Derechos Humanos

El Convenio Europeo de Derechos Humanos[278] es el régimen de derechos humanos más efectivo del mundo, y hoy cubre el territorio de 46 estados y más de 800 millones de personas. El Convenio, que entró en vigencia en 1953, estableció un catálogo básico de derechos vinculantes para los signatarios, y nuevas instituciones encargadas de vigilar y hacer efectivo su cumplimiento. Peculiar desde su concepción, el Convenio Europeo de Derechos Humanos se ha convertido en un sistema jurídico intrincado. Las altas cortes de las partes contratantes han actualizado continuamente el alcance y las capacidades del régimen, en sucesivas revisiones del tratado. Han añadido nuevos derechos, han ampliado las facultades de la Corte Europea de Derechos Humanos y han fortalecido los vínculos entre los demandantes individuales y el régimen. Por su parte, la Corte de Estrasburgo ha construido una jurisprudencia sofisticada, cuyo tenor progresivo y alcance expansivo ha ayudado a impulsar el avance del sistema. Hoy la Corte es una fuente importante y autónoma de autoridad sobre el carácter y el con-

---

278 Council of Europe, Convention for the Protection of Human Rights and Fundamental Freedoms, 4 de noviembre de 1950, 213 U.N.T.S. 222.

tenido de los derechos fundamentales en Europa.
Además de impartir justicia en casos individuales,
se esfuerza por identificar y consolidar estándares
universales de protección de los derechos, frente a
la amplia diversidad nacional. En una decisión de
1995, la Corte calificó al Convenio Europeo de Derechos Humanos como "instrumento constitucional"
del derecho público europeo[279]; y Luzius Wildhaber,
como Presidente de la Corte (1998-2007), argumentó enérgicamente en favor de la ampliación de sus
funciones "constitucionales"[280].

Inicialmente se asumió que el Convenio Europeo
de Derechos Humanos establecía el mínimo común
denominador de los estándares de derechos humanos básicos[281]. Pero hoy es obvio que la Corte desarrolla rutinariamente lo que, para muchos Estados
miembros, son "nuevos" derechos y remedios[282]. En

---

279 *Loizidou v. Turkey*, 310 *Eur. Ct. H. R.* (ser. A), p. 27 (1995).

280 Luzius Wildhaber, "A Constitutional Future for the European
     Court of Human Rights?", 23 *Hum. Rts. L. J.* 161 (2002).

281 Ver Danny Nicol, "Original Intent and the European Conven-
     tion on Human Rights", 2005 *Pub. L.* 152.

282 De acuerdo con la Corte, el Convenio Europeo de Derechos
     Humanos no es un instrumento "estático" sino un "instru-
     mento vivo", y sus contenidos deben ser interpretados de una
     manera que asegure la protección efectiva de los derechos de
     los individuos a medida que la sociedad europea evoluciona.
     Junto a esta teleología de propósitos y de efectividad, la Corte
     ha desarrollado una metodología comparativa fundamental,
     uno de cuyos resultados es el de haber garantizado un papel
     creativo para sí misma. En la definición del contenido y del
     alcance de los derechos del Convenio, la Corte normalmente

respuesta, los Estados miembros no han abandonado sus compromisos ni han obstaculizado a la Corte. En cambio, han añadido nuevos derechos al catálogo del Convenio, usando una serie de protocolos opcionales, y han hecho grandes cambios organizativos y procedimentales, los más importantes de ellos por medio del Protocolo 11. El Protocolo 11, que entró en vigencia en noviembre de 1998, centralizó en la corte la autoridad administrativa para tramitar las demandas[283]. Conforme al Protocolo 11, los individuos pueden llevar sus peticiones directamente a la Corte, después de agotar los cursos domésticos. La mayoría de los Estados miembros también han elevado el estatus de los derechos del Convenio mediante de

---

examina el estado y la practica del derecho en los Estados miembros, y a veces va más allá. Cuando encuentra que entre los Estados está surgiendo un consenso sobre un estándar nuevo y más alto de protección de derechos, puede pasar a consolidar este consenso, como punto legal del Convenio vinculante para todos los miembros. Formalmente, se limita a determinar si un Estado miembro ha infringido los derechos del Convenio en un caso específico. Al parecer la Corte tiende a considerar que una importante función previsiva es inherente a su jurisdicción. Hoy, la Corte es el amo sin rival del Convenio, una posición que utiliza para construir derechos fundamentales europeos en forma prospectiva y progresiva.

283 En un comienzo, la Comisión Europea de Derechos Humanos (creada en 1954) estuvo encargada de supervisar el cumplimiento de los derechos de conformidad con el Convenio, filtrando las aplicaciones y llevando las acciones de cumplimiento a la Corte Europea de Derechos Humanos (creada en 1959). Con el Protocolo 11, la Comisión fue abolida y sus funciones más importantes se asignaron a la Corte.

la "domestización": la incorporación del Convención en el derecho doméstico. En la mayoría de los casos, la incorporación significa que los individuos pueden defender los derechos del Convenio ante jueces nacionales, quienes pueden hacerlos cumplir directamente. Víctima de su propio éxito, el sistema post Protocolo 11 está crónicamente sobrecargado, con un retraso de más de 100.000 casos pendientes ya declarados admisibles. En 2006, la Corte recibió más de 50.000 demandas individuales y emitió 1.560 sentencias de mérito[284].

El Convenio proclama que algunas obligaciones del Estado deben ser prohibiciones enérgicas (de la tortura, del tratamiento degradante y de la esclavitud)[285], pero la mayoría de derechos son "cualificados" de diversas maneras. Lo más importante para nuestros propósitos, los artículos 8 a 11 están cualificados por una cláusula de necesidad. Los Estados solo pueden "interferir" en el ejercicio de los derechos a la intimidad y al respeto de la vida familiar, y a la libertad de pensamiento, conciencia, religión, expresión, reunión y asociación, cuando dichas interferencias sean necesarias "en una sociedad democrática" y "en el interés" de un bien público especificado. Los pro-

---

284 European Commission on Human Rights, *Annual Report 2006*, p. 13, [http://www.echr.coe.int/NR/rdonlyres/4729C3F9-D38F-42AC-8584-BCA56E26BC5C/0/Annual_Report_2006.pdf]. El Informe de 2007 se difundió después de escribir este capítulo.

285 Estas se incluyen en los Artículos 3 y 4, respectivamente.

pósitos legítimos del Estado mencionados incluyen la "seguridad nacional", "la seguridad pública", "el bienestar económico del país", "la prevención del desorden o el delito", "la protección de la salud o la moral"", y "la protección de los derechos y libertades de los demás". Estas justificaciones para limitar los derechos son exhaustivas: el Artículo 18 prohíbe las infracciones de los Estados "por un propósito distinto de los [...] prescritos"[286].

La Corte somete a la ponderación todos los derechos del Convenio[287], y ha desarrollado un enfoque de proporcionalidad al estilo alemán en relación con los artículos 8 a 11 y del Artículo 14 (no discriminación por sexo, raza, color, idioma, religión, opinión política, origen nacional, etc.). Igual que las cortes constitucionales nacionales, la Corte enfrentó el problema de determinar el estándar para juzgar la necesidad, pero el problema se agravó con la amplia variedad de enfoques nacionales del control de constitucionalidad. A comienzos de los años setenta, el marco de proporcionalidad era rutinariamente utilizado en Alemania, y acaba de surgir en la Unión Europea bajo la tutela de la Corte de Justicia Europea, pero el análisis de proporcionalidad era prácticamente desconocido en el resto de Altas Cortes de las Partes

---

286 Ver supra nota 278.
287 "En la práctica, la Corte Europea realiza el balanceo en el contexto de casi todos los derechos del Convenio"; Julian Rivers, "Proportionality and Variable Intensity of Review", 65 *Cambridge L. J.* 174, p. 182 (2006).

Contratantes del Consejo de Europa, salvo en la de Suiza[288]. El principal agente de este desarrollo fue el Profesor Jochen Frowein, miembro de la Comisión de Derechos Humanos (1973-1993), su Vicepresidente (1981-1993), y durante mucho tiempo asociado al Instituto Max Planck de Derecho Comparado e Internacional, de Heidelberg, incluso como director.

El paso de la Corte a la proporcionalidad estuvo fuertemente condicionado por la confrontación de casos que provenían del Reino Unido, donde la prueba de "razonabilidad de *Wednesbury*" –un tipo de estándar de "fundamento racional" altamente deferente"– regulaba las demandas de control judicial de los actos del gobierno[289]. Este conflicto –entre el análisis de proporcionalidad al estilo alemán y la razonabilidad al estilo del Reino Unido– es profundamente estructural e involucra a los preceptos constitucionales básicos del sistema jurídico dondequiera que surja. Simplificando una realidad compleja, el acceso del Reino Unido a la Comunidad Europea llevó a los jueces a crear excepciones para ciertos preceptos esenciales de la soberanía parlamentaria. Las doctrinas de la supremacía de la Corte de Justicia Europea significaban un relajamiento de la doctrina de revocación implícita del Reino Unido y del cumplimiento de la ley de la

---

288 Alec Stone Sweet y Helen Keller, "Introduction: The Reception of the ECHR in National Legal Orders", en *A Europe of Rights: The Impact of the ECHR on National Legal Systems* 19 (Alec Stone Sweet y Helen Keller, eds., 2008).

289 Ver supra nota 14.

Comunidad Europea, aun incluso contra leyes posteriores; y el paso a la proporcionalidad significaba el desarrollo de nuevos remedios y la relajación del estándar *Wednesbury*. Pero los tradicionalistas podían, no obstante, afirmar que estas excepciones se limitaban a aquellas esferas jurídicas regidas directamente por la ley de la Comunidad Europea. Debido a que el Convenio Europeo de Derechos Humanos rige potencialmente casi todas las esferas del derecho y de la práctica judicial, la adopción del análisis de proporcionalidad por la Corte de Estrasburgo tenía el potencial para debilitar fatalmente no solo a *Wednesbury* sino a cualquier otra implicación práctica de la soberanía parlamentaria.

Los primeros tratamientos serios de la Corte con las cláusulas de limitaciones del Convenio llegaron en *Handyside v. the United Kingdom* (1976)[290], un caso relacionado con el Artículo 10 referente a la censura de un libro por razones de moral pública. En su sentencia, la Corte observó que "el adjetivo 'necesario', en el significado del Artículo 10 (2), no es sinónimo de 'indispensable' [y] tampoco tiene la flexibilidad de expresiones como [...] 'admisible', [...] 'útil', 'razonable' o 'deseable'". No obstante, se usó para que "las autoridades nacionales hicieran la valoración inicial de la realidad de la necesidad social urgente implicada por la noción de 'necesidad' en este contexto"[291]. La

290 *Handyside v. United Kingdom*, 24 *Eur. Ct. H. R.* (ser. A) (1976).
291 Ibíd., p. 22.

Corte luego encontró que el Reino Unido había ejercido apropiadamente su "margen de apreciación" –que en la jerga actual denota la discreción de los Estados para realizar una ponderación apropiada de primera instancia– sobre el asunto, pero insistió en que el uso de dicha autoridad debía "ir de la mano con [...] la supervisión europea"[292]. La Corte no fue más allá. En *Dudgeon v. the United Kingdom* (1981)[293], sin embargo, la Corte declaró que las medidas que criminalizaban los actos homosexuales eran "desproporcionadas", por razones de prueba del medio menos intrusivo, en el contexto del derecho a la intimidad (Artículo 8). Basándose en *Dudgeon*, la Corte luego consagró una versión del análisis de proporcionalidad como enfoque general de los derechos cualificados.

Con ello, la Corte se convirtió en un poderoso agente de difusión del análisis de proporcionalidad en los órdenes jurídicos nacionales. En dos casos de intimidad más recientes, *Smith and Grady v. United Kingdom* (1999)[294], y *Peck v. United Kingdom* (2003)[295], la Corte criticó fuertemente a las cortes del Reino Unido por seguir aplicando la prueba *Wednesbury* en vez de una prueba de necesidad basada en la prueba del medio menos intrusivo. En *Peck,* la Corte señaló que los jueces del Reino Unido se negaban a admitir

---

292 Ibíd., p. 23.
293 *Dudgeon v. United Kingdom*, 45 *Eur. Ct. H. R.* (ser. A), p. 24 (1981).
294 *Smith and Grady v. United Kingdom*, 29 *Eur. H.R. Rep.* 493 (1999).
295 *Peck v. United Kingdom*, 36 *Eur. H.R. Rep.* 41 (2003).

alegatos basados en el Convenio, excepto cuando los demandantes podían demostrar que las autoridades públicas habían actuado "irracionalmente en el sentido de que se habían dejado llevar por sus sentimientos, o habían actuado de una forma en la que no podía haber actuado una autoridad razonable". En *Smith and Grady* (discriminación ilegal contra los homosexuales en las fuerzas armadas) y en *Peck* (transmisión ilegal de un documental en circuito cerrado), la Corte dictaminó que la ausencia de la revisión de la necesidad en las cortes del Reino Unido constituía, *per se*, una violación del Artículo 13: "Todos aquellos cuyos derechos y libertades establecidos en este Convenio sean violados, tendrán un remedio efectivo ante una autoridad nacional"[296]. En ambos

---

296 Ibíd., p. 137:

Cuando una autoridad pública ha excedido sus facultades o ha actuado irracionalmente o ha llegado a una decisión infringiendo las reglas de imparcialidad procedimental, una persona agraviada puede demandar la decisión por medio del control judicial. Si una decisión es tan desproporcionada con respecto al objetivo declarado que es irracional, la Corte la invalidará. Las cortes inglesas no reconocen que la proporcionalidad es un tipo independiente de control judicial. Pero en el caso de *R. (Alconbury Developments Ltd) v. Secretary of State for the Environment, Transport & the Regions* [sic] [2001] 2 *Weekly Law Reports* 1389, Lord Slynn de la Cámara de los Lores expresó *obiter dictum*: 'Considero que, incluso sin hacer referencia al Acta de Derechos Humanos de 1998, ha llegado el momento de reconocer que este principio [el de proporcionalidad] es parte del derecho administrativo inglés, no solo cuando los jueces consideran actos de la

casos, la Corte señaló que los jueces del Reino Unido
habían implicado fuertemente que habrían fallado a
favor de los demandantes, de no haber sido por la
restricción de *Wednesbury*[297]. Puede argumentarse
entonces que la Corte ayudó a los jueces del Reino
Unido a superar una restricción que les habría hecho
imposible cumplir sus obligaciones de conformidad
con el Convenio.

La aplicación de *Peck* al control judicial fue rechazada por la Alta Corte en 1997, y la sentencia
de la Corte Europea sobre los méritos del caso solo
llegó en 2003. Mientras tanto, el Acta de Derechos
Humanos de 1998[298] incorporó el Convenio Europeo
de Derechos Humanos en las leyes del Reino Unido
y, en 1999, la Cámara de los Lores adoptó el análisis
de proporcionalidad como procedimiento para determinar la necesidad[299]. De acuerdo con el Acta, los

---

Comunidad sino también cuando considera actos sujetos
al derecho doméstico'.

297 Ibíd; ver también *Smith and Grady v. United Kingdom*, 29 *Eur.
H.R. Rep.* 493 (1999).

298 Human Rights Act, 1998, c. 42, [http://www.opsi.gov.uk/
acts/acts1998/19980042.htm].

299 En *de Freitas v. Permanent Secretary of Ministry of Agriculture,
Fisheries, Lands, and Housing*, 1 A.C. 69, 80 (P.C. 1998), el
Consejo Privado de la Cámara de los Lores observó que para
determinar si una limitación de los derechos del Convenio
era arbitraria o excesiva las cortes debían preguntarse "si:
(i) el objetivo legislativo es suficientemente importante para
justificar la limitación de un derecho fundamental, (ii) las
medidas diseñadas para cumplir el objetivo legislativo están
racionalmente relacionadas con ese objetivo y (iii) los medios

individuos pueden invocar el Convenio Europeo de Derechos Humanos ante los jueces del Reino Unido, y los jueces pueden hacer cumplir los derechos del Convenio. Una corte, sin embargo, no puede anular o dejar de aplicar leyes que violen el Convenio; solo puede emitir una declaración de incompatibilidad. El Gobierno y el Parlamento pueden mantener leyes incompatibles, pero deben dar las razones para haber escogido mantenerlas (la doctrina de revocación implícita no se aplica). La política judicial del Acta de Derechos Humanos está en rápido desarrollo, y el análisis de proporcionalidad será central en la evolución de la relación entre jueces y legisladores.

Aunque las cortes del Reino Unido hacen profesión de haber abandonado la prueba de "razonabilidad" cuando llegan a la aplicación de los derechos de conformidad con el Acta, no siempre aplican la prueba del medio menos intrusivo con rigor. Muchos jueces, incluso los de las altas cortes, consideran que el análisis de la necesidad es un modo intrínsecamente legislativo de toma de decisiones; algunos utilizan la etapa de necesidad simplemente para afirmar la discreción e incluso la soberanía legislativa. Con ello se exponen a la censura según el Convenio. En *Hirst v. United Kingdom*[300], por ejemplo, un caso de 2005 referente al derecho al voto de reclusos en prisión,

---

utilizados para limitar el derecho o libertad no son más de lo que es necesario para lograr el objetivo".

300 *Hirst v. Reino Unido*, Appl. No. 74025/01 (*Eur. Ct. H. R.* 6 de octubre de 2005).

la Corte de Estrasburgo condenó al Reino Unido, en parte porque ni el Parlamento ni la judicatura del Reino Unido[301], habían "intentado alguna vez sopesar los intereses contrapuestos o evaluar la proporcionalidad de una prohibición general del derecho a votar de un recluso"[302]. En consecuencia, los gobiernos británico y escocés hoy preparan reformas, aunque tienen cuidado de llevar un registro de sus propias determinaciones basadas en la proporcionalidad[303].

Bajo supervisión de la Corte, el análisis de proporcionalidad hoy se está difundiendo a todos los órdenes jurídicos nacionales de Europa, donde normalmente será absorbido como principio *constitucional*. En el territorio que hoy cubre el Convenio, la falla de las cortes nacionales para usar el análisis de proporcionalidad cuando aplican derechos cualificados y casos de no discriminación es en sí misma una infracción de los derechos del Convenio, susceptible de ser remediada judicialmente. Además, el alcance del principio de proporcionalidad se extiende al ejercicio de toda

---

301 En nombre del Tribunal Superior, el Magistrado Lord Kennedy escribió: "La Corte Europea también exige que las medidas utilizadas para limitar el derecho al voto contemplado en el Convenio no sean desproporcionadas, y ese es el punto en el cual, según mi parecer, es apropiado que este tribunal dé deferencia a la rama legislativa"; ibíd., par. 16.

302 Ibíd., pars. 79-80.

303 Ver Isobel White, "Convicted Prisoners and the Franchise", (House of Commons Library Standard Note SN/PC/1764, 24 de enero de 2007), [http://www.parliament.uk/commons/lib/research/notes/snpc-01764.pdf].

autoridad pública. En *Hirst*, la Corte también criticó mordazmente al Parlamento del Reino Unido por no haber deliberado sobre la proporcionalidad de la legislación cuando fue adoptada. La proporcionalidad es un principio transnacional que arroja una sombra cada vez más profunda sobre la aplicación de derechos y el diseño de políticas nacionales concebidos más ampliamente.

Igual que en la Comunidad Europea/Unión Europea, el análisis de proporcionalidad es un mecanismo básico de coordinación entre el Convenio Europeo de Derechos Humanos y los sistemas jurídicos nacionales, y entre diversos sistemas nacionales. En nuestra opinión, este tipo de coordinación es intrínsecamente constitucional. Tal como se ha desarrollado en el Convenio Europeo de Derechos Humanos, el análisis de proporcionalidad es el medio que la Corte usa para supervisar cómo usan los Estados su margen de apreciación para delimitar los derechos en el terreno. Además, la Corte ha desarrollado un método comparativo simple para determinar cuándo han surgido "nuevos" derechos y cuando se ha ampliado el alcance de los derechos. Normalmente, elevará el estándar de protección de los derechos, en un área dada, cuando un número suficiente de Estados ya no limita los derechos en esa área por razones de interés público. El margen de apreciación de que disfrutan los Estados se estrecha cuando entre ellos surge un consenso sobre estándares más altos de protección de los derechos, lo cual inclina entonces la balanza en favor de quien pide la protección del derecho. La

Corte puede entonces afirmar que hay medios externos "objetivos" para determinar los pesos que se dan a los valores en conflicto, y usualmente puede (hasta hace poco) declarar que su sesgo es mayoritario y transnacional.

Por último, nos hemos centrado en el caso del Reino Unido, subrayando la decisión de la Corte de Estrasburgo de exigir que los funcionarios nacionales evalúen la proporcionalidad de los actos que limitan los derechos del Convenio. Sin embargo, para la inmensa mayoría de los jueces nacionales que actúan conforme al Convenio, la adopción del análisis de proporcionalidad aumenta significativamente su autoridad con respecto a la de los funcionarios legislativos y ejecutivos. En los Países Bajos, fuertemente monistas, donde la prohibición del control de constitucionalidad de leyes derrota a la declaración de derechos, el Convenio hoy desempeña el papel de una constitución en la sombra, o de una carta de derechos vicaria, puesto que las cortes pueden hacer cumplir directamente el Convenio Europeo de Derechos Humanos, mientras que no pueden hacer cumplir los derechos holandeses[304]. El paso al análisis de proporcionalidad exige que las cortes holandesas hagan lo que antes se les prohibía hacer, y hoy lo están haciendo. Eso mismo es cierto en el caso de Francia. Las cortes hoy revisan la conformidad de las leyes francesas con el Convenio, pese a la prohibición del

---

304 Ver supra nota 289, p. 686.

control de constitucionalidad, y lo hacen usando un estándar de proporcionalidad, el cual es mucho más intrusivo que los que fueron sustituidos por el análisis de proporcionalidad (error manifiesto, ilegalidad, *ultra vires*). En Italia, la proporcionalidad está desplazando a un estándar de razonabilidad más laxo. Podríamos continuar, pero nuestro punto es que en casi todos los Estados europeos la relación entre el poder judicial y todas las demás autoridades públicas se está replanteando[305]. La principal excepción es Alemania, donde el análisis de proporcionalidad ya fue constitucionalizado. Una vez la Corte de Estrasburgo adoptó el análisis de proporcionalidad, creó un conflicto potencial con la Corte Constitucional Federal Alemana, puesto que los individuos pueden aplicar Estrasburgo cuando creen que las cortes alemanas no han ponderado correctamente[306].

---

305 El volumen, *A Europe of Rights: The Impact of the* ECHR *ogn National Legal Systems*, supra nota 288, examina la influencia de la jurisprudencia de la Corte Europea de Derechos Humanos en dieciocho sistemas jurídicos nacionales. Entre otras cosas, el libro explora y evalúa comparativamente los efectos de la decisión de adoptar el AP por parte de las cortes nacionales. Para una evaluación comparativa, ver supra nota 288, pp. 698-701.

306 De hecho, después surgieron grandes conflictos; ver Elisabeth Lambert Abdelgawad y Anne Weber, "The Reception Process in France and Germany", en *A Europe of Rights: The Impact of the* ECHR *on National Legal Systems*, pp. 35-37, 41.

3. La Organización Mundial del Comercio

La Organización Mundial del Comercio, que entró
en vigor el 1 de enero de 1995, absorbió o remplazó
las características institucionales que se desarrollaron
en el marco del Acuerdo General sobre Aranceles
Aduaneros y Comercio (GATT). El propósito del GATT
y la Organización Mundial del Comercio es facilitar
la ampliación del comercio internacional, por medio
del derecho y el cumplimiento de la ley de comercio
entre sus integrantes: los Estados soberanos. En 1948,
cuando el GATT entró en vigencia, en el régimen rei-
naba el "anti legalismo"[307]. El tratado no dispuso la
resolución de disputas por terceros, y los diplomáticos
excluyeron deliberadamente a los abogados de los órganos del GATT. No obstante, la resolución de disputas
por terceros surgió en los años cincuenta, en la forma
del sistema de paneles. Los paneles, de tres a cinco
miembros usualmente diplomáticos del GATT, adqui-
rían su autoridad por consentimiento de dos Estados
en disputa. En los años setenta y ochenta, el sistema
experimentó un proceso de judicialización[308]. Los Es-

---

307 Olivier Long, *Law and its Limitations in the* GATT *Multilateral
Trade System*, pp. 70-71 (Martinus Nijhoff Publishers 1985);
Robert E. Hudec, "The Judicialization of GATT Dispute Settlement", en *In Whose Interest?: Due Process and Transparency
in International Trade* 137 (M. H. Hart y D. Steger, eds., 1992).

308 Ver Alec Stone Sweet, "The New GATT: Dispute Resolution
and the Judicialization of the Trade Regime", en *Law above
Nations: Supranational Courts and the Legalization of Politics*,

tados empezaron a litigar agresivamente las disputas, empleando abogados que usaban las técnicas estándar de litigio; juristas y especialistas en comercio remplazaron a los diplomáticos generalistas en los paneles, y los paneles empezaron a tratar sus resultados como jurisprudencia, un proceso animado y ratificado por los abogados litigantes. La judicialización contribuyó a generar las condiciones necesarias para la creación de la Organización Mundial del Comercio, la cual estableció un sistema judicial basado en la jurisdicción obligatoria. El sistema de paneles se mantuvo en parte, pero hoy está encabezado por una alta instancia de apelación, llamada el Órgano de Apelación.

Según nuestra definición, el Órggano de Apelación de la Organización Mundial del Comercio es una corte fideicomisaria. Los innumerables instrumentos del tratado que incluyen el derecho sustantivo de la Organización Mundial del Comercio solo pueden ser revisados por votación unánime (hoy de 151 miembros). El sistema jurídico soluciona la tercera parte de las disputas entre Estados, pero casi todas las disputas importantes están ligadas a asuntos relacionados con la interpretación del tratado. Por tanto, igual que en cualquier régimen constitucional, la resolución de disputas por terceros y la adaptación de reglas (legislación constitucional) son actividades anidadas. Los Estados son plenamente conscientes de este hecho y utilizan el

---

118, pp. 124 (Mary L. Volcansek, ed., Univ. Press of Fl. 1997); Stone Sweet, supra nota 19, p. 165.

sistema de paneles y el Órgano de Apelación, en parte, para desarrollar las reglas del tratado en su favor y bloquear las interpretaciones que rechazan. El Órgano de Apelación ejerce un predominio gradual sobre la evolución legal del régimen, lo cual es de esperarse en vista de la jurisprudencia estable del sistema jurídico y del estatus fideicomisario del Órgano de Apelación.

El texto jurídico esencial es el GATT (1947, 1994), el cual establece las reglas y los principios básicos del comercio internacional. La ley y las prácticas nacionales relacionadas con la tributación –transparencia de la regulación aduanera, subsidios, manejo de la moneda y de la balanza de pagos y cosas similares– pueden ser manipuladas de modo que las conviertan en barreras no arancelarias al comercio discriminatorias. El GATT intenta lograr que dicha manipulación sea ilegal, mediante la combinación de reglas y estándares que rigen a dichas políticas.

A diferencia de la Unión Europea posterior al Acta Única Europea, el GATT-WTO no ha logrado generar "integración positiva": leyes para abordar las externalidades negativas del comercio. Por defecto, el Artículo XX (del GATT) se ha convertido en el lugar principal para probar los límites de las competencias de los Estados para tratar unilateralmente dichos problemas, mediante el litigio. El artículo XX contiene una lista de "Excepciones Generales" al GATT [309].

---

309 La lista comienza después del *chapeau*, que dice: "A reserva de que no se apliquen las medidas enumeradas a continuación

Las medidas incluidas en alguna de las categorías mencionadas en el Artículo xx, y que satisfacen las condiciones establecidas por los paneles y el Órgano de Apelación, son permitidas. Las excepciones permisibles incluyen aquellas "medidas" nacionales que se juzgan "necesarias" "para proteger la moral pública" (xx [a]); "para proteger la salud y la vida de las personas y de los animales o para preservar los vegetales (xx [b]); y "para lograr la observancia" de las "medidas aduaneras" y "la protección de patentes, marcas de fábrica y derechos de autor, y la prevención de prácticas que puedan inducir a error" (xx [d]). Otras categorías incluyen excepciones a las medidas "relativas a" "los productos fabricados en las prisiones" (xx [e]) y "la conservación de los recursos naturales agotables (xx [g]).

En un régimen que de otro modo estaría dominado por los valores del libre comercio y la inercia legislativa, las decisiones sobre el Artículo xx se han convertido en el "foro" principal de la Organización Mundial del Comercio para deliberar sobre los intereses y

---

en forma que constituya un medio de discriminación arbitrario o injustificable entre los países en que prevalezcan las mismas condiciones, o una restricción encubierta al comercio internacional, ninguna disposición del presente Acuerdo será interpretada en el sentido de impedir que toda parte contratante adopte o aplique las medidas"; General Agreement on Tariffs and Trade (GATT), art. xx, 30 de octubre de 1947, 61 Stat. A-11, 55 U.N.T.S. 194.

valores que hacen contrapeso[310]. En respuesta a la
litigación y en un esfuerzo para controlar el uso de
estas excepciones y promover las leyes del GATT y de
la Organización Mundial del Comercio, los paneles
y el Órgano de Apelación desarrollaron un conjunto
de técnicas de ponderación, a menudo centradas
en la proporcionalidad. Gran parte del derecho, la
política, y el discurso académico relacionados con la
pregunta de si y cómo se pueden adaptar las leyes
del comercio a "valores sociales" distintos del libre
comercio –incluidos la salud pública[311], los derechos
humanos[312] y la protección del medio ambiente[313]–
está organizada por la jurisprudencia del Órgano de

---

310 Aquí nos centramos en las disputas en las cuales los Estados
    invocan las excepciones al Artículo XX. El sistema jurídico
    también usa el análisis de proporcionalidad, para diversos
    propósitos, en las disputas que surgen con respecto a otros
    acuerdos de la Organización Mundial del Comercio; ver
    Mads Andenas y Stefan Zleptnig, "Proportionality: WTO Law
    in Comparative Perspective", 42 *Tex. International. L. J.*, 371,
    pp. 416-423 (2007).

311 Ver, p. ej., Robert Howse y Elisabeth Türk, "The WTO Impact on
    Internal Regulations: A Case Study of the *Canadá-EC Asbestos*
    Dispute", en *Trade and Human Health and Safety* 77, pp. 77-78
    (George A. Bermann y Petros C. Mavroidis, eds., Cambridge
    Univ. Press, 2006).

312 Ver, p. ej., Sarah Cleveland, "Human Rights Sanctions and
    International Trade: A Theory of Compatibility", 5 J. *Interna-
    tional Econ. L.* 133 (2002).

313 Ver, p. ej., Varamon Ramangkura, "Thai Shrimp, Sea Turtles,
    Mangrove Forests and the WTO: Innovative Environmental
    Protection under the International Trade Regime", 15 *Geo.
    International Envtl. L. Rev.* 677 (2003).

Apelación sobre el Artículo xx y por la especulación acerca de cómo decidirá los casos en el futuro. El Órgano de Apelación ha logrado centrar la atención en el Artículo xx dejando en claro que los jueces de la Organización Mundial del Comercio consideran que estos valores son tan importantes como el libre comercio, al menos *a priori*[314]. Además, el Órgano de Apelación a veces ha decidido que pesan más que los derechos de comercio.

La prueba prueba del medio menos intrusivo, con su corolario de la "alternativa razonablemente disponible", surgió en una disputa anterior a la Organización Mundial del Comercio, *U.S – Section 337*

---

314 Un mensaje reforzado por la insistencia del Órgano de
Apelación en que las excepciones al Artículo xx deben tener
lugar antes de que los Paneles puedan proceder al análisis
conforme al *chapeau*, el cual se ocupa de las preocupaciones
por el libre comercio, p. ej., si la medida en revisión constituye
"una discriminación arbitraria o injustificable entre los países"
o es una "restricción encubierta al comercio internacional";
Acuerdo General sobre Aranceles Aduaneros y Comercio, supra
nota 309, art. xx. Ver Appellate Body Report, *United States –
Import Prohibition of Certain Shrimp and Shrimp Products*, pars.
112-122 WT/DS58/AB//R (12 de octubre de 1998). Sobre la
relación entre el análisis de proporcionalidad y la revisión de
las medidas estatales bajo el *chapeau*, ver Andenas y Zleptnig,
supra nota 310, pp. 413-415. Estos autores dicen, entre otras
cosas, que "el Órgano de Apelación se centra en el balanceo de
derechos, intereses y obligaciones comntrapuestos como una
característica predominante dentro del análisis del *chapeau* [...]
un proceso que se parece a un análisis de proporcionalidad";
ibíd., pp. 414-415.

of the Tariff Act of 1937 (1989)[315]. En esta disputa, la
Comunidad Europea, invocando el Artículo III, § 4
(GATT)[316], demandó con éxito una medida de Estados
Unidos que trataba los litigios sobre la violación de
patentes de manera diferente dependiendo del lugar
de producción de los bienes. La ley en cuestión blo-
queaba el acceso a las cortes federales de los casos
que involucraban productos extranjeros fabricados
con patentes estadounidenses, trasladándolos a una
agencia, la Comisión Internacional de Comercio,
donde los procedimientos y remedios eran menos
ventajosos para las importaciones. Estados Unidos
invocó el Artículo xx (d): la medida era "necesaria
para lograr la observancia de las leyes [...] relativas

---

315 Acuerdo General sobre Aranceles Aduaneros y Comercio Panel
   Report: United States – Section 337 of the Tariff Act of 1930,
   Nov. 7, 1989, GATT B.I.S.D. (L/6439-36S/345 36th Supp.) at 345
   [en adelante GATT Panel Report].
316 Que dice lo siguiente:
   Artículo III: *Trato nacional en materia de tributación y de reglamentación interiores* [...]
   4. Los productos del territorio de toda parte contratante
   importados en el territorio de cualquier otra parte contratante no deberán recibir un trato menos favorable que el
   concedido a los productos similares de origen nacional, en
   lo concerniente a cualquier ley, reglamento o prescripción
   que afecte la venta, la oferta para la venta, la compra, el
   transporte, la distribución y el uso de estos productos en
   el mercado interior. Las disposiciones de este párrafo no
   impedirán la aplicación de tarifas diferentes en los trans-
   portes interiores, basadas exclusivamente en la utilización
   económica de los medios de transporte y no en el origen
   del producto.

a [...] la protección de patentes". De hecho, adujo que la Sección 337[317] "proporcionaba el único medio [disponible] para asegurar el cumplimiento", puesto que los casos de violación de patentes que involucraban bienes fabricados en el extranjero siempre plantearían problemas particulares (de notificación judicial, cumplimiento de los fallos, etc.)[318]. Por su parte, la Comunidad Europea no encontró ninguna razón para que no se pudieran utilizar las Cortes Federales, y el Panel estuvo de acuerdo.

Lo esencial era el desacuerdo sobre el estándar que se debía aplicar en el control de la necesidad: la Comunidad Europea defendía la aplicación de una prueba prueba del medio menos intrusivo y Estados Unidos defendía un estándar de fundamento racional[319]. Parecía que cada parte procedía con base en su comprensión de cómo se usaban las pruebas prueba del medio menos intrusivo *en su propio sistema*. En el derecho constitucional nacional europeo, y conforme al Tratado de Roma y al Convenio Europeo de Derechos Humanos, no es raro que las leyes y medidas administrativas pasen el control de la necesidad. En

---

317 GATT, supra nota 309, art. xx (d).
318 GATT Panel Report, supra nota 315, pars. 3.62 y 3.63.
319 Estados Unidos argumentó que: "El requisito [de necesidad] no impuso la obligación de usar la medida menos restrictiva al comercio que se pudiera concebir; esto provocaría continuas disputas acerca de las medidas que las *partes contratantes* claramente pretendían eximir de las obligaciones del Acuerdo General"; GATT Panel Report, supra nota 315, par. 3.59.

Estados Unidos, el resultado es fuertemente predeterminado: después de que una corte decide proceder al escrutinio estricto, es probable que el acto en revisión sea invalidado de acuerdo con una prueba prueba del medio menos intrusivo. "Estricto en teoría, fatal de hecho" dice el proverbio. De hecho, Estados Unidos argumentó que: "Conforme al estándar propuesto por la Comunidad, la adopción por una parte contratante de un régimen diferente del que han adoptado otros Estados, por ejemplo, para proteger la salud y la vida de las personas y de los animales o preservar los vegetales, nunca estaría justificada [...] puesto que tendría un efecto restrictivo del comercio y no se podría demostrar que es objetivamente 'necesaria'".

El Panel de tres miembros, que incluía un ex Magistrado de la Corte de Justicia Europea y defensor del análisis de proporcionalidad, Pierre Pescatore, simplemente adoptó una solución que sería familiar para cualquier conocedor de la jurisprudencia de la Corte de Justicia Europea sobre el Artículo 28 (Comunidad Europea), bien establecida en 1989:

> La parte contratante A no puede justificar una medida inconsistente con otra disposición del GATT como una medida "necesaria" en términos del Artículo xx (d) si dispone de una medida alternativa que se pueda esperar razonablemente que emplee y que no es inconsistente con otras disposiciones del GATT. Por ese mismo motivo, en los casos donde una medida consistente con otras disposiciones del GATT no está razonablemente disponible, una parte contratante debe

usar, entre las medidas que tiene razonablemente a su disposición, aquella que implique el menor grado de inconsistencia con la demás disposiciones del GATT[320].

Como técnica de control judicial, la aplicación de análisis prueba del medio menos intrusivo en los procedimientos del GATT y la Organización Mundial del Comercio ha resultado ser tan intrusiva como lo es en cualquier sistema constitucional nacional. Igual que sus contrapartes de la Corte de Justicia Europea, muchos jueces de la Organización Mundial del Comercio bloquearán las excepciones invocadas a las reglas del GATT cuando una medida nacional incumpla la proporcionalidad, pero solo después de escrutar, hasta el mínimo detalle, por qué y cómo se adoptó y se aplicó inicialmente esa medida. Con el análisis de la necesidad, subrayaríamos que dicho rechazo está condicionado por una restricción. Igual que en la Comunidad Europea, los jueces de la Organización Mundial del Comercio rutinariamente identifican alternativas políticas específicas, "razonablemente disponibles" y menos restrictivas del comercio, que pasarían la prueba del medio menos intrusivo. De hecho, se podría considerar que esa carga es una especie de deber informal obligatorio para el juez que censure una medida por razones de prueba del medio menos intrusivo.

---

320 Ibíd., relación 5.26.

El siguiente caso, relativo al control de necesidad conforme al Artículo xx, ilustra el punto. En *Thai Cigarettes* (1990)[321], Estados Unidos atacó el tratamiento de Tailandia a los cigarrillos importados tomando sus argumentos sobre la necesidad directamente de *U.S. – Section 337 of the Tariff Act de 1937*, el caso que acababa de perder[322]. Tailandia fijó impuestos más altos a los cigarrillos producidos en el extranjero que a sus equivalentes domésticos[323], y sometió a los importadores a un procedimiento especial de concesión de licencias[324]. En su respuesta, Tailandia invocó el Artículo xx (b), el cual permite tomar medidas nacionales que sean "necesarias para proteger la salud y la vida de las personas". Las medidas bajo controlg –argumentó– buscaban "proteger al público de los ingredientes nocivos de los cigarrillos importados y reducir el consumo de cigarrillos en Tailandia"[325]. El Panel hizo un gesto cortés a Tailandia[326], reconociendo

---

321 GATT Panel Report: Thailand – Restrictions on Importation of and Internal Taxes on Cigarettes, 7 de noviembre de 1990, GATT B.I.S.D. (DS10/R-37S/200) [en adelante *Thai Cigarettes*].

322 Ver, p. ej., *Thai Cigarettes*, par. 3.

323 En violación del art. III (GATT), sobre trato nacional y tributación.

324 En violación del art. XI (GATT), que prohíbe las restricciones cuantitativas.

325 *Thai Cigarettes*, par. 76.

326 *Thai Cigarettes*, par. 73. "El Panel aceptó que fumar constituye un grave riesgo para la salud humana y, en consecuencia, que las medidas encaminadas a reducir el consumo de cigarrillos están cubiertas por el Artículo xx (b). El Panel [también] señaló que esta disposición permitía claramente que las partes

la importancia de los intereses invocados antes de pasar al análisis de prueba del medio menos intrusivo. Tailandia podía prevalecer "únicamente si no había una medida alternativa consistente, o menos inconsistente, con el Acuerdo General que se podía esperar razonablemente que Tailandia utilizara para lograr sus objetivos de política de salud"[327].

Nuestro interés aquí se centra en la forma en que el Panel dio contenido a este estándar[328]. El Panel sugirió que otros países usan las exigencias de etiquetado y "divulgación de los ingredientes" para permitir que "los gobiernos controlen y el público esté informado del contenido de los cigarrillos". De hecho, llegó incluso a decir que "una regulación no discriminatoria [...] asociada a una prohibición de sustancias nocivas para la salud, sería una alternativa consistente con el GATT". Sobre el asunto de la reducción del consumo de cigarrillos, el Panel sugirió que Tailandia tenía a su disposición una amplia gama de opciones consistentes con el GATT: podía emprender una campaña publicitaria contra el consumo, podía prohibir la publicidad de todos los cigarrillos o fumar en lugares públicos, podía resaltar las advertencias en los paquetes de cigarrillos y podía usar el monopolio estatal –el Thai

---

contratantes dieran prioridad a la salud humana frente a la liberalización del comercio; sin embargo, para que una medida estuviera cubierta por el Artículo xx (b) tenía que ser 'necesaria'", ibíd.

327 Ibíd., par. 75.

328 Ibíd., pars. 72-80.

Tobacco Monopoly– para limitar la oferta y elevar los
precios. Tailandia no pasó la prueba de la necesidad
(par. 81) porque el Panel pudo encontrar fácilmente
alternativas menos restrictivas del comercio[329].

Una vez empezó a funcionar el nuevo sistema
jurídico de la Organización Mundial del Comercio,
los paneles y el Órgano de Apelación simplemente adoptaron el enfoque prueba del medio menos
intrusivo para el análisis de la necesidad, refinán-
dolo con el paso del tiempo[330]. En las decisiones de
la Organización Mundial del Comercio que recha-
zaron una excepción al Artículo xx por razones de
necesidad, y que estudió después de *Thai Cigarettes*,
se encuentra la misma compulsión de acceder a los
recursos legitimadores de la optimalidad de Pareto[331].
Tal como la ha desarrollado, la versión del análisis de
necesidad de la Organización Mundial del Comercio
a menudo absorbe la etapa de proporcionalidad en

---

329 Ibíd., par. 81.
330 Hasta donde sabemos, no existe un tratamiento sistemático
del desarrollo y del uso del análisis de proporcionalidad
por los paneles del GATT y "las cortes" de la Organización
Mundial del Comercio, pero ver Alan O. Sykes, "The Least
Restrictive Means", 70 *U. Chi. L. Rev.* 403 (2003), que se centra
en la evolución del análisis de la necesidad y su relación con
el "análisis costo-beneficio" en condiciones de incertidumbre
regulatoria.
331 Ver Appellate Body Report, *Korea – Measures Affecting Imports
of Fresh, Chilled and Frozen Beef*, pars. 162-166, WT/DS161/
AB/R, WT/DS169/AB/R, DSR 2001: I, 5 (11 de diciembre
de 2000) [en adelante *Korea Beef*].

sentido estricto importando a su jurisprudencia elementos de "la ley de la ponderación" de Alexy. En *Korea-Beef* (2001), el Órgano de Apelación hizo un sutil análisis de la proporcionalidad de las medidas nacionales, con respecto a la excepción de la salud pública, y clarificó su enfoque de la necesidad en un importante dictamen:

> Cuanto más vitales o importantes [...] sean los intereses o valores comunes más fácil sería aceptar que es "necesaria" una medida diseñada como instrumento para lograr la observancia. En la evaluación de si esa medida es "necesaria" se deben considerar otros aspectos de la observancia de la medida. Uno es el grado en que la medida contribuye a lograr el fin perseguido y a asegurar el cumplimiento de la ley o reglamentación en cuestión. Cuanto mayor sea la contribución, más fácilmente se podrá considerar que la medida es "necesaria" [...] La determinación de si una medida [...] [es] "necesaria" [...] implica en cada caso un proceso de ponderación de una serie de factores [que] incluyen la contribución al cumplimiento de la medida por la observancia de la ley o reglamentación en cuestión, la importancia de los intereses o valores comunes protegidos por esa ley o reglamentación y el impacto de la ley o reglamentación sobre las importaciones o las exportaciones.

Claus Dieter Ehlermann, un funcionario alemán y ejecutivo veterano de la Comisión Europea, y conocido defensor del análisis de proporcionalidad en el

derecho comercial[332], presidió el grupo del Órgano
de Apelación que decidió este caso, y probablemente
escribió la decisión.

Hoy, los académicos que argumentan que la Organización Mundial del Comercio ha sido "constitucio-
nalizada" se refieren, entre otras cosas, al principio
constitucional general de la proporcionalidad[333].

IV. CONCLUSIÓN: ¿TODAS LAS COSAS PROPORCIONADAS?

Durante el siglo y medio anterior, las altas cortes más
poderosas del mundo adoptaron el análisis de proporcionalidad para tratar los asuntos políticamente más
sobresalientes y potencialmente controversiales a los
que podían quedar expuestas. Eso mismo es cierto
para las cortes de la Comunidad Europea/Unión Europea, el Convenio Europeo de Derechos Humanos,
y la Organización Mundial del Comercio. Los jueces
acogieron la proporcionalidad por razones similares.

---

332 El Sr. Ehlermann participó en el Órgano de Apelación desde
     1995 hasta 2001, y terminó siendo su presidente. Antes se
     había desempeñado en la Comisión Europea como Director
     General del Servicio Jurídico (1977-1987) y como Director
     General de la Competencia (1990-1995); ver la biografía del
     Dr. Claus-Dieter Ehlermann en http://www.wilmerhale.
     com/claus-dieter_ehlermann/ (última consulta: 20 de octubre
     de 2008). Ver, p. ej., Cass, supra nota 4, pp. 55-56; Andenas y
     Zleptnig, supra nota 310, pp. 425-426.
333 Ver, p. ej., Cass, supra nota 4, p. 34; Andenas y Zleptnig, supra
     nota 310.

En vista de los textos constitucionales que se les ha pedido que interpreten y hagan cumplir, el análisis de proporcionalidad les facilita dar prioridad a los valores que el mismo sistema político ha decidido que sean prioritarios, incluso en situaciones difíciles en las que estos valores pueden estar en tensión o en conflicto. El control de proporcionalidad es inevitablemente un ejercicio de legislación constitucional (o internacional) aplicada. Pero también se adapta a la misión de las cortes fideicomisarias modernas, que controlan a los gobernantes políticos regulando el ejercicio de la autoridad estatal a la luz de normas legales superiores que se suponen constitutivas y permanentes. En cada uno de los casos examinados, las cortes primero se inclinaron a la proporcionalidad tentativamente, antes de acogerla como un principio fundamental de la legalidad. Hoy, los jueces de todo el mundo sostienen que el análisis de proporcionalidad es esencial para poder cumplir sus deberes, una posición que los demás deberíamos considerar más seriamente. En nuestra opinión, la proporcionalidad es hoy un elemento fundacional del constitucionalismo global.

También encontramos que el análisis de proporcionalidad es un importante fundamento *doctrinal* para la expansión global de la autoridad judicial. Este resultado se basa en ciertas condiciones necesarias, la más importante de la cuales es el giro anterior hacia el nuevo constitucionalismo. En Alemania, Europa Central y Sudáfrica, el paso a los derechos y al análisis de proporcionalidad estuvo ligado a la democratiza-

ción, dado el pasado autoritario reciente. En Canadá,
la aplicación judicial de los derechos de acuerdo con
la Declaración de Derechos (1960), un texto que no
posee rango supra legislativo, fue vacilante y poco
efectiva. Conforme a la Carta (1982), que tiene rango
constitucional, la Corte Suprema canadiense no solo
adoptó el análisis de proporcionalidad sino que, tras
la experiencia directa, los derechos se han convertido
en una especie de religión cívica en Canadá, que limita
en la práctica el uso de las facultades del Parlamento
para anular las decisiones de la Corte. Nueva Zelanda
mantuvo la soberanía legislativa y en su Acta de Declaración de Derechos siguió el modelo canadiense.
Pero las cortes, citando como autoridad la jurisprudencia de la Corte Constitucional canadiense sobre
la Carta, acogieron el análisis de proporcionalidad y
así neutralizaron su actitud tradicional de deferencia,
basada en *Wednesdbury*. Ese paso lleva a preguntar
si la soberanía parlamentaria, tal como es concebida
tradicionalmente en los países de la Commonwealth,
sobrevivirá en alguna parte.

En forma más general, en cada sistema examinado
encontramos que el giro de una corte hacia el análisis
de proporcionalidad generó procesos que sirvieron
para ampliar radicalmente el papel de la rama judicial
en el desarrollo legislativo y constitucional. En la
medida en que es robusto y está en marcha, el análisis
de proporcionalidad inevitablemente se convierte
en un importante mecanismo de judicialización del
sistema político que activa mecanismos secundarios.
Donde el paso al análisis de proporcionalidad tiene

éxito, un corte induce a los demás actores relevantes del sistema –futuros litigantes y sus abogados, funcionarios del gobierno y estudiosos del derecho– a pensar en sus papeles en términos de proporcionalidad. Eso es exactamente lo que ocurrió en los casos examinados. Ser un actor social experto en la política constitucional de Alemania, Canadá, Israel, la Unión Europea, el Convenio Europeo de Derechos Humanos o la Organización Mundial del Comercio significa saber razonar y emplear el lenguaje del análisis de proporcionalidad. Para hacer sus pruebas, los abogados consultores resumen las sentencias de proporcionalidad, leen comentarios de profesores de derecho sobre los fallos de la Corte o muestran el grado creciente en que los funcionarios no judiciales aplican los principios de la proporcionalidad –y de la jurisprudencia de la Corte– en su propia elaboración de leyes. Como modo de gobernanza judicial, el análisis de proporcionalidad arroja una profunda sombra sobre la legislación de los actores no judiciales, al tiempo que proporciona a los jueces un medio flexible para manejar asuntos legales sensibles en ambientes políticos potencialmente explosivos.

Señalamos que el proceso por medio del cual se ha difundido la proporcionalidad es similar al de un virus. La teoría que presentamos en la Parte I nos ayuda a entender parte de lo que está ocurriendo, pero únicamente en abstracto. Los estudios de casos complementan esta comprensión, y nos permiten plantear al menos los siguientes puntos, cada uno de los cuales merece más atención en futuras investigaciones.

Primero, el surgimiento y la temprana consolidación del análisis de proporcionalidad dependieron
fuertemente de la influencia de los estudiosos del
derecho en el juzgamiento, en el caso de Alemania
y, después, de la influencia de Alemania en el derecho europeo. Segundo, algunos agentes específicos
identificables (jueces y profesores de derecho nom-
brados como jueces) ayudaron a introducir el análisis
de proporcionalidad en los regímenes basados en
tratados, incluidos Hans Kutscher y Pierre Pescatore
(en la Corte de Justicia Europea), Jochen Frowein
(en el Convenio Europeo de Derechos Humanos)
y Pierre Pescatore y Claus-Dieter Ehlermann (en la
Organización Mundial del Comercio). En principio,
se podría trazar el mapa de la red de individuos y de
las conexiones entre instituciones que facilitaron la
difusión del análisis de proporcionalidad. De nuevo,
se encontraría una profunda influencia alemana.
Tercero, en Europa la Comunidad Europea/Unión
Europea y el Convenio Europeo de Derechos Humanos
desarrollaron características jerárquicas que hicieron
posible lo que Powell y DiMaggio llaman un proceso
de "isomorfismo coercitivo": la difusión de formas
y prácticas institucionales mediante la obligación
jurídica respaldada por mecanismos de supervisión
y cumplimiento[334]. Las cortes de Luxemburgo y Es-

---

334 Paul J. DiMaggio y Walter W. Powell, "The Iron Cage Revisited: Institutional Isomorphism and Collective Rationality
in Organizational Fields", en *The New Institutionalism in*

trasburgo ordenaron a otras cortes nacionales que emplearan el análisis de proporcionalidad, y anunciaron que supervisarían si los jueces realmente lo empleaban. La codificación de la proporcionalidad como derecho positivo, por medio de la Carta de Derechos de la Unión Europea, por ejemplo, ayudará a estigmatizar la oposición al movimiento general. Cuarto, a medida que más y más cortes adoptaron el análisis de proporcionalidad, la dinámica de la difusión quedó sometida a la lógica de la mimesis y de los rendimientos crecientes (efectos de arrastre): las cortes empezaron a copiar lo que consideraban el estándar de mejor práctica emergente, asegurando así el resultado. Este proceso, de elección y no de obligación, también se puede expresar en términos de lo que Powell y DiMaggio llaman "isomorfismo normativo"[335], el cual explica la difusión de las formas mediante la construcción de consensos normativos entre un grupo de élite, cuya pretensión de autoridad y de influencia se basa en el conocimiento. Los jueces y profesores de derecho constituyen dicho grupo, y los que están comprometidos con el análisis de proporcionalidad son relativamente coherentes y se sienten orgullosos por ello.

Aunque encontramos sólido respaldo para las afirmaciones de la Parte I de este capítulo, también es

Organizational Analysis 63, 67-69 (Paul J. DiMaggio y Walter W. Powell, eds., University of Chicago Press 1991).
335 Ibíd., pp. 70-74.

claro que el tipo de teoría simple que presentamos no significa que esté adaptado para tratar gran parte de las discrepancias en el uso real que dan las cortes al análisis de proporcionalidad, en el terreno, por decirlo así. La difusión del análisis de proporcionalidad añade niveles de complejidad a cualquier análisis realmente comparativo y algunas de esas complejidades siempre eludirán los intentos de construir una teoría más general. Por tanto, aunque en los casos que estudiamos encontramos similitudes importantes y teóricamente significativas, al menos en un nivel moderadamente alto de abstracción, también encontramos importantes diferencias en el uso que dan los jueces al análisis de proporcionalidad, en el tiempo y entre jurisdicciones. Más importante, incluso una revisión superficial de las prácticas muestra que, en cada sistema, los jueces adaptan el análisis de proporcionalidad a sus propios propósitos, con el uso. Además, tenemos toda la razón para esperar que el uso actual de la proporcionalidad y sus efectos sobre el sistema político cambiarán con el paso del tiempo.

Una fuente de cambio será exógena: los nuevos problemas y el cambio de circunstancias llevarán a que los jueces usen el análisis de proporcionalidad de otra manera. En este modo de adjudicación lo que varía es el contexto y no la ley *per se*. El cambio también puede ocurrir endógenamente. Una corte, en el estudio de una serie de casos sobre el mismo dominio de política, puede decidir dar deferencia a las decisiones legislativas, con el paso del tiempo, en la medida en que los legisladores demuestren que toman en serio las exigencias de proporcionalidad cuando legislan. Esta última dinámica, que se encuentra dondequiera que el control de proporcionalidad es mínimamente efectiva, constituye un mecanismo de institucionalización (retroalimentación positiva). Por otra parte, es probable que una corte sea más estricta acerca de la necesidad cuando el análisis de proporcionalidad está menos consagrado como modo general de diseño de políticas, aunque solo sea porque la Corte puede pensar que la necesidad "enseña" los elementos básicos del análisis de proporcionalidad a los legisladores. Además –un punto que ha generado gran controversia en algunas jurisdicciones (especialmente en Canadá y en el Convenio Europeo de Derechos Humanos)– las cortes pueden ampliar y reducir la discreción que conceden a los legisladores, en las etapas de adecuación o de necesidad, cuando no están seguras de que tienen algo que enseñarles. Esta flexibilidad, que consideramos una virtud y no un defecto del análisis de proporcionalidad, nunca es inmune al ataque de quienes creen que es posible un enfoque más definido y basado en principios de la aplicación de los derechos, o que el análisis de proporcionalidad es simplemente una forma rebuscada de empaquetar el diseño judicial de políticas.

La discrepancia en la forma en que las cortes conciben el carácter y el propósito de cada etapa del análisis de proporcionalidad también puede ser significativa. En Canadá, la mayoría de las leyes que no pasan la prueba de proporcionalidad pasan a la etapa de necesidad, y los jueces rara vez pasan a la etapa de "proporcio-

nalidad en sentido estricto"; aunque hay evidencia
de que esta reticencia podría estar cambiando. Los
jueces pueden estar actuando con la visión de que la
ponderación post prueba del medio menos intrusivo
los expone demasiado como ponderadores, es decir,
como legisladores. Igual que sus contrapartes de la
Corte de Justicia Europea, el Órgano de Apelación
de la Organización Mundial del Comercio y la Corte
de Estrasburgo, los jueces canadienses a menudo se
empeñan en lo que las cortes alemana e israelí considerarían una "proporcionalidad en sentido estricto"
de facto, que integran al análisis de la adecuación o
de la necesidad. La Corte Suprema estadounidense
puede estar haciendo lo mismo cuando examina una
pretensión de derechos a la luz del "interés urgente"
del gobierno, en su análisis de escrutinio estricto. En
contraste, las cortes de Alemania y de Israel pasan
más sistemáticamente a la etapa final, de la ponderación, especialmente cuando llegan a los asuntos
políticamente más controversiales. En comparación
con la Corte canadiense, la Corte alemana parece
calcular los costos de legitimidad en caso de hacerlo
de manera diferente[336]. Usa las dos primeras etapas
para ofrecer sus respetos, primero, a la importancia
de la consideración de política en general y, segundo,
a las propias deliberaciones del legislador sobre la
proporcionalidad de la ley. Sigue siendo un misterio
si y cómo importan dichas diferencias en los resulta-

---

336 Ver Grimm, supra nota 100, pp. 393-395.

dos (en la protección de los derechos, en el diseño de políticas y en la relación entre jueces y legisladores), pero merece más investigación.

Por último, aunque el análisis de proporcionalidad hoy predomina sobre todos los demás enfoques de aplicación de derechos, las cortes podrían proceder de otra manera. Los jueces podrían desarrollar y mantener doctrinas de fuerte deferencia, garantizando que la autoridad "judicial" para supervisar a la autoridad "política" –cuando se llega a situaciones de ponderación– solo sea ejercida en los márgenes y no sistemáticamente. En nuestra opinión, las posiciones tradicionales de razonabilidad son defendibles[337], pero no desde el punto de vista del constitucionalismo moderno. En Estados Unidos, la Corte Suprema ha desarrollado un enfoque de los derechos complicado y diversificado, en parte debido a su profunda ambivalencia hacia la ponderación. Ha interpretado algunos derechos (p. ej., a la expresión política) como protecciones casi absolutas contra (o "triunfos" con respecto a) los actos del Estado. Para otras clases de derechos (p. ej., los que son amparados por el debido proceso y las cláusulas de igual protección), la Corte ha asignado diferentes estándares de control a las medidas del gobierno, como si los derechos subyacentes involucrados estuvieran organizados en una escala móvil de importancia. Las medidas que infringen

---

337 Jeremy Waldron, "Some Models of Dialogue between Judges and Legislators", 23 *Sup. Ct. L.Rev.* 7 (2004).

derechos importantes están sujetas a escrutinio estricto (a la prueba prueba del medio menos intrusivo),
mientras que los menos importantes son sometidos
a una revisión intermedia o de fundamento racional
(es decir, prácticamente a ninguna). El procedimiento
de la Corte también se puede describir en términos
negativos, definiendo el alcance de los derechos di-
rectos mediante razones excluyentes: la Corte decide
cuáles de las justificaciones que da el gobierno para
limitar un derecho son constitucionalmente inadmi-
sibles. En nuestra opinión, todos estos resultados, en
la medida en que son estables, se pueden rastrear
hasta los actos seminales de ponderación que luego
se congelaron como precedentes. En todo caso, es
obvio que la Corte nunca ha podido prescindir de la
ponderación[338]. En el siguiente capítulo examinamos
por qué esto es así, cuando evaluamos la evolución
de la doctrina estadounidense de los derechos a la
luz de la proporcionalidad.

---

338 Aleinikoff, supra nota 11.

CAPÍTULO SEGUNDO
EL CONTROL DE CONSTITUCIONALIDAD BASADO
EN LOS DERECHOS Y LA PONDERACIÓN
EN LOS ESTADOS UNIDOS

En Estados Unidos hay un profundo desacuerdo sobre el papel adecuado de la ponderación en la revisión de los derechos constitucionales: acerca de si, cuándo y cómo las cortes deben ponderar. El problema no es nuevo. Las luchas anteriores sobre los méritos de la ponderación están grabadas en nuestra jurisprudencia constitucional[1]. Las doctrinas estadounidenses de los derechos son un laberinto de pruebas diferentes; algunas exigen que la corte "balancee" o "pondere" factores y otras toman la forma de normas constitucionales categóricas[2]. Esta mezcla refleja, en parte, la suerte cambiante de la ponderación y sus altibajos a

---

1 Ver T. Alexander Aleinikoff, "Constitutional Law in the Age of Balancing", 96 *Yale L. J.* 943, p. 964 (1987); Kathleen M. Sullivan, "Categorization, Balancing, and Government Interests", en *Public Values in Constitutional Law* 241, pp. 241-244 (Stephen E. Gottlieb, ed., 1993).

2 Ver Aleinikoff, supra nota 1, pp. 964-971 (que examina las pruebas de ponderación constitucional).

lo largo de los años[3]. En la actual Corte Suprema, los conflictos sobre su legitimidad regularmente estallan a la vista; hoy, una nueva lucha sobre la ponderación está llegando a ser dominante en la política de derechos en Estados Unidos[4].

---

3   Ver infra Parte II; Ver también Richard H. Fallon, Jr., "Strict Judicial Scrutiny", 54 *Ucla L. Rev.* 1267, pp. 1288-1289 (2007) (quien señala que en los años cuarenta la Corte Suprema adoptó un enfoque de ponderación en los casos sobre la Primera Enmienda muy protector del derecho de expresión, el cual fue remplazado por un enfoque de ponderación más deferente en 1949). Por supuesto, la diversidad de pruebas jurídicas en el derecho constitucional estadounidense también refleja, en parte, la diversidad de la estructura de derechos que se encuentra en la Constitución. Algunos derechos se prestan fácilmente a ser formulados como normas constitucionales (p.ej., "no alojar soldados en la vivienda propia"), y otros invitan más fácilmente a ser interpretados como pruebas de ponderación (p. ej., el debido proceso).

4   En *District of Columbia v. Heller*, 128 S. Ct. 2783 (2008), los Magistrados Scalia y Breyer expusieron un argumento inusualmente acerbo sobre la metodología apropiada que se debía emplear en el control de una medida del Distrito de Columbia que prohibía tener revólveres en el hogar y exigía que las demás armas de fuego estuvieran desmontadas. En su escrito, en nombre de una mayoría de cinco miembros, el Magistrado Scalia se centró en la historia inicial de Estados Unidos para mostrar que la Segunda Enmienda poseía una estructura categórica, semejante a reglas; ibíd. Una vez la corte determinó que la Segunda Enmienda garantizaba el derecho individual a portar armas para autodefensa, la ley fue invalidada; ibíd., 2821-2822. Sobre el asunto de la ponderación, el Magistrado Scalia manifestó que la Segunda Enmienda, igual que la Primera, "es el *producto* real de una ponderación de intereses por el pueblo; que el Magistrado

El panorama es muy diferente en otras partes. A diferencia de Estados Unidos, las cortes constitucionales de los sistemas jurídicos de todo el mundo han convergido en un método para resolver las pretensiones basadas en los derechos –el análisis de proporcionalidad, un procedimiento analítico cuyo núcleo es la ponderación. En el medio siglo anterior, el análisis de proporcionalidad llegó a ser una pieza central en la jurisprudencia del continente europeo,

---

Breyer hoy realizaría nuevamente en su nombre"; pero el Magistrado Scalia también declaró: "No conocemos ningún otro derecho mencionado en la Constitución cuya protección básica haya sido sometida a un enfoque independiente de 'ponderación de intereses'"; ibíd., p. 2821. Por su parte, el Magistrado Breyer, quien disintió junto con los Magistrados Stevens, Souter y Ginsburg, afirmó: "en diversos contextos constitucionales, que incluyen casos de leyes electorales, de libre expresión y de debido proceso" se utiliza regularmente un "tipo de enfoque de 'proporcionalidad'"; ibíd., p. 2852 (Magistrado Breyer, salvamento de voto). En defensa de una "ponderación de intereses" que "pregunta si la ley impone a un interés protegido una carga de un modo o en un grado que está fuera de proporción con los efectos saludables de la ley sobre otros intereses importantes del gobierno", el Magistrado Breyer luego adoptó una versión relativamente estándar del análisis de proporcionalidad en tres etapas para mostrar por qué se debía apoyar la prohibición del Distrito de Columbia; ibíd., pp. 2851, 2854-2868. Para discusiones más extensas del debate sobre el balanceo en *Heller*, ver Joseph Blocher, "Categoricalism and Balancing in First and Second Amendment Analysis", 84 *N. Y.U. L. Rev.* 375 (2009); Moshe Cohen-Eliya e Iddo Porat, "The Hidden Foreign Law Debate in Heller: The Proportionality Approach in American Constitutional Law", 46 *San Diego L. Rev.* 367 (2009).

así como en sistemas de derecho común tan diversos como Canadá, Sudáfrica, Israel y el Reino Unido. El análisis de proporcionalidad, que comenzó como un conjunto no escrito de principios generales del derecho, se transformó en un marco doctrinal estandarizado que las cortes pueden aplicar en las áreas sustantivas del derecho. Hoy los jueces han elevado la proporcionalidad al rango de principio *constitucional* fundamental y lo emplean para resolver las pretensiones basadas en los derechos, incluidos los conflictos entre derechos constitucionales. El análisis de proporcionalidad también ha sido adoptado por las cortes internacionales más poderosas, incluidas la Corte de Justicia Europea, la Corte Europea de Derechos Humanos y el Órgano de Apelación de la Organización Mundial del Comercio[5]. En el capítulo anterior presentamos una teoría que explica por qué los jueces son atraídos por el análisis de proporcionalidad, trazamos el mapa de la difusión global del marco del análisis de proporcionalidad a partir de Alemania después de la Segunda Guerra Mundial y mostramos que la adopción del análisis de proporcionalidad sirve para aumentar la importancia de los derechos y de la autoridad judicial, dentro de procesos políticos que de otro modo estarían dominados por funcionarios no judiciales[6].

---

5   Ver ibíd., pp. 139-160.
6   Ver, en general, ibíd.

Este capítulo da una nueva mirada al supuesto excepcionalismo estadounidense en el campo de la aplicación de los derechos, desde la perspectiva de la proporcionalidad. Complementa el análisis de la difusión global del análisis de proporcionalidad centrando la atención comparativa en la experiencia y la práctica estadounidenses. Nuestro análisis da nueva luz sobre los desarrollos doctrinales estadounidenses y cuestiona la imagen de Estados Unidos como caso atípico. Sorprendentemente, encontramos que las cortes estadunidenses *sí* desarrollaron marcos para la aplicación de los derechos que se asemejan al análisis de proporcionalidad, empezando en el siglo xix. La Corte Suprema primero derivó el equivalente funcional del análisis de proporcionalidad como una prueba de las restricciones estatales al comercio de acuerdo con la Cláusula de Comercio latente. Y a mediados del siglo xx surgió el control de escrutinio estricto como marco de ponderación que favorecía los derechos, con notables similitudes con el análisis de proporcionalidad. Esto indica que los jueces estadounidenses eligieron la proporcionalidad en el pasado y la introdujeron en nuestro ADN doctrinal.

Pero esta herencia a veces queda oscurecida en la jurisprudencia sobre derechos y en el discurso académico actual. Hoy, el análogo más próximo al análisis de proporcionalidad –lo más cercano que tenemos a una categoría común de control en las diferentes áreas sustantivas– es el conjunto de estándares que conforman el escrutinio escalonado[7]. El análisis de proporcionalidad y el escrutinio escalonado no solo comparten ciertos elementos centrales sino que, como argumentamos, en una comparación cara a cara el análisis de proporcionalidad tiene evidentes ventajas. Lejos de abandonar la ponderación de los derechos, el análisis de proporcionalidad puede protegerlos más consistente y coherentemente que la revisión escalonada. El enfoque estadounidense limita la flexibilidad de los jueces para enfrentar la complejidad, describiendo falsamente la actividad judicial como un ejercicio mecánico de aplicación del derecho semejante al de un "código constitucional"[8], y crea una inconsistencia y una arbitrariedad innecesarias.

Nuestro propósito no es descalificar el escrutinio escalonado en sí mismo; sus deficiencias ya han sido ampliamente examinadas por los académicos[9] y los

---

7   Canónicamente, los escalones o niveles son el escrutinio estricto, el escrutinio intermedio y la revisión del fundamento racional. La imagen es algo más complicada porque hay gradaciones no tan bien establecidas (p. ej., "fundamento racional con asidero" "rational basis with bite"). Además, la Corte Suprema no siempre usa estas tres denominaciones. Kathleen Sullivan señala que las pruebas de numerosas demandas de inconstitucionalidad, de asuntos de privilegios e inmunidades a las reglamentaciones de la expresión en el foro público, equivalen al escrutinio intermedio, aunque la Corte no utiliza esa denominación. Kathleen M. Sullivan, "Post-Liberal Judging: The Roles of Categorization and Balancing", 63 U. *Colo. L. Rev.* 293, 297 (1992).

8   Ver el capítulo 1, p. 90.

9   Ver, p. ej., Suzanne B. Goldberg, "Equality Without Tiers",

jueces[10]. En cambio, intentamos mostrar constructivamente que la incorporación del análisis de proporcionalidad puede remediar problemas de nuestra práctica constitucional. El extraordinario éxito de la proporcionalidad –su valor para los jueces que la adaptaron para usarla en sistemas legales muy diferentes– reside en el hecho de que proporciona un ancla doctrinal para la ponderación basada en principios como modo de protección de los derechos. Argumentamos que el control estadounidense de los derechos carece de dicha ancla y sale perjudicada como consecuencia de ello. El paso al análisis de proporcionalidad tampoco significa adoptar un trasplante extranjero exótico. Por el contrario, este paso rescataría y se basaría en los fundamentos que ya existen en nuestra propia historia y en nuestra propia doctrina. Intentamos mostrar que las cortes pueden construir un análisis de proporcionalidad moderno y claramente estadounidense que concuerde con las prácticas del constitucionalismo de derecho común, incluidos el respeto por la historia y por los precedentes.

---

77 *S. Cal. L. Rev.* 481, pp. 484-491 (2004); Jeffrey M. Shaman, "Cracks in the Structure: The Coming Breakdown of the Levels of Scrutiny", 45 *Ohio St. L. J.* 161 (1984); Eugene Volokh, "Freedom of Speech, Permissible Tailoring and Transcending Strict Scrutiny", 144 *U. Pa. L. Rev.* 2417 (1996).

10 Ver, p. ej., *City of Cleburne v. Cleburne Living Ctr., Inc.*, 473 U.S. 432, 478 (1985) (el Magistrado Marshall concuerda en parte con el dictamen y disiente en parte); *Craig v. Boren*, 429 U.S. 190, 211-212 (1976) (Magistrado Stevens, aclaración de voto).

En conjunto, nuestras tesis constituyen lo que consideramos el argumento más sólido para aceptar e incorporar las características del análisis de proporcionalidad en el derecho constitucional estadounidense. Para ser claros, no proponemos que el análisis de proporcionalidad necesariamente rija en *todo* caso de derechos constitucionales. Tampoco consideramos que la proporcionalidad sea una panacea que permita responder fácilmente las preguntas constitucionales difíciles. El análisis de proporcionalidad no exime a los jueces de la ardua tarea de teorizar sobre el carácter y el alcance del derecho en cuestión (un proceso que activa el análisis de proporcionalidad) y de dictar respuestas correctas. El análisis de proporcionalidad exige a los jueces ponderar –abierta y rutinariamente, y sin sentir vergüenza–, y muchos encontrarán incómoda esta postura. No obstante, en la medida en que la ponderación es inevitable en la aplicación de los derechos, el marco de proporcionalidad ofrece el mejor procedimiento disponible para ello.

Este capítulo consta de cuatro partes. En la Parte I presentamos el análisis de proporcionalidad como marco de argumentación, resumimos los pros y los contras de la adopción de la proporcionalidad como modo estandarizado de aplicación de los derechos, y comparamos el análisis de proporcionalidad con los enfoques estadounidenses en términos generales y relativamente abstractos. Con base en el tratamiento teórico de la proporcionalidad que presentamos en el capítulo anterior, argumentamos que el análisis de proporcionalidad tiene numerosas ventajas sistémicas frente al escrutinio escalonado y a los enfoques más categóricos basados en reglas. En la Parte II ilustramos los fundamentos de la proporcionalidad en el control estadounidense de derechos, centrándonos en dos coyunturas críticas: (1) el surgimiento de una forma de proto- proporcionalidad en la doctrina sobre la Cláusula de Comercio latente de finales del siglo XIX y (2) la consolidación del marco de escrutinio estricto a mediados del siglo XX. Demostramos que estos dos desarrollos, los cuales reflejan etapas simultáneas de la evolución del análisis de proporcionalidad en Alemania, sentaron el fundamento de un enfoque estructurado pero adecuadamente flexible del control de derechos. En la Parte III, sometemos las principales características de la doctrina estadounidense de los derechos, tal como hoy existe, a un análisis crítico a la luz de los principios del análisis de proporcionalidad. La parte IV examina cómo se puede dar mayor expresión a los principios del análisis de proporcionalidad en el derecho constitucional estadounidense y responder a las objeciones.

I. PROPORCIONALIDAD Y ESCRUTINIO ESTRICTO: UNA VISIÓN GENERAL

En los sistemas constitucionales de todo el mundo, la proporcionalidad hoy constituye el estándar judicial dominante de "mejor práctica" para resolver disputas que implican un conflicto entre (a) dos pretensiones de derechos o (b) una disposición de derechos y un interés legítimo del gobierno. En esta última situación paradigmática el análisis procede paso a paso de la siguiente manera. En una etapa preliminar, el juez considera *prima facie* si se trata de un caso en el que un acto del gobierno limita el ejercicio de un derecho[11]. Por convención, el juez aprovechará esta ocasión para discutir las teorías jurisprudenciales que respaldan el derecho que se invoca, así como los fallos anteriores y otros materiales jurídicos que tengan relación con la determinación de la Corte sobre el alcance y la aplicación del derecho en el caso en cuestión. Ninguna demanda importante será jamás rechazada en esta etapa. El análisis de proporcionalidad luego procede mediante de una secuencia de tres pruebas. Una medida de gobierno que no pasa una de estas pruebas viola el principio de proporcionalidad y es, por tanto, inconstitucional.

La primera etapa del análisis de proporcionalidad ordena indagar la idoneidad de la medida en revisión. El gobierno debe demostrar que la relación entre los *medios elegidos* y los *fines perseguidos* es racional y apropiada, dado el propósito político enunciado[12]. Este modo de escrutinio es bastante afín a lo que los estadounidenses llaman control de "fundamento racional", aunque en el análisis de proporcionalidad la valoración de las motivaciones del gobierno y de la elección de los medios es más exhaustiva. En la

---

11 Ver el capítulo 1, p. 78.
12 Ver ibíd.

mayoría de los sistemas, pocas leyes se invalidan en esta etapa[13].

La segunda etapa –de "necesidad"– involucra los que los estadounidenses conocen como exigencia de "diseño estricto". En el centro del análisis de la necesidad está la prueba de medios menos restrictivos (prueba del medio menos intrusivo), mediante la cual el juez asegura que la medida en cuestión no limita el derecho más de lo que es necesario para que el gobierno logre sus objetivos[14]. Para muchas cortes, incluidas la Corte Suprema canadiense[15] y la Corte de Justicia Europea[16], la etapa de necesidad es el centro del análisis, y la mayoría de las leyes invalidadas por estas cortes no pasaron la prueba prueba del medio menos intrusivo. En la práctica, los jueces no invalidan una medida simplemente porque puedan encontrar una alternativa menos restrictiva[17]. En cambio, la

---

13 Dieter Grimm, "Proportionality in Canadian and German Constitutional Jurisprudence", 57 *U. Toronto L. J.* 383, p. 389 (2007).

14 Ver Ian Ayres y Sydney Foster, "Don't Tell, Don't Ask: Narrow Tailoring after *Grutter* and *Gratz*", 85 *Tex. L. Rev.* 517, p. 520-524 (2007) (quienes sostienen que la prueba prueba del medio menos intrusivo tiene un "significado central" en la exigencia de diseño estricto, critican un enfoque alternativo del diseño estricto en casos de preferencias raciales y piden el retorno a la prueba del medio menos intrusivo).

15 Ver Grimm, supra nota 15, p. 384.

16 Jürgen Schwarze, *European Administrative Law*, p. 857 (2006).

17 Ver, p. ej., *RJR-MacDonald Inc. v. Canadá (Att'y Gen.)*, [1995] 3 S.C.R. 199, 342 (Can.) ("El proceso de diseño rara vez admite la perfección y las cortes deben conceder cierta libertad de

mayoría de las cortes, explícita o implícitamente, insisten en que los diseñadores de políticas tienen el deber de considerar razonablemente las alternativas disponibles y abstenerse de elegir la más restrictiva de ellas. La mayoría de las cortes rara vez anulan una ley sin compararla con una lista de alternativas razonablemente disponibles.

La tercera etapa –la proporcionalidad *stricto sensu*– es también conocida como "proporcionalidad en el sentido estricto"[18]. En la etapa de ponderación, el juez sopesa, a la luz de los hechos, los beneficios del acto (que ya encontró que se había diseñado estrictamente) y los costos ocasionados por la infracción del derecho, para decidir cuál parte prevalecerá. La mayoría de los jueces que usan el análisis de proporcionalidad no caracterizarían la ponderación en esos términos toscos y utilitarios[19]. En cambio, subrayarían que la etapa de ponderación les permite "completar" el análisis, para

---

acción al legislador. Si la ley pertenece a la gama de alternativas razonables, las cortes no encontrarán que es excesiva simplemente porque puedan imaginar una alternativa mejor diseñada para limitar la restricción"); *Canadá (Att'y Gen.) v. JTI-Macdonald Corp.*, [2007] 2 S.C.R. 610, 631 (Can.) (donde se expone un argumento similar).

18 Robert Alexy, "Constitutional Rights, Balancing, and Rationality", 16 *Ratio Juris* 131, p. 135 (2003).

19 Siguiendo la práctica alemana, el análisis de proporcionalidad no es una jurisprudencia de intereses sino de "principios" y "valores" constitucionales. Robert Alexy, *A Theory of Constitutional Rights*, pp. 86-93 (Julian Rivers trad., 2002); Donald P. Kommers, *The Constitutional Jurisprudence of the Federal Republic of Germany*, pp. 45-48 (1997).

asegurar que no se ha pasado por alto ningún factor que sea importante para cualquiera de las partes. En contraste con las prácticas de las altas cortes de Canadá y de la Unión Europea, por ejemplo, la Corte Constitucional Federal alemana y la Corte Suprema israelí tienden a pasar más sistemáticamente a la etapa final de ponderación, en especial cuando enfrentan "casos difíciles" controversiales[20]. Una corte que declara inconstitucional una ley en la etapa tercera del análisis de proporcionalidad normalmente utilizará las dos primeras etapas para presentar sus respetos a la importancia de los propósitos perseguidos por el gobierno y a la calidad de las deliberaciones del gobierno sobre la proporcionalidad de la ley[21].

Antes de pasar a una discusión más matizada de la proporcionalidad dentro del análisis de proporcionalidad y del escrutinio estricto merecen subrayarse dos puntos comparativos esenciales. Primero, en Estados Unidos, los adversarios de la ponderación judicial han fundamentado sus argumentos en la visión de que ella es necesariamente *ad hoc*, abierta y carente de principios desde el punto de vista de la protección de

---

20 Ver Grimm, supra nota 15, pp. 393-395, y el capítulo 1, pp. 136-138.

21 Ver, p. ej., HCJ 2056/04 *Beit Sourik Village Council v. Gov't of Isr.* 58(5) IsrSC 807 [2004], traducido en *Isr. L. Rep.* 264 (2004) (que invalidó la ruta propuesta de la barrera de seguridad de Israel por ser desproporcionada en el sentido estricto después de encontrar que satisfacía los dos primeros estándares de proporcionalidad).

los derechos[22]. La conclusión, presentada a menudo
como un supuesto fácil, es que la ponderación judicial es un ejercicio intrínsecamente indisciplinado
de elaboración desenfrenada de leyes que priva a
los derechos de su estatus normativo *a priori*, por
ejemplo, como "victorias" o como "escudos" contra la
acción del gobierno[23]. Esta caracterización no se ajusta
fácilmente al análisis de proporcionalidad. El análisis
de proporcionalidad es un marco de argumentación
altamente formalizado, cuya función básica es organizar la valoración sistemática de las justificaciones
de las medidas del gobierno que supuestamente
limitan el ejercicio de un derecho. El gobierno debe
explicar dichos actos, los cuales son sometidos por el
análisis de proporcionalidad al estándar más alto de
escrutinio judicial. Con ello, el análisis de proporcionalidad aumenta la transparencia de la aplicación de
los derechos, nada menos que haciendo explícitas las
justificaciones para limitar los derechos que la Corte ha
aceptado o rechazado y precisamente en qué etapa del
análisis. Segundo, como estructura doctrinal formal,
el análisis de proporcionalidad es en apariencia no
menos intrusivo, "estricto" y priorizador de derechos
que el escrutinio estricto estadounidense. En Estados
Unidos, sin embargo, el escrutinio estricto solo se

---

22 Ver Aleinikoff, supra nota 1, pp. 984-995.
23 Ver, p. ej., Ronald Dworkin, "Rights as Trumps", en *Theories
    of Rights*, pp. 153-167 (Jeremy Waldron, ed., 1984) (donse se
    examinan situaciones en las que los derechos individuales
    pueden triunfar sobre los objetivos públicos).

aplica a un pequeño número de derechos, mientras que el análisis de proporcionalidad es aplicable a casi todas las pretensiones de derechos.

A. *La Ponderación*

En las nociones clásicas de la división de poderes, la responsabilidad de ponderar los variados y multidimensionales costos y beneficios sociales de cualquier conjunto de opciones de política pública corresponde a la autoridad legislativa. El análisis de proporcionalidad no cuestiona esa concepción. En cambio, somete a supervisión judicial la ponderación inherente al diseño de políticas. El análisis de proporcionalidad está entonces involucrado directamente en el ejercicio del poder legislativo. Es cierto que el análisis de proporcionalidad forja importantes conexiones causales entre la ponderación judicial y el ejercicio de la autoridad legislativa, y entre la creación de leyes y la evolución de la jurisprudencia sobre los derechos fundamentales. Además, el análisis de proporcionalidad incluye un marco de ponderación de varias etapas, es decir, la ponderación judicial no se limita a la etapa final de proporcionalidad en el sentido estricto, sino que tiene lugar dentro de cada una de las pruebas. Y las pruebas están ordenadas en una secuencia de rigor creciente, de modo que las cortes no pueden intervenir en el proceso legislativo más de lo que es necesario para defender los derechos. Si una medida no sobrevive a la indagación de la concordancia entre medios y fines, la Corte no necesita pasar a una forma de análisis de ponderación más minuciosa. Consideremos de nuevo el caso paradigmático, en el que un derecho (x) entra en conflicto con los medios utilizados por una medida dada para lograr un propósito declarado del gobierno (y). De acuerdo con el análisis de proporcionalidad, la corte debe sopesar el perjuicio (al valor x) y la contribución (al valor y) de una decisión política, pero lo hace de tres maneras diferentes. En las dos primeras etapas, la corte examina el nexo medios-fines, evaluando la forma en que los legisladores ponderaron los costos y los beneficios La prueba de idoneidad normalmente captará aquellas leyes en las que la falta de congruencia entre medios y fines es más aguda: leyes irracionales o excesivamente generales que imponen un costo en términos de derechos y logran poco o nada. La segunda prueba, el análisis de la necesidad, permite que los jueces investiguen con mucho mayor detalle las intenciones de los legisladores, entre otras cosas para develar malas motivaciones[24]. Si la Corte encuentra que los legisladores tenían alternativas menos restrictivas, invalida la ley como un ejercicio desproporcionado de la autoridad legislativa. Por tanto, la Corte solo pasa a la ponderación en sentido estricto después de que la medida ha sobrevivido al escrutinio de la forma en que el legislador *ya* ponderó los valores contrapuestos. Para que el gobierno prevalezca en la

---

24 Ver Jed Rubenfeld, "Affirmative Action", 107 *Yale L. J.* 427, 436-437 (1997).

etapa final del análisis de proporcionalidad, la Corte debe estar de acuerdo en que la medida sub examine genera suficientes beneficios añadidos (al valor y) para justificar el perjuicio (al valor x).

Los jueces que interpretan los derechos en términos absolutos o que prefieren construir jerarquías fijas de valores constitucionales, o que buscan excluir la ponderación de su repertorio por otras razones, no utilizarán el análisis de proporcionalidad. En cambio, la mayoría de los jueces que utilizan el análisis de proporcionalidad suponen que no se puede evitar la ponderación en la aplicación de los derechos. Los sistemas modernos de protección de derechos delegan en los jueces constitucionales enorme autoridad para legislar, normalmente bajo arreglos institucionales que caracterizamos como "supremacía judicial estructural"[25]. La supremacía judicial es, de hecho, un impuesto que un sistema político paga por mantener un sistema de justicia constitucional moderno. En dicho sistemas, los jueces no usan el análisis de proporcionalidad para disfrazar la ponderación camuflar la elaboración de leyes sino para racionalizarlos dentro de los

---

25 Ver el capítulo 1, p. 33 ("El constitucionalismo moderno se caracteriza por la supremacía judicial estructural, en la que los constituyentes transfieren, en efecto, un conjunto significativo de 'derechos políticos de propiedad' a los jueces, con una duración indefinida"); ver también ibíd., pp. 88-99 (donde se examina el concepto de supremacía judicial estructural con respecto al balanceo).

límites protectores de un procedimiento estable que consideran intrínsecamente *judicial*.

B. *Proporcionalidad y poder judicial*

En el capítulo anterior presentamos una teoría que explica por qué las cortes constitucionales y supremas pueden considerar atractivo el marco de proporcionalidad. Nuestra explicación combina factores estratégicos (políticos), jurídicos (regidos por normas) y lógicos, teorizados de una manera particular[26]. En esencia, argumentamos que los jueces siente atracción por el análisis de proporcionalidad porque: (a) "se adapta" muy bien a la estructura de derechos cualificados; (b) da prioridad a la protección de derechos al tiempo que da a los jueces la flexibilidad para encuadrar estrictamente los resultados a contextos políticos altamente conflictivos y (c) proporciona un marco estable y defendible para la argumentación y la justificación, que los jueces pueden emplear para reducir la incertidumbre y mejorar la congruencia y la predictibilidad[27]. Luego recorrimos el camino de la difusión global del análisis de proporcionalidad hasta las cortes constitucionales y supremas más poderosas del mundo. Como demostramos, estas cortes adoptaron el análisis de proporcionalidad para tratar los casos políticamente más sobresalientes y

---

26 Ibíd., pp. 83-100.
27 Ibíd., pp. 83-100.

controversiales que podían llegar a enfrentar. En cada sistema examinado, también encontramos que el paso al análisis de proporcionalidad sirvió para mejorar el estatus de los derechos y el papel de la rama judicial en los procesos legislativos y en el proceso general de desarrollo constitucional. La institucionalización del marco pone a los actores no judiciales bajo la sombra más profunda de la aplicación de los derechos. En consecuencia, los diseñadores de políticas tienen cada vez más cuidado para construir registros sobre la proporcionalidad de su propia toma de decisiones, a sabiendas de que sus decisiones estarán sujetas al control de las cortes conforme al análisis de proporcionalidad. Además, todos los actores relevantes del sistema, incluidos los futuros litigantes y sus abogados, los funcionarios del gobierno y los estudiosos del derecho empiezan gradualmente a pensar en sus funciones en términos de proporcionalidad, consolidando aún más el papel esencial del análisis de proporcionalidad.

El control de proporcionalidad pone necesariamente al descubierto el papel legislativo de los jueces y suscita los dilemas clásicos de legitimidad asociados a dicho papel[28]. Al mismo tiempo, el análisis de proporcionalidad proporciona diversos medios para enfrentar estos dilemas, lo que explica en parte su popularidad. Aquí resaltamos cuatro ventajas estratégicas que el

---

28 Ibíd., pp. 83-100.

análisis de proporcionalidad ofrece a la ponderación y a los jueces protectores de derechos.

Primera, la adopción del marco de proporcionalidad constituye una respuesta procedimental efectiva a un problema sustantivo inmanejable. Los derechos constitucionales son notablemente imprecisos, abiertos e incompletos de otras importantes maneras, y estas características se acentúan cuando las disposiciones están cualificadas por cláusulas de limitaciones. Aunque el giro a la ponderación es, sin duda, una respuesta adecuada a la falta de plenitud, solo puede reforzar la percepción de que la aplicación de derechos es un resultado indeterminado. No obstante, los jueces pueden dar una apariencia de determinación a la ponderación sometiéndolo a algún procedimiento fijo, el más formalizado y bien probado de los cuales es el análisis de proporcionalidad. Igualmente importante, el análisis de proporcionalidad da a los jueces la posibilidad de construir una coherencia trans-sustantiva, puesto que se puede aplicar en general, prácticamente a todas las disputas que involucran derechos.

Segunda, el análisis de proporcionalidad da un lustre de neutralidad político-ideológica a una corte, considerando el tiempo y las circunstancias. En cualquier disputa, una parte –o un valor constitucional– prevalecerá finalmente sobre la otra, pero solo con respecto a un contexto específico o a un conjunto de hechos. En el marco del análisis de proporcionalidad, lo que varía entre un caso y otro no es la ley sino los hechos o el contexto de la toma de decisiones. En un caso futuro que involucre un conflicto entre dos mismos valores, la otra parte bien puede prevalecer si las circunstancias llevan a que el juez pondere de manera diferente los valores en tensión. El análisis de proporcionalidad maximiza la flexibilidad de la Corte *vis à vis* todos los potenciales litigantes en casos *futuros,* y da a la Corte un marco estructurado para rendir igual respeto y honor a cada valor constitucional por sí mismo, y en competencia con algún otro, antes de declarar un ganador.

Tercera, el análisis de proporcionalidad está diseñado específicamente para reducir el daño a la parte perdedora tanto como sea posible. El punto, formalizado por Robert Alexy, se deriva de la concepción según la cual (a) los derechos, y los valores constitucionales que se deben sopesar frente a los derechos, son "principios jurídicos", que difieren de las "normas jurídicas"; y (b) un conflicto entre dos principios exige que ambos sean "optimizados" por medio de la ponderación. Sin importar cómo se conceptualicen los derechos, el análisis de la necesidad exige un diseño estricto, el cual permite que el juez acceda a la lógica legitimadora de la optimalidad de Pareto[29]. De acuerdo con el análisis de proporcionalidad, una medida del gobierno que restringe un derecho más que de lo que es necesario para lograr un propósito legítimo del Estado nunca puede ser justificada, puesto que el demandante del derecho

---

29 Alexy, supra nota 21, pp. 40-110.

puede estar mejor sin ningún costo adicional para el valor que invoca el gobierno.

En la práctica podemos esperar que el análisis de proporcionalidad limite la legislación judicial de maneras que se pueden detectar empíricamente, en la medida en que los jueces evalúen realmente la proporcionalidad de las medidas del gobierno con competencia y de buena fe. Como ya se mencionó, una corte rara vez invalidará una ley en la etapa de necesidad, salvo que pueda demostrar que la ley infringe el derecho más que una gama de "alternativas razonablemente disponibles" explícitamente identificadas. En nuestra opinión, los jueces obtienen un importante recurso estratégico cuando tratan esta práctica (defensiva) como un deber constitucional *de facto*. De modo similar, en la etapa de ponderación *stricto sensu*, muchos jueces asumen la obligación –la llamaríamos el deber constitucional– de ser tan precisos como sea posible acerca de cómo ponderan la contribución de un acto de gobierno al valor *y* (el propósito legislativo del gobierno) frente al perjuicio de esa medida para el valor *x* (el derecho reclamado).

Cuarta, la adopción del análisis de proporcionalidad es un medio para que las cortes que intentan asegurar su *bona fides* en el campo de la protección de derechos refuercen su credibilidad. El reconocimiento del análisis de proporcionalidad como el "estándar de mejor práctica" del derecho constitucional global es el resultado de un proceso de difusión y de legitimación que está en curso a escala global. Este proceso tiene todas las características de lo que los institucionalistas sociológicos llaman "isomorfismo institucional", por cuanto la difusión del análisis de proporcionalidad ha quedado sometida a la lógica de la mimesis y de los rendimientos crecientes (efectos de arrastre)[30]. Enfrentados a problemas similares, los jueces copian lo que consideran un estándar emergente de alto prestigio y con ello aseguran el resultado. Para las nuevas cortes constitucionales –o para las antiguas cortes encargadas de proteger una nueva carta de derechos– la adopción del análisis de proporcionalidad es un paso de bajo costo, en comparación con los costos de desarrollar una alternativa propia no probada. Por último, el análisis de proporcionalidad es una estructura doctrinal simple pero integral, lo que facilita la difusión. Los abogados, los estudiantes de derecho y los jueces pueden aprender rápidamente los elementos básicos y emplear el marco con facilidad, lo cual beneficia obviamente a los jueces constitucionales.

Los opositores acérrimos del análisis de proporcionalidad bien pueden aceptar estos puntos aunque mantengan sus objeciones. Aunque las críticas varían en sutileza y sofisticación, muchas comparten la hostilidad hacia la ponderación judicial *per se* y

---

30 El tratamiento clásico es el de Paul J. DiMaggio y Walter W. Powell, "The Iron Cage Revisited: Institutional Isomorphism and Collective Rationality in Organizational Fields", en *The New Institutionalism in Organizational Analysis* 63, pp. 67-69 (Walter W. Powell and Paul J. DiMaggio, eds., 1991).

la sospecha de legislación y supremacía judiciales[31]. Consideremos la siguiente declaración provocativa, con la cual concordamos: "Si preguntamos ¿qué tiene una persona en virtud de un derecho?[32], la respuesta, de acuerdo con el análisis de proporcionalidad, es que un derecho da al portador de ese derecho la garantía de que su pretensión será evaluada en el marco de la proporcionalidad, y nada más".

Muchos de quienes creen que los derechos reflejan (o positivizan como derecho constitucional) principios morales[33], o que constituyen escudos (contra la acción del gobierno)[34], o que los derechos tienen una calidad categórica, como las reglas (en vez de ser "principios"

---

31 Ver, p. ej., Stavros Tsakyrakis, "Proportionality: An Assault on Human Rights?", 7 *International J. Const. L.* 468 (2009) y Grégoire C. N. Webber, "Proportionality, Balancing, and the Cult of Constitutional Rights Scholarship", 23 *Can. J. L. & Jurisprudence* 179 (2010).

32 Ver Mattias Kumm, "Political Liberalism and the Structure of Rights: On the Place and Limits of the Proportionality Requirement", en *Law, Rights and Discourse: Themes from the Legal Philosophy of Robert Alexy* (George Pavlakos, ed., 2007). La respuesta a la pregunta de Kumm es nuestra, y no necesariamente similar a la de Kumm.

33 Ver, p. ej., Ronald Dworkin, *Taking Rights Seriously*, pp. 184-205 (1977) (quien argumenta que los aspectos morales de los derechos hacen inapropiado a la ponderación, salvo en situaciones de emergencia); Kai Möller, "Balancing and the Structure of Constitutional Rights", 5 *International J. Const. L.* 453, pp. 458-461 (2007) (donde se argumenta que los derechos constitucionales deben ser descritos desde el punto de vista de la moral sustantiva).

34 Ver, p. ej., Frederick Schauer, "A Comment on the Structure

que se deben optimizar)[35], también compartirán la creencia en que se puede lograr una manera de proteger los derechos más basada en principios. Dudamos que los jueces puedan o deban prescindir de la ponderación cuando decidan casos de derechos, por las razones que exponemos a lo largo de este capítulo, pero no negamos que la ponderación puede exigir que se replanteen algunos supuestos profundamente arraigados acerca de la naturaleza de los derechos y de su aplicación.

Es claro que, con respecto a la división de poderes, el análisis de proporcionalidad no es un procedimiento analítico neutral. En comparación con las alternativas, el análisis de proporcionalidad es un estándar de control judicial altamente intrusivo. Dondequiera que se ha adoptado, el análisis de proporcionalidad sustituyó estándares más deferentes. (Los jueces pueden incorporar una deferencia *de facto* en el análisis de proporcionalidad de manera *ad hoc*, pero la deferencia también es un resultado del análisis y, por tanto, un

---

of Rights", 27 *Ga. L. Rev.* 415, p. 429 (1993) (quien describe los derechos constitucionales de Estados Unidos como "escudos").

35 Ver, p. ej., Jed Rubenfeld, "The First Amendment's Purpose", 53 *Stan. L. Rev.* 767 (2001) (quien argumenta que la estructura tipo reglas de la Primera Enmienda exige averiguar el propósito del gobierno y prohíbe la ponderación); Antonin Scalia, "The Rule of Law as a Law of Rules", 56 *U. Chi. L. Rev.* 1175, pp. 1179-1180 (1989) (quien argumenta que los derechos como reglas limitan la discreción de la ponderación de los jueces y los obliga a la abstención judicial). La literatura más general se revisa en Blocher, supra nota 4.

producto de la toma de decisiones judiciales.) Quienes, como Jeremy Waldron, han adoptado la visión de que la aplicación de los derechos no añade nada de valor a la calidad de las deliberaciones políticas, y quienes creen que los principios democráticos son violados por aquellos sistemas donde las cortes tienen "la última palabra", deben atacar el análisis de proporcionalidad con el pretexto de que es intrínsecamente antidemocrático[36]. Es obvio que el análisis de proporcionalidad sitúa a los jueces constitucionales como legisladores poderosos y que, en condiciones de supremacía estructural, los jueces a menudo predominarán en los procesos legislativos y en la evolución del derecho constitucional. Consideramos que tales resultados son costos que cualquier sistema político debe pagar inevitablemente si desea mantener un sistema efectivo de justicia constitucional. Si el sistema político no desea pagar dichos costos, no debería incluir en su derecho constitucional una carta de derechos que deba ser protegida por un cuerpo judicial cuyas decisiones están amparadas efectivamente contra una reversión.

En contraste con las opiniones de los defensores más fervientes del análisis de proporcionalidad[37], negamos

---

36 Ver Jeremy Waldron, "Some Models of Dialogue between Judges and Legislators", 23 *The Supreme Court Law Review* 7 (Grant Huscroft e Ian Brodie, eds., 2d Ser., 2004); Jeremy Waldron, "The Core of the Case against Judicial Review", 115 *Yale L. J.* 1346 (2006).

37 Ver, p. ej., David M. Beatty, *The Ultimate Rule of Law*, pp. 159-176 (2004).

la pretensión de que el análisis de proporcionalidad da una respuesta única y correcta a preguntas legales complejas que involucran la interpretación y la aplicación de derechos. Como ya dijimos, el análisis de proporcionalidad es un procedimiento analítico, un marco para evaluar las justificaciones de la política del gobierno que supuestamente infringen derechos. El análisis de proporcionalidad no dice a los jueces qué peso dar a los valores constitucionales que están en tensión. Cuando se usa correctamente, el análisis de proporcionalidad a lo sumo guía o limita la ponderación de los jueces una vez consideran que deben sopesar los valores contrapuestos. En otras palabras, la ponderación siempre exigirá algunas nociones o teorías básicas sobre la naturaleza y el alcance de los derechos, la función adecuada del Estado en la sociedad, la economía o la vida privada, etc. El análisis de proporcionalidad no suministra estas ideas básicas. Además, está lejos de ser claro que una corte pueda probar realmente la "necesidad" de una medida del gobierno con precisión, y mucho menos determinar qué opciones de política se sitúan a lo largo de una supuesta "frontera de Pareto". Estos son ejemplos específicos del problema genérico y potencialmente irresoluble de la ponderación. La ponderación suele involucrar sopesar de dos bienes formalmente inconmensurables en cuanto los valores respectivos no se pueden medir con la misma escala o la misma métrica.

En nuestra opinión, estos son puntos válidos, aunque de ellos se pueden sacar conclusiones diferentes. Un opositor del análisis de proporcionalidad bien puede concluir que, en el mejor de los casos, el análisis de proporcionalidad es poco más que una ventana doctrinal que disfraza con otro nombre lo que es de hecho elaboración genérica de leyes. A partir de los mismos hechos, nosotros concluimos únicamente que la aplicación de derechos nunca se puede disociar de la elaboración de leyes, que regularmente involucra casos difíciles; que no existe una alternativa estable y convincente a la ponderación, y que el análisis de proporcionalidad proporciona la estructura de ponderación más defendible con la que hoy contamos. Intentamos defender los dos últimos puntos en el resto del capítulo.

C. Escrutinio estricto

Dada la importancia del escrutinio estricto para la protección de derechos en Estados Unidos, se podría suponer que los lectores estadounidenses no necesitan una introducción. Pero hasta hace poco no había mucha investigación sistemática sobre los orígenes, la evolución o la ley y la política de la doctrina[38]. Desde 2005, han aparecido algunos trabajos importantes sobre el tema, incluidos los artículos de Richard Fa-

---

38 No pretendemos restar importancia a la investigación sobre el uso (y el cambio de uso) que da la corte al escrutinio estricto en casos o áreas específicos del derecho, sobre lo cual hay decenas de artículos importantes.

llon[39], Stephen Siegel[40], G. Edward White[41] y Adam Winkler[42]. En este capítulo, buscamos contribuir a esta literatura así como a la agenda de investigación *comparativa* que está emergiendo rápidamente[43].

Aunque a lo largo del capítulo (más directamente en la Parte III) comparamos el análisis de proporcionalidad y el escrutinio estricto, queremos subrayar por anticipado cuatro puntos generales del análisis siguiente. Primero, como ya señalamos, el análisis de proporcionalidad se traslapa con el escrutinio estricto en algunos aspectos esenciales. Además de compartir los elementos constitutivos, en la forma de pruebas, ambos marcos desplazaron doctrinas que eran mu-

---

39 Ver Fallon, supra nota 3.

40 Ver Stephen A. Siegel, "The Origin of the Compelling State Interest Test and Strict Scrutiny", 48 *Am. J. Legal Hist.* 355, pp. 359-360 (2006).

41 G. Edward White, "Historicizing Judicial Scrutiny", 57 *S.C. L. Rev.* 1 (2005).

42 Adam Winkler, "Fatal in Theory and Strict in Fact: An Empirical Analysis of Strict Scrutiny in the Federal Courts", 59 *Vand. L. Rev.* 793 (2006).

43 Sobre la agenda comparativa, ver Beatty, supra nota 39; Cohen-Eliya y Porat, supra nota 4; Stephen Gardbaum, "Limiting Constitutional Rights", 54 ucla *L. Rev.* 789 (2007); Mattias Kumm, "Constitutional Rights as Principles: On the Structure and Domain of Constitutional Justice", 2 *International J. Const. L.* 574 (2004) (donde se hace una revisión de Alexy, supra nota 21). En 2010, la revista *Law and Ethics of Human Rights*, editada por Iddo Porat y Moshe Cohen-Eliya, entre otros, dedicó dos espacios de un simposio al tema de "Derechos, Ponderación y Proporcionalidad"; ver Symposium, *Rights, Balancing, and Proportionality*, 4 *Law & Ethics Hum. Rts.* 1 (2010).

cho más deferentes con el poder legislativo y con la autoridad gubernamental. En Estados Unidos, lo que hace el escrutinio "estricto" es negar la presunción *normal* según la cual la legislación se considerará constitucionalmente válida a menos que incumpla las exigencias de racionalidad básicas. Cuando la Corte Suprema decide proteger un derecho se acuerdo con el escrutinio estricto, se materializa plenamente la supremacía *de facto* de la Corte dentro de los procesos legislativos.

Segundo, la Corte Suprema desarrolló el escrutinio estricto para tratar un conjunto de problemas estratégicos específicos[44]. Fallon describe el estándar como "una fórmula elaborada judicialmente para implementar hacer cumplir valores constitucionales", específicamente, aquellos derechos que decide que deben ser "preferidos" o más "fundamentales"[45]. Pero también insiste en que la Corte necesita algo semejante al escrutinio estricto "para imponer disciplina,

---

44 Fallon lo dice así:

En los años sesenta, la Corte Warren estaba ansiosa por establecer y consolidar una estructura doctrinal fuertemente diferenciada y preferida de los derechos constitucionales ordinarios. Cuando la revisión del fundamento racional se estableció como norma en los casos comunes y corrientes, esta estrategia exigió el desarrollo de una prueba de cumplimiento o pruebas de protección de los derechos preferidos. El escrutinio judicial estricto [...] proporcionó un modelo atractivo.

Fallon, supra nota 3, p. 1335.

45 Ibíd., p. 1268.

o al menos la apariencia de disciplina, en la toma de decisiones judiciales y para evitar la acusación de crítico *a posteriori Lochneresco* de las decisiones legislativas o de 'ponderación' judicial laxo"[46]. Como argumentamos a lo largo de esta sección, el análisis de proporcionalidad también da a las cortes protectoras de derechos un medio para racionalizar y disciplinar el control judicial, y la ponderación en particular. Es también cierto que la Corte a veces intenta hacer invisible la ponderación, en especial cuando trata un derecho como algo casi absoluto.

Tercero, el escrutinio estricto incluye en sí mismo el espacio para la ponderación –de hecho, el escrutinio estricto comenzó como una estructura para la ponderación– y la Corte nunca ha podido desterrar la ponderación del escrutinio estricto[47]. Como describimos con más detalle en la Parte siguiente, la

---

46 Ibíd., p. 1270.

47 Ver Siegel, supra nota 42, pp. 394-397. Siegel muestra que el escrutinio estricto, en su forma original, no fue diseñado para ayudar a "detectar" motivaciones ilícitas; ibíd., 394 (se omiten las comillas internas). La fórmula fue, más bien, un refinamiento del enfoque de la ponderación de intereses que se observó durante mucho tiempo en los casos de la Primera Enmienda; ver ibíd. ("Cuando la Corte introdujo el diseño estricto y el estándar de interés urgente del Estado en el análisis de la Primera Enmienda, lo hizo como parte de su enfoque de la 'justificación ponderación/costo beneficio' de las consultas sobre la Primera Enmienda"). Solo más tarde, una vez migró al contexto de igual protección, el escrutinio estricto se empleó como herramienta para detectar motivaciones ilegítimas; ibíd., pp. 394-397.

fórmula moderna del escrutinio estricto se consolidó en algunos casos relacionados con la Primera Enmienda, donde constituía un enfoque actualizado que favorecía más los derechos y era más riguroso del que la Corte había utilizado durante mucho tiempo. Como señala Stephen Siegel, los Magistrados Black y Douglas –quienes consideraban absolutos los derechos– hicieron aclaración de voto en las primeras decisiones sobre la Primera Enmienda que aplicaron el escrutinio estricto, en vez de unirse a la decisión conjunta de la Corte, para no respaldar el enfoque de la ponderación de los derechos[48]. De hecho, la estructura a veces se emplea abiertamente como una "prueba de ponderación consideradas todas las cosas"[49]. Pero, en general, el alcance de la ponderación en el marco del escrutinio estricto se redujo fuertemente a finales de los años sesenta, debido a que el marco fue acogido por una mayoría defensora de los derechos civiles que estaba en ascenso en la Corte Suprema y a su migración a la jurisprudencia de igual protección, donde normalmente se empleó para un fin diferente: descubrir motivaciones ilegítimas[50].

El cuarto punto se deriva del tercero. Permitir el análisis de proporcionalidad en dominios donde la revisión escalonada hoy ocupa el campo no es, como sostendrían algunos críticos, algo carente de

---

48 Ibíd., pp. 394-395.
49 Fallon, supra nota 3, p. 1306.
50 Ver infra, el texto que acompaña a las notas 179-181.

principios o no autorizado por los precedentes. Por el contrario, la restauración de la ponderación es fiel a los precedentes fundacionales del escrutinio estricto y recupera un aspecto de nuestra práctica constitucional que se ha obscurecido. Este punto se desarrolla en las Partes II y IV.

II. LOS ORÍGENES DE LA PROPORCIONALIDAD EN LA REVISIÓN ESTADOUNIDENSE DE LOS DERECHOS

Con base en esos dos puntos finales, esta Parte busca recuperar la historia olvidada de la proporcionalidad, o quizá de la "proto-proporcionalidad", en las doctrinas estadounidenses de los derechos[51]. No nos proponemos exponer una historia exhaustiva o

---

51 En un espíritu similar, Thomas Sullivan y Richard Frase identifican lugares de la doctrina constitucional estadounidense, y de otras áreas, donde funciona alguna forma de principio de proporcionalidad; ver E. Tomás Sullivan y Richard S. Frase, *Proportionality Principles in American Law*, pp. 53-168 (2009). Esta tarea es importante, pero diferente de la nuestra. Sullivan y Frase adoptan una visión más amplia de la proporcionalidad que la nuestra e identifican numerosas áreas del derecho donde observan algún tipo de ejercicio de la ponderación de intereses; ver ibíd., pp. 6-7. Nosotros nos centramos específicamente en las estructuras doctrinales que anticipan el marco moderno del análisis de proporcionalidad de varios niveles, donde el escrutinio judicial se realiza mediante una secuencia prescrita de etapas que culmina en la prueba medios-fines y en la ponderación *stricto sensu*. Como mostramos más adelante, esta misma secuencia de etapas aparece más de una vez en diferentes áreas de la doctrina constitucional.

definitiva, sino hacer un recorrido selectivo y veloz, concentrándonos en aquellos lugares que tienen interés particular desde una perspectiva comparada de la aplicación de los derechos. No consideramos únicamente la consolidación del marco del escrutinio estricto en las décadas de 1950 y 1960, sino que también hacemos un esbozo del desarrollo de la doctrina sobre la Cláusula del Comercio latente a finales del siglo XIX. En ambos casos, encontramos estructuras doctrinales que tienen notables semejanzas, formales y funcionales, con la proporcionalidad[52].

La imagen que surge está en fuerte contraste con la visión de quienes pretenden que existe una incompatibilidad fundamental entre la proporcionalidad y el constitucionalismo estadounidense[53]. Por el contrario, las estructuras doctrinales que se acercan a la proporcionalidad son una característica recurrente de nuestra práctica constitucional, y cuyo origen se remonta a hace más de un siglo. Dada la importancia de la continuidad doctrinal en el derecho estadounidense, la exposición de esta historia traslada sutilmente la carga de la justificación: el paso al rechazo de un marco de ponderación basado en la proporcionalidad exige una explicación, al menos tanto como el paso que se dio para acogerlo.

---

52 Ver infra Parte III.A (donde se destacan las semejanzas entre la revisión del fundamento racional de mediados de siglo y la proporcionalidad).

53 Ver, p. ej., *District of Columbia v. Heller*, 128 S. Ct. 2783, 2821 (2008).

A. *La cláusula del comercio latente*

Los primeros casos de la Cláusula de Comercio latente merecen nuestra atención por numerosas razones. Fue en este dominio donde la prueba prueba del medio menos intrusivo apareció por vez primera como una característica estable del derecho constitucional estadounidense, junto con el estándar de "carga indebida"[54]. En segundo lugar, cuando afirmó la autoridad judicial para revisar la necesidad de los "actos de policía" del Estado, la Corte tuvo que superar la visión, profundamente arraigada entre muchos jueces de los niveles estatal y federal, de que la evaluación de la necesidad de la política pública era una función legislativa y no una función judicial. En tercer lugar, la jurisprudencia de la Corte sobre la

---

54 Guy Miller Struve sostiene que los "orígenes del principio" se remontan al menos a *Lawton v. Steele*, 152 U.S. 133 (1894). Guy Miller Struve, "The Less-Restrictive-Alternative Principle and Economic Due Process", 80 *Harv. L. Rev.* 1463, p. 1464 n. 4 (1967). De hecho, *Lawton* absorbe la prueba del medio menos intrusivo de casos anteriores sobre la Cláusula de Comercio latente.

Los primeros atisbos de la prueba del medio menos intrusivo aparecen aun más temprano. En el caso *Anderson v. Dunn* de 1821, donde se demandó un acto de ejercicio de la facultad de desacato del Congreso, la Corte determinó que el Congreso solo podía utilizar "el menor poder posible adecuado para el fin propuesto". 19 U.S. (6 Wheat.) 204, pp. 230-231 (1821). Pero pasaron varias décadas antes de que esta prueba fuera utilizada sistemáticamente en un área doctrinal importante, como mostramos en el cuerpo del texto.

Cláusula de Comercio latente fue parte integral de un
movimiento más amplio para dar rigurosa protección
constitucional a la libertad de contratos y a los derechos de propiedad. La Corte se alejó de esta posición
después del New Deal, por supuesto, pero no en la
esfera regida por la Cláusula de Comercio latente. Por
último, en términos comparativos, la doctrina de la
Corte en esta área es todo menos indistinguible del
análisis de proporcionalidad. Exploramos cada uno
de estos puntos en su debido momento.

Desde que el Presidente de la Corte Marshall emitió
su concepto sobre el caso *Willson v. Black Bird Creek
Marsh Co.* de 1829, la interpretación de la Corte Suprema es que la Cláusula de Comercio[55] autoriza a
los Estados a "reglamentar el comercio en su estado
latente"[56]. Los Estados de la Unión poseen el presun-
to "derecho" a usar sus facultades de policía para
reglamentar la actividad del mercado, en ausencia
de prelación federal, aunque bajo supervisión de las
cortes federales. Antes de la Guerra Civil, la Corte
Suprema de Estados Unidos enfrentó pocos casos
importantes en esa área, y no estableció una doctrina
duradera que sea relevante aquí[57]. Entre 1875 y 1902,

---

55 "El Congreso tendrá facultad [...] para reglamentar el comercio
con las naciones extranjeras, entre los diferentes Estados y con
las tribus indias". U.S. Const. art. I, § 8, cl. 3.

56 27 U.S. (2 Pet.) 245, 252 (1829).

57 El único caso que aún se cita –ver, p. ej., *United Haulers Ass'n
v. Oneida-Herkimer Solid Waste Mgmt. Auth.*, 550 U.S. 330, 338
(2007)– es *Cooley v. Board of Wardens*, 53 U.S. (12 How.) 299 (1851),

la Corte enfrentó una oleada de litigios entablados por mercaderes y comerciantes que buscaban invalidar reglamentaciones estatales cuyo efecto era prohibir o gravar el comercio interestatal. La Corte enfrentó este desafío elaborando una versión plenamente desarrollada del análisis de proporcionalidad: la Corte empieza con una indagación de la legitimidad y la importancia de los propósitos del Estado, luego evalúa la necesidad de las reglamentaciones mediante el empleo de una prueba del medio menos intrusivo, y abre un lugar para la ponderación en forma de un estándar de carga irrazonable. Durante este periodo, la Corte también derivó, a partir de la Cláusula de Comercio, el derecho individual a comprar y vender bienes a través de las fronteras[58].

La prueba del medio menos intrusivo hizo aparición en la decisión de la Corte Suprema sobre el caso *Lung Chy v. Freeman* de 1875[59]. El caso se refería a la

---

en el cual la Corte considera el fundamento para permitir que los gobiernos locales tomen medidas que afecten el comercio:

Hoy la facultad para reglamentar el comercio abarca un vasto campo que no solo incluye muchos temas, sino también extremamente diversos y de carácter muy diferente; algunos de los cuales exigen imperativamente una regla uniforme única que funcione igualmente en el comercio de Estados Unidos en todos los puertos; y algunos, como el tema hoy en cuestión, y como exige imperativamente esa diversidad, que solo pueden satisfacer las necesidades de la navegación local.

Ibíd., p. 319.

58   Ver, infra, el texto que acompaña a las notas 71-81.

59   92 U.S. 275 (1875).

extorsión de inmigrantes chinos por funcionarios de
California que pretendían que la confiscación de los
contenedores de los buques y de su cargamento –en
este caso de mujeres supuestamente dedicadas a la
prostitución– era necesaria para garantizar el orden
público[60]. Aunque los hechos no son típicos de un
caso sobre la Cláusula de Comercio latente, la Corte
Suprema citaba ritualmente la decisión del Magistrado
Miller en todos los casos de este periodo seminal:

> Se nos ha pedido a causa de esta ley que decidamos en
> pro o en contra del derecho de un Estado, en ausencia
> de una legislación del Congreso, a protegerse medi-
> ante leyes necesarias y apropiadas contra personas
> pobres y criminales extranjeros; no para establecer
> el límite definido de ese derecho [...] Dicho derecho
> solo puede provenir de una necesidad vital para su
> ejercicio, y no se puede extender más allá del alcance
> de esa necesidad [...] La ley de California va más allá
> de lo que es necesario, o incluso apropiado, para este
> propósito, por cuanto carece totalmente de una sólida
> definición del derecho que supuestamente la justifica[61].

Dos años después, en *Railroad Co. v. Husen*, la Corte
enfrentó una prohibición del transporte de ganado de
"Texas, México e Indiana" a Missouri, que se mantenía
durante ocho meses del año[62]. El Estado argumentó

---

60 Ibíd., pp. 278-279.
61 Ibíd., p. 280.
62 95 U.S. 465, 468-469 (1877).

que la medida era necesaria por razones de salud, puesto que ese ganado particular era portador de enfermedades que podían infectar y devastar los hatos ganaderos de Missouri[63]. La Corte invalidó la ley en forma unánime[64]. En su dictamen, el Magistrado Strong señaló que el Estado tenía intereses legítimos en la reglamentación del comercio interestatal por numerosos motivos de política pública, incluidos "el orden doméstico, la moral, la salud, y la seguridad"[65]. Y continuó:

> Hemos sido llevados entonces a preguntar si la ley de Missouri es un ejercicio legal del poder de policía del Estado [...] Se puede [...] admitir que las facultades de policía de un Estado justifican la adopción de medidas de precaución contra males sociales [...] Aunque admitimos resueltamente que un Estado puede aprobar leyes sanitarias y leyes para proteger la vida, la libertad, la salud o la propiedad dentro de sus fronteras; aunque puede impedir que entren al Estado [...] personas y animales que padecen enfermedades contagiosas o infecciosas, o criminales [...] aunque puede establecer cuarentenas y leyes de inspección razonables con el propósito de auto protegerse, no puede interferir el transporte hacia o a través del

---

63 Ibíd., p. 473.
64 Ibíd.
65 Ibíd., pp. 470-471.

Estado, más allá de lo que es absolutamente necesario para su auto protección[66].

En la sentencia, el Magistrado Strong señaló que ni la legislatura de Missouri ni la Corte Suprema de Missouri (la cual respaldó la ley) habían considerado medios menos restrictivos alternativos a la prohibición categórica, como una cuarentena o la inspección de los animales[67]. Cualquier opción habría protegido el interés estatal válido al tiempo que reducía la carga sobre el comercio interestatal. Esto se parece claramente al análisis de proporcionalidad: debido a que Missouri eligió la "destrucción" total del comercio[68] cuando estaban razonablemente disponibles menos opciones intrusivas, la ley no se podía declarar válida.

Lo que aún faltaba en este marco emergente era una concepción de los derechos constitucionales individuales. La Corte primero empezó a llenar este vacío explícitamente en el caso *Minnesota v. Barber* de 1890[69], un litigio contra una ley de Minnesota que prohibía la venta de carne fresca excepto si era inspeccionada –dentro del Estado– mínimo veinticuatro horas antes del sacrificio de los animales[70]. La ley era aparentemente neutral y se aplicaba a todos esos productos independientemente de su origen,

---

66 Ibíd., pp. 470-472.
67 Ibíd., p. 472.
68 Ibíd., p. 470.
69 136 U.S. 313 (1890).
70 Ibíd., p. 318.

lo que según el Estado de Minnesota resguardaba la ley contra la censura[71]. Pero debido a la limitación de tiempo de veinticuatro horas, los mataderos de los Estados aledaños encontraban imposible trasladar su ganado para la inspección, enviarlos de regreso al matadero para el procesamiento y luego enviar la carne a Minnesota para venderla[72]. El caso involucraba entonces medidas de aplicación general que creaban cargas diferenciales, lo que según los demandantes, era discriminación. El Magistrado Harlan, quien escribió en nombre de la Corte, aceptó la pretensión del Estado de que la ley "fue promulgada, de buena fe [...] para proteger la salud de la población de Minnesota", pero luego la invalidó[73]. Harlan se quejó porque la defensa de la ley por parte del Estado

> ignora el *derecho* que tiene la población de otros Estados al comercio entre esos Estados y el Estado de Minnesota. E ignora el *derecho* de la población de Minnesota

---

71 Ibíd., p. 326. La corte rechazó esa afirmación:

> A esto respondemos que una ley podrá ser aplicada por igual a la población de todos los Estados y, sin embargo, ser una reglamentación del comercio interestatal que no puede establecer un Estado. Una carga que un Estado impone al comercio interestatal no se debe sustentar simplemente en que la ley que la impone se aplica por igual a la población de todos los Estados, incluida la población del Estado que promulga dicha ley.

Ibíd.

72 Ibíd., pp. 322.

73 Ibíd., pp. 319, 329-330.

a trasportar a ese Estado, con el propósito de venderla, carne sana y en buen estado desde dondequiera que dicha carne pueda haber llegado a la existencia[74].

Además, la ley no pasó la prueba del medio menos intrusivo, entre otras razones porque no reconocía la eficacia de la inspección y de los procesos de certificación utilizados en los Estados de origen de los mataderos[75]. Aquí encontramos el germen de lo que el derecho internacional de comercio hoy llama principio de reconocimiento mutuo, principio que la Corte de Justicia Europea enunció en su famosa sentencia sobre la libertad de circulación de bienes, *Cassis de Dijon*[76].

---

74 Ibíd., pp. 329 (énfasis añadido).

75 Ibíd., pp. 322 ("Eso no significa –y ciertamente ninguna corte judicial puede asumir con propiedad– que la población de Minnesota no pueda, con la debida atención a su salud, confiar en las inspecciones que se hacen en otros estados de los animales allí sacrificados para propósitos de alimentación humana").

76 Caso 120/78, *Rewe-Zentral AG v. Bundesmonopolverwaltung fur Branntwein* (*Cassis de Dijon*), 1979 E.C.R. 649. La Corte de Justicia Europea habla explícitamente del *derecho* de los individuos a participar en el comercio intra Comunidad Europea, que derivó de la prohibición de las barreras no arancelarias del Artículo 28 del Tratado de la Comunidad Económica Europea. Hay otro paralelo importante entre *Cassis de Dijon* y *Minnesota v. Barber*. En *Cassis de Dijon*, la Corte de Justicia Europea extendió (controversialmente) la revisión de proporcionalidad a las reglamentaciones del mercado nacional que se aplicaran igualmente a los bienes, sin importar su origen. Antes de *Cassis de Dijon*, la Corte de Justicia Europea limitaba la revisión de proporcionalidad a las medidas que reglamentaban directamente el comercio. Ver Miguel Poiares Maduro, *We the*

La Corte Suprema de Estados Unidos también se apoya fuertemente en el principio de reconocimiento mutuo, cuando lleva a cabo su análisis de la necesidad.

A comienzos del siglo xx, la Corte reconoció expresamente el derecho constitucional a comprar y vender través de las fronteras estatales. En *Reid v. Colorado*, otro caso que involucraba la reglamentación de un Estado sobre el comercio de ganado por motivos de protección de la salud, el Magistrado Harlan expresó en nombre de la Corte:

Hoy se dice que, conforme a la Constitución de los Estados Unidos, el acusado tiene el derecho a enviar ganado de un Estado a otro Estado. *Esto será reconocido por todas las partes.* Pero por ese instrumento no se da al acusado el *derecho* a introducir a un Estado, contra su voluntad, ganado afectado por una enfermedad infecciosa o transmisible, cuya presencia en el Estado sea o pueda ser perjudicial para sus animales domésticos. Si el Congreso no se ha hecho cargo del asunto, el Estado [...] puede proteger a su población y sus propiedades contra dichos peligros, teniendo siempre cuidado de que los medios empleados con ese fin no vayan más allá de las necesidades del caso o impongan una carga irrazonable sobre el ejercicio

Court: *The European Court of Justice and the European Economic Constitution*, pp. 106-109 (1998); Alec Stone Sweet, *The Judicial Construction of Europe*, pp. 109-145 (2004).

de los privilegios garantizados por la Constitución de los Estados Unidos[77].

El Magistrado Harlan expuso entonces nítidamente los elementos constitutivos del análisis de proporcionalidad. Aunque el estándar de escrutinio es tan robusto como cualquier otro del repertorio de la Corte, la Corte no obstante defendió la necesidad de la medida de Colorado[78], como había hecho en casos anteriores[79].

Es un desacierto evidente que a partir de la Cláusula de Comercio la Corte haya deducido un derecho individual constitucional al comercio entre fronteras estatales, aparte de que haya tratado dicho derecho como algo imposible de impugnar en un acto judicial. La Constitución Federal no proclama ese derecho en ninguna parte y, en términos formales, la existencia del derecho depende totalmente de que el Congreso de Estados Unidos *no* actúe, de acuerdo con la Cláusula de Comercio. Sin embargo, en la época en que decidió *Reid v. Colorado*, la Corte ya había emprendido su aventura de interpretar y defender los derechos de propiedad como "libertades preferidas"

---

77 187 U.S. 137, 151 (1902) (se añadieron las cursivas).
78 Ibíd., pp. 152-153.
79 Comparar *Plumley v. Massachusetts*, 155 U.S. 461 (1894) (donde se declaró válida una ley estatal que reglamentaba la venta de margarina por razones de protección del consumidor) con *Schollenberger v. Pennsylvania*, 171 U.S. 1 (1898) (que declaró inconstitucional una ley estatal que reglamentaba la venta de margarina por razones de prueba del medio menos intrusivo).

(excepto en el nombre). No es sorprendente que la jurisprudencia sobre la Cláusula de Comercio latente de este periodo haya estado imbuida por la posición de la Corte sobre la libertad de contratos, y sobre el debido proceso más en general.

Doctrinalmente, la Corte dio prioridad a la libertad económica como valor constitucional construyendo un prototipo del análisis de proporcionalidad, o escrutinio estricto. En su núcleo hay una prueba del medio menos intrusivo. Aunque la prueba del medio menos intrusivo nació en la jurisprudencia sobre la Cláusula de Comercio latente, se difundió rápidamente a otras áreas en las que las cortes revisaban las reglamentaciones de la facultad de policía del Estado que restringían la libertad económica[80]. En nuestra

---

80 Howard Gillman explica sucintamente este desarrollo. Ver Howard Gillman, "Preferred Freedoms: The Progressive Expansion of State Power and the Rise of Modern Civil Liberties Jurisprudence", 47 *Pol. Res. Q.* 623, pp. 629-634 (1994). Los jueces del siglo xix entendían que el poder legislativo tenía límites intrínsecos: la legislación que interfería en la libertad privada o en los intereses de propiedad era legítima solo cuando promovía el bienestar general del conjunto; ibíd., p. 629. Cuando los actos legislativos no se pudieran justificar –cuando fueran leyes arbitrarias o clasistas, promulgadas en beneficio de ciertos grupos– se considerarían ejercicios inapropiados del poder legislativo y, por lo tanto, inválidos; ibíd. A finales del siglo xix, las cortes federales llegaron a vigilar las fronteras del poder legislativo con una forma de prueba del medio menos intrusivo; ibíd., p. 634. *Lawton v. Steele*, 152 U.S. 133 (1894) ilustra este enfoque en la práctica. El caso se refería a una ley de Nueva York que declaró que las redes de pesca en dos vías

opinión, obró así porque se ajustaba ampliamente a la orientación general de la judicatura a reconocer una esfera de libertad privada –en la forma de derechos económicos adquiridos–, que en opinión de la élite judicial constituía una restricción inherente, pero no absoluta, al ejercicio de la autoridad legislativa[81].

---

navegables eran una molestia pública y podían ser retiradas y destruidas por cualquier persona; ibíd., pp. 135-136. Se alegó que esta disposición excedía la facultad policial del Estado. La corte enmarcó su enfoque del asunto en la forma siguiente:

> Para justificar la interposición de la autoridad del Estado en beneficio del público se debe demostrar, primero, que los intereses del público en general, en cuanto se diferencian de los de una clase particular, requieren dicha interferencia; y, segundo, que los medios son razonablemente necesarios para lograr el propósito y no excesivamente opresivos para los individuos. La legislatura no puede interferir arbitrariamente en un negocio privado o imponer restricciones inusuales e innecesarias a las ocupaciones legales con el pretexto de proteger los intereses públicos. En otras palabras, su determinación acerca de cuál es el ejercicio adecuado de sus facultades de policía no es final ni concluyente, sino que está sujeta a la supervisión de las cortes.

Ibíd., p. 137. En últimas, la Corte se puso del lado del Estado, al tiempo que expresó enérgicamente su respaldo a los derechos de propiedad más en general; ibíd., pp. 142-143. Tres Magistrado disintieron y argumentaron que, en su opinión, el Estado violaba el derecho constitucional del demandante a la propiedad debido a que no se había satisfecho la necesidad; ibíd., 144 (Presidente de la Corte Fuller, salvamento de voto).

81 Además, los poderes del Congreso se limitaban al ejercicio de las facultades enumeradas en el Artículo I, Sección 8 de la Constitución Federal.

Observando en retrospectiva el fundamento de los casos sobre la Cláusula de Comercio latente es importante señalar la variación de los resultados: a veces se respaldaba la medida impugnada y a veces se declaraba inexequible. Igual que el análisis de proporcionalidad y el escrutinio estricto, el análisis de la Cláusula de Comercio latente impone la carga de la justificación al Estado, y las justificaciones que presente serán sometidas a profundo escrutinio. Pero estos marcos no contienen, en sí y por sí mismos, nada parecido a una fuerte presunción de que las medidas sub examine son inconstitucionales. Una de las virtudes de la proporcionalidad es que permite que una corte construya coherencia doctrinal al tiempo que mantiene la flexibilidad a través del tiempo y de los casos. Las cortes cometen un error estratégico cuando aniquilan esta virtud usando el marco de una manera que determina el resultado y, de hecho, predetermina los resultados. La Corte Suprema se volvió cada vez más rígida en su jurisprudencia sobre los derechos de propiedad y el debido proceso a comienzos del siglo xx, tal como hizo años después con respecto al escrutinio estricto[82]. El descrédito y las dificultades analíticas que siguieron a estos cambios doctrinales dan apoyo adicional a nuestra argumentación en favor del análisis de proporcionalidad.

El análisis de proporcionalidad y el escrutinio estricto son, sin embargo, marcos de ponderación cuyo

---

82 Ver, infra, el texto que acompaña a la nota 187.

uso desdibuja inexorablemente las distinciones entre funciones legislativas y judiciales. En los casos sobre la Cláusula de Comercio latente de la época anterior al New Deal, la Corte enfrentó una resistencia rutinaria de los jueces estatales y de algunos de sus miembros contra la prueba del medio menos intrusivo. Como alegaron los Magistrados Gray y Harlan, en su salvamento de voto en *Schollenberger v. Pennsylvania*: el análisis de la necesidad no se puede separar de "las cuestiones de hecho y de política pública, cuya determinación corresponde a la esfera legislativa y no a la judicial"[83]. Pensamos que el marco al estilo análisis de proporcionalidad que surgió a finales del siglo XIX tenía sentido en el dominio de la Cláusula de Comercio latente, así como lo tiene hoy en día. Los casos sobre la Cláusula de Comercio latente involucran valores constitucionales importantes que rutinariamente están en conflicto mutuo en nuestro sistema político federal, y que por ser altamente específicos al contexto son difíciles de resolver usando un enfoque más basado en reglas. Además, en la medida en que la Corte emplee rigurosa y eficazmente la prueba del medio menos intrusivo, los Estados se verán inducidos a reducir la confianza en medidas que nominalmente discriminan los bienes y servicios de fuera del Estado. Y, en cambio, recurrirán a medidas que sean igualmente aplicables a todos los bienes, servicios y comerciantes. Si los propósitos del

---

83 171 U.S., 29-30 (Magistrado Gray, salvamento de voto).

Estado son, de hecho, proteccionistas; algunos Estados siempre estarán tentados a disfrazar estos propósitos alegando un interés público importante o urgente. Esto es, de hecho, lo que sucedió. En respuesta, la Corte empezó a emplear la prueba del medio menos intrusivo como un medio para "detectar" motivaciones proteccionistas, usando una prueba de carga indebida para tratar los intereses residuales en juego. Este enfoque es defendible dada la importancia de un valor fundamental: el fortalecimiento y el mantenimiento del federalismo de mercado.

A finales de los años cincuenta, la Corte Suprema había abandonado la tarea de proteger las libertades económicas de acuerdo con la Cláusula de Debido Proceso. Pero los elementos básicos de la doctrina sobre la Cláusula de Comercio latente se mantuvieron casi intactos, aunque dos cambios merecen mención. Primero, en la época posterior al New Deal se presenció la práctica desaparición de las referencias al derecho constitucional de los individuos a participar en el comercio interestatal; aunque quedan remanentes de este derecho, como confirma el caso *Granholm v. Heald*[84]. En cambio, la Corte llegó a confiar en una

---

84 544 U.S. 460, 473 (2005) ("Las leyes del tipo en cuestión [...] privan a los ciudadanos de su derecho a tener acceso a los mercados de otros Estados en iguales condiciones. La necesidad percibida de privilegios de venta recíproca tiene el riesgo de generar las rivalidades y animosidades comerciales, las alianzas y la exclusividad que la Constitución y en particular la Cláusula de Comercio pretendían evitar").

de las diversas teorías (ampliamente compatibles)
de la Cláusula de Comercio para justificar su jurisdicción[85]. Este cambio tuvo pocos efectos prácticos,

---

85 Comparar *H. P. Hood & Sons, Inc. v. Du Mond*, 336 U.S. 525,
    539 (1949) ("Nuestro sistema, promovido por la Cláusula de
    Comercio, es que cada agricultor y cada fabricante se vea im-
    pulsado a producir por la certeza de que tendrá libre acceso
    a todos los mercados de la Nación, de que ningún embargo
    doméstico retendrá sus exportaciones y de que ningún Estado
    extranjero las excluirá por medio de derechos de aduana o re-
    glamentaciones"), con Donald H. Regan, "The Supreme Court
    and State Protectionism: Making Sense of the Dormant Com-
    merce Clause", 84 *Mich. L. Rev.* 1091 (1986) (quien argumenta
    que el valor dominante protegido por la Cláusula de Comercio
    latente es la "unidad nacional", y que la Cláusula de Comercio
    latente de la Constitución corrige uno de los principales defectos
    creados por los Artículos de la Confederación: la capacidad de
    los Estados para aprobar leyes que benefician a sus propios
    ciudadanos a expensas del resto de la nación), con *Hughes v.
    Oklahoma*, 441 U.S. 322, 325-326 (1979) (donde se señala que
    la jurisprudencia en este dominio "refleja una preocupación
    central de los Redactores que fue la razón directa para con-
    vocar la Asamblea Constituyente: la convicción de que para
    tener éxito, la nueva Unión tenía que evitar las tendencias a la
    balcanización económica que aquejaron a las relaciones entre
    las Colonias y después entre los Estados bajo los Artículos de
    la Confederación"), y con *S. C. State Highway Dep't v. Barnwell
    Bros.*, 303 U.S. 177, 185 n. 2 (1938) ("En la regla indicada ha
    estado implícita la reflexión, a menudo expresada en fallos
    judiciales, de que cuando la reglamentación es de tal carácter
    que su carga recae principalmente sobre quienes carecen de
    Estado, no es posible que la acción legislativa esté sometida
    a las restricciones políticas que normalmente se imponen a
    la legislación cuando afecta adversamente algunos intereses
    dentro del Estado").

si tuvo alguno, sobre la manera en que las partes litigaban los casos o cómo los decidía la Corte. No así el segundo cambio. En los años cincuenta, la Corte empezó a considerar presuntamente inconstitucionales las reglamentaciones estatales y locales que discriminaban nominalmente el comercio interestatal[86], aunque en teoría la autoridad estatal o local podía rebatir la presunción mostrando que su interés era suficientemente importante y "no relacionado con el proteccionismo económico"[87]. Algunos Magistrados empezaron a usar explícitamente la frase "escrutinio estricto" para describir lo hacía la Corte en tales casos.[88] El litigio más difícil, por supuesto, se refiere a reglamentaciones del mercado nominalmente neutrales que gravan incidentalmente el comercio interestatal. La principal decisión es *Pike v. Bruce Church, Inc.*, que llevó la ponderación al centro del marco:

---

86 Ver, p. ej., *Dean Milk Co. v. City of Madison*, 340 U.S. 349, 354 (1951).

87 *Wyoming v. Oklahoma*, 502 U.S. 437, 454-455 (1992).

88 Ver, p. ej., *United Haulers Ass'n v. Oneida-Herkimer Solid Waste Mgmt. Auth.*, 550 U.S. 330, 360 (2007) (Magistrado Alito, salvamento de voto) ("Durante mucho tiempo la Corte ha sometido la legislación discriminatoria a escrutinio estricto, y nunca hasta ahora ha reconocido una excepción a la discriminación en favor de una entidad de propiedad del Estado"); ver *C & A Carbone, Inc. v. Town of Clarkstown*, 511 U.S. 383, 392 (1994) (donde se califica el estándar como "escrutinio riguroso"); ibíd., 422 (Magistrado Souter, salvamento de voto) (quien califica el estándar como "escrutinio prácticamente fatal").

Aunque los criterios para determinar la validez de las leyes estatales que afectan el comercio interestatal han sido enunciados de diversas maneras, la regla general se puede expresar como sigue: cuando la ley reglamenta equitativamente para hacer efectivo un interés público local legítimo, y sus efectos sobre el comercio interestatal solo sean incidentales, será exequible excepto que la carga impuesta a dicho comercio sea claramente excesiva con respecto a los beneficios locales putativos[89].

Aunque la doctrina de la Cláusula de Comercio latente es una de las características estructurales más duraderas del derecho constitucional estadounidense, también ha estado sometida a ataques despiadados desde dentro y desde fuera de la Corte, y esos ataques aumentaron continuamente en las dos últimas décadas. El caso significativo más reciente sobre la Cláusula de Comercio latente, *United Haulers*, es un buen ejemplo. El dictamen de la Corte, redactado por el Presidente Roberts, resumió sucintamente los elementos centrales de esta doctrina establecida[90]. Y

---

89 397 U.S. 137, 142 (1970).
90 550 U.S., 338-339, 346 ("Las leyes discriminatorias motivadas por 'el simple proteccionismo económico' son sometidas en la práctica a una 'regla de invalidez *per se*' que solo se puede cumplir demostrando que el Estado no tiene otros medios para lograr un propósito local legítimo [...] [Pero] las ordenanzas de los condados [...] se analizan adecuadamente de acuerdo con la prueba establecida en *Pike v. Bruce Church, Inc.*, la cual se reserva a las leyes 'dirigidas a legitimar intereses locales

luego procedió a la ponderación de los beneficios de una ordenanza del condado para enfrentar una crisis en el manejo de desechos sólidos contra los costos de unas tarifas de descarga más altas para las compañías de transporte, encontrando que "la carga que la ordenanza impone al comercio interestatal no excede sus beneficios públicos"[91]. En su aclaración del voto, el Magistrado Scalia reiteró su opinión de que todo el edificio de la Doctrina de la Cláusula de Comercio latente era "una invención judicial injustificada" sin ningún fundamento constitucional[92]. Y además rechazó la "llamada prueba de 'ponderación *Pike*'" con el argumento de que "hablando en general, la ponderación de los diversos valores corresponde al Congreso; tal como lo contempla precisamente la Cláusula Comercio (la Cláusula de Comercio *real*)"[93]. Mientras que el Magistrado Scalia se sumó parcialmente a la decisión, con aclaración de voto, de hacer cumplir la Cláusula de Comercio latente por "razones de *stare decisis*"[94], el Magistrado Thomas "descartó" la jurisprudencia de la Corte en su totalidad, por razones similares[95]. El

---

legítimos, con efectos sobre el comercio interestatal que solo son incidentales'" (se omiten las citas internas).

91   Ibíd., p. 347.

92   Ibíd., p. 348 (el Magistradeo Scalia, concuerda en parte) (donde se cita a *General Motors Corp. v. Tracy*, 519 U.S. 278, 312 (1997) (Magistrado Scalia, aclaración de voto).

93   Ibíd., pp. 348-349.

94   Ibíd., p. 348.

95   Ibíd., p. 349 (Magistrado Thomas, aclaración de voto) ("La Cláusula de Comercio negativo no tiene base en la Constitución

ataque a la ponderación también ha sido muy feroz por parte de importantes comentaristas académicos sobre ese tema, en particular por Donald Regan[96].

---

y ha resultado ser inaplicable en la práctica. Como muestra el debate entre la mayoría y los disidentes, la aplicación de la Cláusula de Comercio negativo se basa únicamente en consideraciones de política y no en la Constitución. Debido a que esta Corte no cumple una función política en la reglamentación del comercio interestatal, yo descartaría la jurisprudencia de la Corte sobre la Cláusula de Comercio negativo" (se omiten las citas). Con respecto al balanceo, el Magistrado Thomas dijo:

> En la medida en que el Congreso no ejerza su autoridad para tomar esa decisión, la Constitución no limita la facultad de los Estados para reglamentar el comercio. Frente al silencio del Congreso, los Estados tienen libertad para establecer el balance entre el proteccionismo y el libre mercado. En vez de aceptar esta realidad constitucional, la jurisprudencia de la Corte sobre la Cláusula de Comercio negativo da a nueve Magistrados de esta Corte la facultad para decidir el balance apropiado.

Ibíd., p. 352.

96 Simplificando su compleja posición, Regan argumenta que las cortes raras veces deberían empeñarse en la prueba del medio menos intrusivo y nunca en el balanceo, bien sea conforme a *Pike* o a otra autoridad, sino que se deberían limitar exclusivamente a averiguar el "propósito legislativo". Si La Corte encuentra un propósito discriminatorio, entonces debe invalidar la ley. Regan argumenta además que la Corte Suprema realmente no pondera, aunque pretenda hacerlo. Ver Donald Regan "Judicial Review of Member-State Regulation of Trade within a Federal or Quasi-Federal System: Protectionism and Balancing, 'Da Capo'", 99 *Mich. L. Rev.* 1853, pp. 1870-171 (2001); Regan, supra nota 87. Encontramos que muchas de las interpretaciones de Regan sobre la jurisprudencia de la Corte son sesgadas en el mejor de los casos, y parece imposible que su interpretación

Concluimos con una nota comparativa. El enfoque de la Corte Suprema acerca de la Cláusula de Comercio latente, bien sea que se observe desde el punto de vista del año 1900 o del año 2000, sería inmediatamente reconocido por cualquier europeo como una versión conocida y bastante franca de la proporcionalidad. El marco de proporcionalidad apareció inicialmente como un principio del derecho público europeo en los Estados alemanes, sobre todo en Prusia, precisamente en ese mismo periodo: finales del siglo XIX[97]. En la década de 1970, la Corte de Justicia Europea desarrolló un marco casi idéntico para tratar los litigios sobre la "libre circulación de bienes" consagrada en el Tratado de Roma[98]. Estos casos, instaurados ante las cortes nacionales por comerciantes que impugnaban las reglamentaciones del mercado de los Estados miembros, dominaron la agenda de la Corte de Justicia Europea en los años setenta y ochenta[99]. La Corte de Justicia Europea usó el análisis de proporcionalidad, en esta y en otras áreas relacionadas, con el fin de impulsar los esfuerzos para completar el Mercado Único frente a las fallas

---

concuerde con las dos sentencias más recientes de la Corte Suprema en esta área, *United Haulers* y *Granholm v. Heald*.

97 Ver el capítulo 1, p. 101 ("a finales del siglo XIX las cortes administrativas alemanas anularon acciones de policía [del Estado] que violaban la proporcionalidad, lo que en esa época se conceptualizaba como una prueba del medio menos intrusivo obligatoria").

98 Stone Sweet, supra nota 78, pp. 109-145.

99 Ibíd.

proteccionistas y de acción colectiva de los Estados miembros[100]. En la Organización Mundial del Comercio, el Órgano de Apelación luego adoptaría el análisis de proporcionalidad para manejar los asuntos jurídicos que más se parecen a los que enfrentaban la Corte Suprema y la Corte de Justicia Europea[101]. Quizá la integración del mercado pueda proceder a través de las fronteras entre Estados sin que las cortes sirvan como mecanismos de compromiso y sin doctrinas intrusivas pero flexibles como la proporcionalidad, pero somos escépticos[102].

Aunque los paralelos comparativos son notables, también es obvio que la jurisprudencia de la Corte sobre la Cláusula de Comercio latente ha mantenido una afinidad con el escrutinio estricto que se remonta a algo más de un siglo. Aunque la fórmula familiar del escrutinio estricto, la cual asocia un estándar de interés urgente del gobierno con una prueba del

---

100 Ibíd.

101 Ver el capítulo 1, pp. 153-160.

102 Para una visión de las cortes y de la revisión judicial como garantes de compromisos creíbles entre estados federados participantes en proyectos de fortalecimiento del mercado, ver Walter Mattli, *The Logic of Regional Integration: Europe and Beyond* (1999); Stone Sweet, supra nota 78, pp. 7-9, 109-145 (que hace referencia a Europa); Jenna Bednar y William N. Eskridge, Jr., "Steadying the Court's "Unsteady Path": A Theory of Judicial Enforcement of Federalism", 68 *S. Cal. L. Rev.* 1447 (1995) (que hace referencia a Estados Unidos); Martin Shapiro, "The European Court of Justice", en *The Evolution of EU Law* 321 (Paul Craig y Gráinne de Búrca, eds., 1999).

medio menos intrusivo, apareció inicialmente en la jurisprudencia sobre la Primera Enmienda[103] y sobre la igual protección[104], es llamativo y significativo que en el siglo xix se desarrollara un equivalente funcional dentro del enfoque de la Cláusula de Comercio de la Corte, y después, dentro del enfoque de los derechos de propiedad más en general. Es cierto que se puede argumentar plausiblemente que los orígenes del escrutinio estricto no se encuentran en la jurisprudencia sobre el derecho de igual protección ni sobre la Primera de Enmienda, como se suele hacer[105], sino dentro de su enfoque de la Cláusula de Comercio. Se podría incluso concluir que la Corte replanteó la estructura doctrinal desarrollada originalmente para proteger el conjunto de "libertades preferidas" de una época –los derechos de propiedad en el periodo anterior al New Deal– para servir al conjunto de valores preferidos en una época posterior: la libertad de expresión y los derechos civiles en los años de posguerra.

---

103 Ver Siegel, supra nota 42 (quien argumenta que el escrutinio estricto surgió en casos de la Primera Enmienda).

104 Ver Melvin I. Urofsky, *Division and Discord: The Supreme Court Under Stone and Vinson, 1941-1953*, pp. 89-90 (1997) (quien ubica los orígenes del escrutinio estricto en la doctrina de igual protección).

105 Ver, p. ej., Fallon, supra nota 3 (quien argumenta que el escrutinio estricto surgió casi simultáneamente en numerosas áreas).

B. El escrutinio estricto y la protección de derechos

En el siglo xx, la doctrina de la Cláusula de Comercio latente fue una isla de estabilidad en un mar de agitación constitucional. El escrutinio intenso de las acciones del poder de policía que infringían las libertades económicas no perduró. Fue sobrepasado por los cambios decisivos en la jurisprudencia constitucional de la Corte Suprema durante el New Deal, cuando, como es bien sabido, la Corte hizo menos severo su escrutinio de la legislación social y económica[106]. Pero en una perspectiva más amplia, esos cambios de la Corte del New Deal fueron parte de una redistribución aún mayor del escrutinio judicial que tardó dos décadas para completarse. El alejamiento de la Corte del escrutinio generalizado de la legislación precedió y apresuró la concentración del escrutinio en torno a un conjunto de libertades "preferidas"[107]. La técnica predilecta para probar las restricciones a esas libertades, a la que se llegó después de años de experimentación y conflicto, fue el escrutinio estricto.

---

106 Ver, p. ej., *Nebbia v. Nueva York*, 291 U.S. 502 (1934) (que declara válida una orden de la New York Milk Control Board que fijaba los precios de la leche); Shaman, supra nota 10, pp. 162-163.

107 Ver *Jones v. City of Opelika*, 316 U.S. 584, 608 (1942) (Presidente de la Corte Stone, salvedad del voto) ("La Constitución, en virtud de la Primera y la Decimocuarta Enmiendas, ha situado en un lugar preferencial a las libertades de expresión y de religión").

Con base en trabajos académicos recientes, esta sección describe brevemente los orígenes del escrutinio estricto y corrige dos conceptos erróneos comunes. Primero, el escrutinio estricto surgió a partir de la doctrina de la Primera Enmienda y no de la doctrina de igual protección[108]. Segundo, y más importante para nuestros propósitos, la Corte Suprema no introdujo el escrutinio estricto como una regla rígida que determinaba los resultados sino "como parte de su enfoque general de la 'justificación de la ponderación/costo-beneficio' para tratar los asuntos de la Primera Enmienda"[109].

En los años treinta, la Corte Suprema empezó a otorgar una presunción de constitucionalidad a la legislación social y económica[110], por medio de la aplicación de una prueba de fundamento racional: la legislación pierde el derecho a la presunción solo cuando carece de un fundamento racional en el derecho[111]. Una y otra vez, la Corte demostró cuán débil era una restricción[112].

Pero hubo otro desarrollo paralelo a este relajamiento del escrutinio. La nueva postura de deferencia

---

108 Siegel, supra nota 42, pp. 364-380.

109 Ibíd., p. 394.

110 Ver Shaman, supra nota 10, p. 161-163.

111 Ibíd.

112 Ver, p. ej., *Williamson v. Lee Optical of Okla., Inc.*, 348 U.S. 483 (1955) (donde se declaró constitucional una ley de Oklahoma que prohibía que personas distintas de los optómetras o los oftalmólogos formularan o remplazaran lentes); ver también infra Parte III.A.

de la Corte aumentó la preocupación de algunos Magistrados porque ciertas libertades civiles importantes seguían siendo poco protegidas. La idea de que ciertos derechos merecían mayor protección tuvo defensores en la Corte durante años, incluidos los Magistrados Harlan, Holmes y Brandeis[113]. La presunción de constitucionalidad bajó la línea de referencia de la protección e hizo aún más apremiantes esas preocupaciones[114]. La famosa nota de pie de página a *Carolene Products'* dio expresión a esa ansiedad. La presunción de constitucionalidad puede tener un "alcance más estricto" –afirmó el Magistrado Stone– cuando la legislación tropieza con prohibiciones constitucionales específicas, especialmente aquellas que se encuentran en la Declaración de Derechos[115]. El Magistrado Stone también identificó otras dos clases de leyes que merecen mayor escrutinio, previendo dos de las preocupaciones permanentes de la jurisprudencia constitucional de la Corte del medio siglo siguiente: la legislación que afecta el proceso político y la legislación cuyo objeto son las minorías[116]. Esta nota de pie de página a *Carolene Products'* expresó la ambición del proyecto de revisión bifurcada: desarrollar un estándar elevado de revisión para complementar el control del fundamento racional para aquellos derechos que exigen atención espe-

---

113   Ver Gillman, supra nota 82, pp. 640-644.
114   Ibíd., pp. 640-647.
115   *United States v. Carolene Prods. Co.*, 304 U.S. 144, 153 n. 4 (1938).
116   Ibíd.

cial[117]. Pero se tardó algún tiempo para que la Corte llegara a una fórmula estable que hiciera operativa esta preocupación por los derechos "preferidos", a saber, el análisis de escrutinio estricto.

A menudo se afirma –nada menos que en las sentencias de la Corte Suprema– que el escrutinio estricto se originó en los casos de igual protección fechados en los años cuarenta[118]: *Skinner v. Oklahoma*[119] y *Korematsu v. United States*[120]. Pero aunque las expresiones "escrutinio estricto" y "escrutinio más rígido" aparecen en estas decisiones[121], la Corte no aplicó realmente el

---

117 La expresión "proyecto de revisión bifurcada" es de G. Edward White; ver G. Edward White, "The First Amendment Comes of Age: The Emergence of Free Speech in Twentieth-Century America", 95 *Mich. L. Rev.* 299, p. 301 (1996). White argumentó que este proyecto se inició antes de *Carolene Products'* y que fue motivado específicamente por el deseo de dar mayor protección a los derechos de libre expresión; ibíd., p. 301-302, 308-323.

118 Ver, p. ej., *Simon & Schuster, Inc. v. Members of the N. Y. State Crime Victims Bd.*, 502 U.S. 105, 124-128 (1991) (el Magistrado Kennedy, J., concuerda con el fallo); Goldberg, supra nota 10; Greg Robinson y Toni Robinson, "Korematsu and Beyond: Japanese Americans and the Origins of Strict Scrutiny", *Law & Contemp. Probs.*, primavera de 2005, p. 29; Peter J. Rubin, "Reconnecting Doctrine and Purpose: A Comprehensive Approach to Strict Scrutiny after Adarand and Shaw", 149 *U. Pa. L. Rev.* 1, p. 3 n. 1 (2000).

119 316 U.S. 535, 541 (1942).

120 323 U.S. 214 (1944).

121 *Skinner*, 316 U.S., 541; *Korematsu*, 323 U.S., 216.

escrutinio estricto en ninguno de esos casos[122]. Como argumenta Stephen Siegel, los orígenes del análisis de escrutinio estricto se encuentran de hecho en los casos de la Primera Enmienda de finales de los años cincuenta y comienzos de los sesenta[123]. Y mirando allí encontramos que el escrutinio estricto no se originó como un martillo rústico para invalidar la legislación sino como un instrumento flexible que combinaba nuevos y antiguos elementos doctrinales para balancear los beneficios y los costos de la legislación que infringía los derechos[124].

La consolidación del escrutinio estricto cerró una lucha de largas décadas en la Corte sobre cuánta protección dar a los derechos de la Primera Enmienda, y por medio de cuáles técnicas doctrinales[125]. Esta contienda sobre el espíritu de la Primera Enmienda,

---

122 De hecho, la expresión *escrutinio estricto* aparece en decisiones aisladas que datan de finales del siglo XIX. Ver Winkler, supra nota 44, p. 798 n. 10 (que cita, *inter alia*, a *Altschuler v. Coburn*, 57 N. W. 836, 838 (Neb. 1894) y a *Booher v. Worrill*, 57 Ga. 235, 238 [1876]). Seguimos a Stephen Siegel, quien considera que el escrutinio estricto consta de tres partes: (1) el traslado al gobierno de la carga de justificar la constitucionalidad de su ley, y el requisito de que una ley debe ser (2) "diseñada estrictamente" para servir a (3) "un interés urgente del Estado"; ver Siegel, supra nota 42, pp. 359-360.

123 Ver Siegel, supra nota 42, pp. 361-380.

124 Buenas explicaciones de este desarrollo desde perspectivas diferentes se pueden encontrar en Fallon, supra nota 3, pp. 1285-1297, y Gillman, supra nota 82, pp. 640-644.

125 Ver Martin Shapiro, *Freedom of Speech: The Supreme Court and Judicial Review*, pp. 46-107 (1966).

que aquí solo se esboza a grandes rasgos[126], generó una abundante innovación doctrinal cuando los Magistrados exploraron una densa matriz de precedentes para introducir nuevas pruebas o modificar las pruebas existentes. Desde finales de los años treinta hasta comienzos de los años cincuenta predominó en general una pequeña mayoría de Magistrados defensores de las libertades civiles que respaldaron la mayoría de las demandas contra las leyes que limitaban la libertad de expresión de la Primera Enmienda, aplicando a menudo la prueba de "peligro claro y presente"[127]. Estos Magistrados también emplearon el análisis de ponderación de una manera que protegía los derechos, reconociendo el lugar preferencial de los derechos de la Primera Enmienda[128]. Por ejemplo, en un caso

---

126 Para un tratamiento más general, ver ibíd.

127 Ibíd., p. 58. La prueba se formuló originalmente en la sentencia redactada en nombre de la Corte por el Magistrado Holmes en 1919, en el caso *Schenck v. United States*, 249 U.S. 47, 52 (1919) ("La pregunta en cada caso es si las palabras utilizadas se usan en dichas circunstancias y son de tal naturaleza que crean un peligro claro y presente que ocasione los males sustantivos que el Congreso tiene derecho a evitar").

128 Shapiro, supra nota 127, pp. 76-78 (quien describe la ponderación como un anexo de las doctrinas de peligro claro y presente y del lugar preferencial). En *Marsh v. Alabama* se expone concisamente la forma en que la Corte de 1940 empleó la ponderación al servicio de las libertades civiles: "Cuando sopesamos los Derechos Constitucionales de los propietarios y los de las personas que disfrutan de las libertades de prensa y de religión, como debemos hacerlo aquí, estamos atentos al hecho de que estas últimas ocupan un lugar preferencial".

referente a restricciones municipales sobre la distribución de volantes propagandísticos, el Magistrado Roberts explicó:

> Por consiguiente, en todos los casos donde se defienda la limitación legislativa de los derechos, las cortes deberían tener la astucia de examinar el efecto de la legislación impugnada. Las simples preferencias o creencias legislativas acerca de los asuntos de interés público bien pueden respaldar la reglamentación dirigida a otras actividades personales, pero ser insuficientes para justificar la limitación del ejercicio de derechos tan vitales para el mantenimiento de las instituciones democráticas. Y, así, cuando surgen demandas, sobre las cortes recae la delicada y difícil tarea de ponderar las circunstancias y evaluar la sustancialidad de las razones expuestas en defensa de la reglamentación del libre disfrute de los derechos[129].

En manos de los Magistrados que favorecían la libertad de expresión, la balanza se inclinaba usualmente –pero no siempre– a favor del demandante de los derechos. Durante ese periodo la Corte también usó el diseño estricto para proteger los derechos de expresión, especialmente en los casos de demandas sobre el

---

326 U.S. 501, 509 (1946). El autor fue el Magistrado Black, quien más tarde se convertiría en el crítico más persistente de la ponderación en la Corte.

129 *Schneider v. State*, 308 U.S. 147, 161 (1939).

momento, la manera y el lugar de las restricciones a la libre expresión[130].

La tendencia empezó a virar hacia una jurisprudencia menos protectora de la libre expresión desde finales de los años cuarenta, bajo el liderazgo del Magistrado Frankfurter. Las mayorías sucesivas limitaron la aplicabilidad de la prueba de peligro claro y presente, moderándola o adoptando en su lugar una prueba de ponderación altamente deferente[131]. La decisión sobre el caso *Dennis v. United States* incorporó el nuevo enfoque[132]. Dennis, jefe del Partido Comunista de Estados Unidos, fue condenado de acuerdo con la Ley Smith por conspirar para derrocar al gobierno por la fuerza y la violencia[133]. En la confirmación de la condena, una mayoría relativa de la Corte adoptó la reformulación de la prueba de peligro claro y presente propuesta por el Magistrado Learned Hand: "En cada caso [las cortes] deben preguntarse si la gravedad del 'mal', descontada por su improbabilidad, justifica que dicha invasión de

---

130 Los hechos de *Martin v. City of Struthers* ilustran cómo se utilizaba el diseño estricto. 319 U.S. 141 (1943). El asunto se refería a una ordenanza municipal que prohibía tocar el timbre de la puerta para distribuir "volantes, circulares y otro tipo de publicidad"; ibíd., 142. La Corte concluyó que la prohibición violaba la Primera Enmienda porque la medida limitaba la comunicación mucho más de lo necesario para combatir los males que eran objeto de la medida; ibíd., pp. 146-149.

131 Ver, p. ej., *Am. Commc'ns Ass'n v. Douds*, 339 U.S. 382 (1950).

132 341 U.S. 494 (1951).

133 Ibíd., pp. 495-496.

la libertad de expresión es necesaria para evitar el peligro"[134]. Eliminando el reconocimiento de la posición privilegiada de los derechos, esta formulación invita a los jueces a "inclinar la balanza de los derechos": las restricciones pueden ser permitidas cuando la gravedad del mal es alta (como los intentos de derrocar al gobierno), aunque la probabilidad de éxito sea baja. El uso repetido de pruebas de ponderación deferentes, siguiendo los lineamientos de *Dennis*, para fallar contra las demandas de protección de las libertades civiles en los años cincuenta, dio mala reputación a la ponderación entre los defensores de las libertades civiles, de dentro y de fuera de la Corte[135]. Además, los Magistrados ampliaron la distancia entre el "bajo proteccionismo" y el "alto proteccionismo" en la medida en que los Magistrados Black y Douglas apoyaron cada vez más la visión absolutista de los derechos de la Primera Enmienda[136].

La doctrina solo alcanzó cierto grado de estabilidad cuando la Corte llegó a una fórmula que combinaba la ponderación y el alto aprecio por los derechos. Las

---

134 Ibíd., p. 510 (que cita a *United States v. Dennis*, 183 F.2d 201, 212 [2d Cir. 1950]) (se omiten las comillas internas).

135 Ver, p. ej., *Barenblatt v. United States*, 360 U.S. 109, 139-344 (Magistrado Black, salvamento de voto); Laurent B. Frantz, "The First Amendment in the Balance", 71 *Yale L. J.* 1424 (1962); Alexander Meiklejohn, "The First Amendment Is an Absolute", 1961 *Sup. Ct. Rev.* 245.

136 Las expresiones "bajo proteccionismo" y "alto proteccionismo" se tomaron de Stephen Siegel; ver Siegel, supra nota 42, p. 362.

semillas de este enfoque fueron plantadas en la aclaración del voto del Magistrado Frankfurter en *Sweezy v. Nueva Hampshire*, que introdujo por vez primera una prueba de interés urgente del Estado[137]. *Sweezy* se refería a la condena por desacato de un profesor de la universidad de Nueva Hampshire que se negó a responder las preguntas del fiscal general del Estado sobre tendencias subversivas en sus clases[138]. La Corte decidió el caso con base en el fundamento estricto de que el fiscal general había actuado excediando las competencias que le asignaba el legislador[139], pero en el dictamen se preguntó si algún interés del Estado podía justificar que se infringiera el derecho de Sweezy a dar clases sin interferencia del Estado, amparado por la Primera Enmienda[140]. El Magistrado Frankfurter respondió esta pregunta abierta en su aclaración de voto: el Estado puede "intru[irse] en esta actividad de libertad" pero solo "por razones que sean exigentes y obviamente urgentes"[141]. El Magistrado Frankfurter justificó esta alta barrera con una perorata sobre la importancia de la libre expresión académica: "Por el bien de la sociedad" –escribió– el intercambio de ideas relacionadas con las ciencias sociales "debe ser tan libre como sea posible"[142].

---

137 354 U.S. 234 (1957).
138 Ibíd., pp. 234-342.
139 Ibíd., pp. 254, 255.
140 Ibíd., pp. 251.
141 Ibíd., pp. 262 (Magistrado Frankfurter, aclaración del voto).
142 Ibíd.

En la argumentación del Magistrado Frankfurter es claro que él no entendía que el estándar de interés urgente impusiera un requisito rígido, de una sola talla, a la acción estatal que infringía la libre expresión, sino más bien que creaba una prueba adaptable que las cortes pueden calibrar a distintas circunstancias. Si el interés del Estado califica como "urgente" eso no se determina en un vacío sino que depende, en cambio, del peso de los intereses de libre expresión que están en juego. Por tanto, la razón de Estado para exigir el testimonio de Sweezy no era urgente debido a que era insuficiente con respecto a los costos impuestos a las libertades de la Primera Enmienda. La Corte sostuvo que "cuando se pondera contra el grave daño resultante de la intrusión del gobierno en la vida intelectual de una universidad, la justificación para obligar a un testigo a discutir el contenido de sus clases parece totalmente inadecuada"[143]. En su aclaración del voto en el caso *Sweeezy*, el Magistrado Frankfurter no abandonó su enfoque de ponderación usual en los casos de la Primera Enmienda. En cam-

---

143 Ibíd., p. 261; Ver también ibíd., p. 265 ("Pero la inviolabilidad de la intimidad perteneciente a las lealtades políticas de un ciudadano tiene tan enorme importancia para el bienestar de nuestro tipo de sociedad que no se puede invadir constitucionalmente con base en un interés compensatorio del Estado tan exiguo como el que se puede encontrar argumentativamente en la remota y sombría amenaza a la seguridad de Nueva Hampshire que supuestamente se atribuye a los orígenes y elementos contribuyentes del Partido Progresista y a las relaciones del peticionario con ellos").

bio, a la luz de la importancia que daba a la libertad académica[144], llegó a una forma de ponderación más protectora del derecho en juego: una ponderación con asidero.

La expresión "interés urgente del Estado" del Magistrado Frankfurter fue invocada ocasionalmente a finales de los años cincuenta, en casos en los que la Corte inclinó la balanza en favor del gobierno[145]. Pero fue el Magistrado Brennan quien, a comienzos de los años sesenta, incorporó la prueba en el marco de un escrutinio estricto que se volvería habitual en la jurisprudencia de la Primera Enmienda[146]. El Magistrado Brennan convirtió la prueba de interés urgente del Estado en un acuerdo doctrinal duradero que "resolvió el 'impasse' entre los defensores de la ponderación deferente y los absolutistas de la Corte"[147]. Como explica Stephen Siegel:

> Por una parte, como forma de ponderación, el estándar de interés urgente reconocía que los derechos constitucionales se podían subordinar a las necesidades

---

144 Ver Siegel, supra nota 42, p. 367.

145 Ver *Barenblatt v. United States*, 360 U.S. 109, 127 (1959); *Uphaus v. Wyman*, 360 U.S. 72, 79-81 (1959).

146 Como señala Siegel, aunque las cortes aplicaron el escrutinio estricto en varios casos de la Primera Enmienda en los años sesenta, el escrutinio estricto solo se convirtió en piedra angular de la doctrina de la Primera Enmienda en los años setenta, después de que fue acogida en la jurisprudencia de igual protección.

147 Siegel, supra nota 42, p. 375.

del gobierno en un caso particular. Por otra parte, el Magistrado Brennan reconocía que el estándar urgente podía ser un criterio riguroso y que en casi todos los casos su aplicación respaldaría las demandas relacionadas con la Primera Enmienda sin necesidad de una ponderación adicional de los intereses en el caso particular[148].

Como marco de argumentación, el análisis de escrutinio estricto combinó la protección solícita de los derechos y la ponderación en un paquete al que la Corte volvería una y otra vez.

El Magistrado Brennan empezó a juntar las piezas en su aclaración del voto en el caso *Braunfeld v. Brown*, un caso de libre ejercicio, de 1961, referente a una ley que prohibía vender productos al detal el día domingo[149]. El Magistrado Brennan abordó de frente la cuestión de la metodología de control con base en los derechos diciendo que "la primera pregunta que se debe resolver [...] se refiere al estándar apropiado de aplicación constitucional en los casos en que se alega que una ley está en conflicto con la Primera Enmienda"[150]. Invocó la prueba de peligro claro y presente tal como se formuló en *West Virginia State Board of Education v. Barnette:* "Las libertades de expresión, de prensa y de reunión [...] son suscepti-

---

148 Ibíd., pp. 375-376.
149 366 U.S. 599, 610 (1961) (el Magistrado Brennan concuerda y disiente).
150 Ibíd., p. 611.

bles de restricción únicamente para evitar un peligro grave e inmediato de los intereses que el Estado puede proteger legítimamente"[151]. El Magistrado Brennan luego evaluó la interferencia de las leyes en los derechos de libre ejercicio: "Su efecto es que nadie puede al mismo tiempo ser judío ortodoxo y competir eficazmente con los comerciantes que conmemoran el domingo"[152]. Después invocó la prueba de interés urgente para pasar a la ponderación, preguntando, "¿Cuál es, entonces, el interés urgente del Estado que impulsa a la Comunidad de Pensilvania a impedir la libertad de culto de los demandantes? ¿Cuál es la necesidad que tanto pesa en la escala constitucional que justifica esta limitación sustancial, aunque indirecta, de la libertad de los demandantes?"[153]. El interés enunciado es insignificante: "Es la simple conveniencia de que todos descansen el mismo día"[154]. Y, por tanto, en opinión del Magistrado Brennan, los demandantes debían prevalecer.

El importante paso conceptual que dio el Magistrado Brennan en el caso *Braunfeld* fue el de emplear una prueba de ponderación (expresada como si el interés fuera urgente) como medio para dar significado al estándar riguroso de *Barnette*[155]. Y después de 1962,

---

151 Ibíd., p. 612 (donde se cita a *W. Va. State Bd. of Educ. v. Barnette*, 319 U.S. 624 [1943]).
152 Ibíd., p. 613.
153 Ibíd., pp. 613-614.
154 Ibíd., pp. 614.
155 *Barnette*, 319 U.S. 624.

cuando los cambios de personal en la Corte cimenta-
ron una mayoría con fuerte inclinación a defender las
libertades civiles, el Magistrado Brennan estuvo cada
vez más en posición de estampar esta perspectiva en
la jurisprudencia de la Corte.

Las coaliciones del Magistrado Brennan aplicaron
agresivamente el estándar, y los demandantes de la
Primera Enmienda prevalecieron en todos los casos.
Estos casos no siempre fueron precisos o coherentes
en definir qué tanto se ajustaban los medios escogidos
por el legislador al fin en cuestión. Finalmente, en el
caso de libre ejercicio *Sherbert v. Verner*, de 1963, el
Magistrado Brennan acopló el estándar de interés
urgente del Estado al de diseño estricto en la forma
de una prueba del medio menos intrusivo[156]. Aunque
el Estado tuviera un interés urgente para condicionar
las prestaciones del seguro de desempleo o la disposición a trabajar los sábados, "estaría claramente
a cargo del interesado [Carolina del Sur] demostrar
que ninguna forma alternativa de reglamentación
[serviría a dicho interés] sin infringir los derechos
de la Primera Enmienda"[157]. El acoplamiento de la
prueba de interés urgente del Estado y la de diseño
estricto se mantuvo con firmeza. Se contó entonces
con el marco de escrutinio estricto maduro que se
aplicaría en una amplia gama de áreas doctrinales
en los años posteriores.

---

156 374 U.S. 398 (1963).
157 Ibíd., p. 407.

Otro ejemplo muestra que la Corte a veces utilizó el estándar de interés urgente del Estado como vehículo para ponderar intereses en casos de la Primera Enmienda durante los años sesenta. *Williams v. Rhodes* se refería a una demanda de protección de la libertad de asociación contra las leyes de Ohio que imponían barreras a los nuevos partidos para figurar en las listas para la elección presidencial en el Estado[158]. Ohio expuso diversos intereses del Estado a los que servían las leyes, pero la Corte, en una sentencia del Magistrado Black, determinó que ninguno de ellos "justifi[caba] la imposición de cargas tan pesadas a ese derecho"[159]. Algunos de los argumentos del Estado fueron rechazados porque el diseño de los medios para cumplir los fines no era suficientemente estricto[160]. La Corte también aceptó que algunos de los intereses mencionados por el Estado –como el interés de elegir al candidato escogido por la mayoría de los electores– eran ciertamente servidos por las leyes[161].

---

158 393 U.S. 23 (1968).
159 Ibíd., p. 31. También estaba involucrado el derecho al voto, pero el análisis de la Corte sobre estos dos derechos fue el mismo.
160 Por ejemplo, el Estado argumentó que la promoción del bipartidismo estimulaba el compromiso y la estabilidad política. Pero la Corte señaló que las medidas no promovían exactamente el bipartidismo, sino que daban a dos partidos particulares el monopolio sobre los votos de los ciudadanos; ibíd., pp. 31-32.
161 Ibíd., p. 32.

Pero las cargas sobre los derechos eran demasiado grandes para justificar el beneficio:

> Conceder al Estado la facultad para excluir a todos los partidos políticos de las listas hasta que tengan suficientes miembros para que puedan ganar limitaría el crecimiento de todos los nuevos partidos que se esfuerzan por aumentar su fuerza año tras año. Considerando estas leyes de Ohio en su totalidad, este interés no puede justificar las graves limitaciones que Ohio ha impuesto al derecho al voto y al derecho de asociación[162].

En años posteriores, por supuesto, el marco de escrutinio estricto migró al análisis de igual protección y se convirtió en un pilar de la aplicación de los derechos constitucionales en esa y en otras áreas doctrinales[163]. Y fue en el curso de esta expansión a partir de sus orígenes en la Primera Enmienda que el escrutinio estricto ganó reputación de rigor inflexible, por ser, en la célebre frase de Gerald Gunther "fatal de hecho"[164]. La ponderación de intereses, emprendida abiertamente en el contexto de la exigencia de "interés urgente

---

162 Ibíd.

163 Ver, p. ej., *Shapiro v. Thompson*, 394 U.S. 618 (1969) (donde se aplicó el escrutinio estricto para invalidar un periodo de espera de un año para ser elegible a las prestaciones sociales por razones de igual protección).

164 Gerald Gunther, "The Supreme Court, 1971 Term – Foreword: In Search of Evolving Doctrine on a Changing Court: A Model for a Newer Equal Protection", 86 *Harv. L. Rev.* 1, 8 (1972).

del Estado" en algunos casos anteriores de los años sesenta, fue menos clara en los años setenta[165]. Más a menudo, la Corte escrutaba intensamente el diseño de la ley, declarándola inconstitucional con base en su inclusividad excesiva o insuficiente, para no tener que considerar si el interés en juego podía ser calificado de "urgente"[166].

C. Evaluación

Hemos mostrado que el análisis de proporcionalidad tiene análogos y antecedentes en nuestra propia historia constitucional, tanto en la Cláusula de Comercio latente como en el escrutinio estricto. Sorprendentemente, la evolución de la aplicación de los derechos fundamentales en Estados Unidos tiene paralelos

---

165 Ver Rubin, supra nota 120, p. 4 ("En las cortes, el escrutinio estricto se invoca pero no se utiliza. A pesar de su nombre –escrutinio 'estricto'– ordinariamente equivale a una decisión de invalidez y no a un instrumento de análisis").

166 *First National Bank of Boston v. Bellotti*, 435 U.S. 765 (1978), ilustra el punto. En este caso, Massachusetts declaró el interés de proteger a los accionistas para respaldar su prohibición de las contribuciones corporativas a las campañas políticas; ibíd., p. 766. Pero la Corte encontró que la ley era excesivamente inclusiva y deficientemente inclusiva con respecto a dicho interés; ibíd., p. 793. La Corte "asumió, *arguendo*, que la protección de los accionistas era un interés 'urgente' en las circunstancias de este caso", e invalidó la ley por falta de una "correlación sustancialmente relevante entre el interés del gobierno" y el derecho a la libre expresión; ibíd., p. 795 (donde se cita a *Shelton v. Tucker*, 364 U.S. 479, 485 (1960)).

con los desarrollos en Alemania[167]. Los esfuerzos judiciales para proteger las libertades individuales pasaron por dos etapas distintas en ambos países[168]. A finales del siglo XIX, en Alemania –igual que en Estados Unidos– las cortes diseñaron técnicas para probar las transgresiones estatales de las libertades privadas que establecieron los estándares para los fines y medios de las facultades del gobierno[169]. En Alemania, el blanco del escrutinio judicial fue la acción administrativa y no la legislación, y las cortes eran tribunales administrativos especializados, el primero de los cuales se creó en 1875[170]. En la famosa decisión *Kreuzberg* de 1882, la corte administrativa superior prusiana circunscribió el alcance de la facultad policial: solo autorizó las medidas para promover la seguridad pública –en oposición, p., ej., a la estética–[171]. En esa misma década, la Corte también empezó a imponer una prueba prueba del medio menos intrusivo a las acciones administrativas que recortaban las libertades

---

167 Estos acontecimientos se describen en algún detalle en el capítulo anterior; ver pp. 99-113.

168 Ibíd.

169 Ibíd., pp. 102-104.

170 Ibíd., p. 102.

171 En *Kreuzberg*, la Corte declaró inconstitucional una reglamentación de la policía de Berlín que limitaba la altura de los edificios para que se pudiera ver un monumento militar. Preußisches Oberverwaltungsgericht [PrOVG] [Tribunal Administrativo Superior de Prusia] 14 de julio de 1882, 9 *Entscheidungen des preußischen Oberverwaltungsgerichts* [PrOVGE] 353, reimpreso en 100 *Deutsches Verwaltungsblatt* 219 (1985).

privadas[172]. Aunque las cortes alemanas carecían de la capacidad para llevar a cabo un control constitucional de las leyes, es sorprendente que las técnicas que derivaron sean tan parecidas a las que aplicó la Corte Suprema de Estados Unidos en casos como *Lawton v. Steele* y en los casos de la Cláusula de Comercio latente[173].

También hay semejanzas entre las segundas etapas de los esfuerzos judiciales de cada país para proteger las libertades individuales. Desde los años cincuenta, la Corte Constitucional de Alemania, así como la Corte Suprema de Estados Unidos, empezó a experimentar con técnicas que daban estatura constitucional a la protección de los derechos[174]. Una forma inicial de análisis de proporcionalidad apareció en un caso de 1958, *Apothekenurteil*, que se comenta más adelante en la Parte III. El análisis de proporcionalidad se basó en la prueba del medio menos intrusivo que tuvo inicio varias décadas antes, pero reforzó la protección de los derechos añadiendo un componente de ponderación[175]. El paso a la ponderación aseguraba incluso la validación de medidas diseñadas estrictamente únicamente si su beneficio excedía al costo en términos de infracción de derechos[176]. Los estudiosos del derecho natural del siglo XVIII que conceptuali-

---

172 Sobre este respecto, ver nota 70 en capítulo 1.

173 Ver supra, Parte I.A.

174 Ver el capítulo 1, pp.106-113.

175 Ibíd.

176 Ibíd., pp. 109-110.

zaron inicialmente el análisis de proporcionalidad insistieron en esta etapa de ponderación, así como los estudiosos del derecho constitucional en la década de 1950[177]. Una vez formalizado en casos posteriores, el marco del análisis de proporcionalidad se volvió rápidamente habitual en el derecho constitucional alemán, difundiéndose a diferentes áreas de derechos en la década de 1960[178].

Estas etapas similares de desarrollo, frente a las múltiples diferencias legales y políticas entre Alemania y Estados Unidos, dan testimonio de los poderosos imperativos funcionales que las cortes modernas enfrentan para manejar las tensiones entre valores importantes. Y sugieren que el análisis de proporcionalidad da ventajas reales a las cortes que se encuentran en esa situación[179]. En ambos sistemas, cuando se les asignó la tarea de proteger los derechos contra Estados intervencionistas de una manera adaptable a los sistemas políticos liberales modernos, las cortes llegaron a fórmulas similares que combinaban la prueba del medio menos intrusivo y la ponderación. El atractivo de los marcos doctrinales basados en la

---

177 Ibíd., pp. 101, 110-111.

178 Ibíd., pp. 111-112.

179 Las semejanzas tampoco deberían obscurecer las importantes diferencias en el alcance de la revisión. Más importante, en la Alemania del siglo xix el escrutinio judicial solo se aplicaba contra las acciones administrativas y no contra la legislación, y en el siglo xx la proporcionalidad persistió como una doctrina administrativa, aunque obtuvo nueva vida en el derecho constitucional; ibíd., pp. 97-111.

proporcionalidad es comprensible. Hace posible que los jueces protejan los derechos a un nivel alto sin proclamar que un derecho es absoluto, a la luz de todos los factores contextuales importantes. Además, se adapta a jueces con puntos de vista diferentes sobre los méritos de disputas particulares. El análisis de proporcionalidad canaliza los desacuerdos sobre los méritos hacia los asuntos sustantivos que tienen más importancia: si las medidas están diseñadas estrictamente y si el interés declarado del Estado es suficientemente urgente para recortar un derecho.

La tendencia a la convergencia en los años sesenta también arroja otra luz sobre la divergencia posterior entre Estados Unidos y Alemania. ¿Por qué en Estados Unidos el escrutinio estricto obtuvo la reputación de ser una prueba rígida y se desarrollaron nuevos niveles de análisis para manejar diferentes preguntas jurídicas[180], mientras que en Alemania el análisis de proporcionalidad llegó a ser aceptado como una técnica para todo propósito en la aplicación de derechos constitucionales? Nuestra respuesta incluye tres elementos.

Primero, cuando el escrutinio estricto se difundió a la igual protección, el "caso de sospecha de clase" se convirtió rápidamente en la aplicación paradigmática del escrutinio estricto[181]. Pero en ese contexto,

---

180 Ver infra Parte III.
181 Ver Siegel, supra nota 42, pp. 398-399. Como señala Siegel, la Corte tardó en aplicar la prueba de interés urgente del Estado en los casos de discriminación racial porque la averiguación

y en particular en los casos relacionados con la discriminación racial, la prueba de escrutinio estricto asumió un propósito diferente. El escrutinio intenso de la conexión entre el medio escogido y los intereses declarados del Estado buscaba "detectar" propósitos envidiosos: probar la buena fe del Estado[182]. Aunque la exigencia de diseño estricto servía bien para este propósito, este uso de la prueba tendía a obscurecer su aplicabilidad al análisis de la ponderación. Segundo, el predominio de una mayoría liberal en la Corte durante el periodo en que surgió el escrutinio estricto ayudó a cimentar la idea, en la Corte y en la academia, de que las medidas del Estado casi siempre fallaban la prueba de escrutinio estricto. Esta regularidad empírica parece haber moldeado la concepción de la Corte acerca de cómo funciona el escrutinio estricto, de modo que el marco fue definido más por los resultados que por la técnica[183]. En un nivel más profundo, la posibilidad de predecir los resultados del escrutinio estricto pudo haber promovido una concepción particular –absolutista– de los derechos.

---

de diseño estricto era suficiente para sacar a luz motivaciones ilícitas.

182 Ver Fallon, supra nota 3, pp. 1308-1311; Ver también Rubenfeld, supra nota 26, p. 428.

183 Sin embargo, como ya se señaló, el escrutinio estricto no es de ninguna manera siempre "fatal de hecho"; ver Winkler, supra nota 44. El artículo de Winkler no cubre casos anteriores a 1990, y nadie ha demostrado todavía cuán fatal fue de hecho el escrutinio estricto durante los años sesenta, setenta y ochenta.

Las mayorías protectoras de derechos que aplicaron el escrutinio estricto incluían Magistrados que veían algunos derechos, al menos, como triunfos que no admitían ninguna infracción[184]. Aunque esta visión nunca fue respaldada por una mayoría de la Corte, los resultados de los casos en que se utilizó el escrutinio estricto parecen haber reforzado sutilmente la concepción implícita de los absolutistas.

Tercero, el repliegue de la ponderación abierta en el escrutinio estricto refleja el intento de la Corte de protegerse contra la exposición como cuerpo legislativo. Esta motivación no carece de ironías. La ponderación abierta de los intereses relevantes usurpa mucho menos el papel del legislador que el tipo de análisis minucioso de inclusividad excesiva/inclusividad deficiente que la Corte emprendió en *Bellotti*[185]. Y si la alternativa a la ponderación basada en principios es la elaboración de normas constitucionales como base de su decisión, una corte no puede ocultar que está legislando. La corte que interpreta un código constitucional –que deriva una regla para cada ocasión– no solo se convierte en un legislador, sino en un legislador constitucional supremo.

---

184 Como se señaló más atrás, los Magistrados Black y Douglas, que adoptaron esta visión de los derechos, inicialmente se rehusaron a sumarse a las sentencias que aplicaban el escrutinio estricto, pero lo hicieron en su momento; ver, supra, el texto que acompaña a la nota 50.

185 Ver supra nota 168.

III. PATOLOGÍAS DEL CONTROL ESCALONADO

Después de examinar el desarrollo anterior de los marcos de control con base en los derechos ahora pasamos al estado actual de la doctrina de los derechos, centrándonos en el control escalonado. El régimen contemporáneo de control escalonado es el heredero de los desarrollos comentados en la Parte II.B. Cuando el marco de escrutinio estricto obtuvo la reputación de "fatal de hecho", la revisión bifurcada se fragmentó, y la Corte improvisó nuevas y menos rigurosas formas de revisión para manejar nuevas clases de pretensiones. Canónicamente, la Corte Suprema utiliza tres niveles de control: el control del fundamento racional, el escrutinio intermedio y el escrutinio estricto. Pero no es fácil contar los niveles. Algunos comentaristas han encontrado claras desviaciones de estos estándares que establecen nuevos niveles, tales como el de "escrutinio mínimo con asidero" para las leyes dirigidas a clases "cuasi sospechosas"[186], y otros han interpretado las incongruencias en la aplicación de los estándares como evidencia de que todo el edificio de la revisión escalonada comienza a derrumbarse[187].

---

186 Ver, p. ej., Jeffrey M. Shaman, *Constitutional Interpretation: Illusion and Reality*, pp. 81-84 (2001) (donde se describe cómo actualizó la Corte el escrutinio mínimo en ciertos contextos a partir de los años setenta).

187 Ver Calvin Massey, "The New Formalism: Requiem for Tiered Scrutiny?", 6 *U. Pa. J. Const. L.* 945, 946 (2004) ("La flacidez del escrutinio estricto utilizado en *Grutter*, asociada

En cualquier caso, el conjunto de estándares que en conjunto conforman el control escalonado es nuestro análogo funcional más cercano a la proporcionalidad: un calificativo general de la revisión de pretensiones de derechos en numerosas áreas sustantivas. Pero argumentamos que hay graves patologías ligadas a la revisión escalonada, entre ellas: (a) la abdicación judicial, en la forma de revisión del fundamento racional; (b) la falta de plenitud analítica, en ausencia de una etapa explícita de proporcionalidad y (c) la inestabilidad doctrinal. En comparación con el análisis de proporcionalidad, cada una de estas patologías amenaza la protección de los derechos de manera fundamental.

El análisis saca a la luz una dinámica peculiar y persistente en la evolución de nuestros estándares doctrinales. Los elementos de la proporcionalidad están dispersos a lo largo de las doctrinas estadounidenses de los derechos; en efecto, como mostraremos, incluso el control del fundamento racional, tal como se realizaba hasta mediados de los años cincuenta, tenía afinidades con el análisis de proporcionalidad clásico[188]. Con el paso del tiempo, sin embargo, la Corte se esforzó por desmantelar la ponderación de intereses interno a estos estándares, de modo que el resultado del control del fundamento racional y del

---

al robusto escepticismo del escrutinio mínimo utilizado en *Lawrence*, sugiere que los compartimientos bien delimitados del escrutinio escalonado empiezan a colapsar").

188 Ver infra Parte III.A.

escrutinio estricto se convirtió prácticamente en una conclusión conocida de antemano[189]. Enfrentada a esta rigidez, la Corte retomó la ponderación, a menudo en la forma de un estándar o de una prueba nuevos y *ad hoc*.

A. Abdicación

Los jueces que usan el marco de proporcionalidad normalmente empiezan discutiendo la naturaleza, el alcance y el propósito del derecho que se invoca; primero en abstracto y luego haciendo referencia al demandante y al conflicto entre ese derecho y otro valor constitucional, tal como el que invoca el gobierno[190]. En la ponderación conforme al análisis de proporcionalidad, la Corte suele considerar qué tanta de la "esencia" del derecho está involucrada en la disputa: cuanto mayor sea la incursión en el núcleo esencial de un derecho, más debe pesar el interés público invocado por el gobierno para justificar la incursión. Así, una corte puede reconocer que el deseo de un individuo de consumir pornografía infantil cae dentro de la categoría de la libre expresión, al tiempo que permite que el gobierno determine los daños resultantes de la explotación sexual de los niños, incluida la criminalización de la posesión de

---

189 Ver supra nota 185.
190 Ver supra Parte i.

ese tipo de pornografía[191]. Esa misma corte también podría considerar que la protesta política debe ser presuntamente protegida contra la reglamentación del Estado. Solo una pequeña porción del derecho a la libre expresión está involucrada en la pornografía infantil, mientras que el valor de la expresión política es parte esencial del núcleo de esa libertad. El marco de múltiples etapas de la proporcionalidad facilita la tarea de desarrollar dichas distinciones de una manera basada en principios y relativamente transparente.

En contraste, el control de fundamento racional tal como hoy se emplea lleva a los jueces estadounidenses a abdicar de su deber de proteger los derechos, incluidos los derechos de propiedad, que son expresamente contemplados en la Constitución. La justificación doctrinal que está en la base de la abdicación no es clara: puede ser que el "derecho" invocado no sea,

---

191 En un importante caso de pornografía infantil, *R. v. Sharpe*, la Corte Suprema canadiense determinó que una disposición del Código Penal, aplicada a Mr. Sharpe, violaba su libertad de expresión pero se justificaba como una medida proporcional diseñada para proteger a los niños contra la explotación; [2001] 1 S.C.R. 45. El enfoque contrasta entonces con los enfoques categóricos, basados en reglas, de la protección de derechos que intentan prescindir de la ponderación una vez se han definido la naturaleza y el alcance del derecho. Con este último enfoque, una corte podría decidir que no se recortaron los derechos de Mr. Sharpe, puesto que la pornografía infantil no es *per se* una forma protegida de expresión; ibíd. Ver *New York v. Ferber*, 458 U.S. 747 (1982) (donde se sostiene que la pornografía infantil está más allá de los límites de la protección de la Primera de Enmienda).

de hecho, un derecho; o que el derecho no es suficientemente importante para merecer la protección judicial otorgada a los derechos "fundamentales"; o que, mediante la ponderación, la Corte haya determinado que el derecho nunca puede pesar más que algún propósito público razonable legítimamente perseguido por el gobierno. Además, la Corte Suprema a menudo describe y usa el fundamento racional como un tipo de doctrina de deferencia; que cubre dominios de política en los cuales los legisladores deben hacer la ponderación y no las cortes. En lo relativo a los derechos de propiedad, la Corte cambió una posición rígida (la protección agresiva de la propiedad en la era *Lochner*) por otra (la abdicación en la era post *Lochner*). Pensamos que tratar una disposición de derechos como absoluta *de facto* o sin fuerza *de facto* es un mal movimiento estratégico de la Corte, o de cualquier corte protectora de los derechos. En términos formales, también es indefendible suprimir un derecho de la Constitución, pero eso es lo que ha hecho la Corte[192].

Un ejemplo diciente es la muy conocida decisión de la Corte Suprema en *Williamson v. Lee Optical of Oklahoma, Inc.*, de 1955[193]. Este caso involucraba una ley de Oklahoma que habría prohibido que los técnicos

---

192 No somos los primeros en adoptar este punto de vista; ver, p. ej., James W. Ely, Jr., *The Guardian of Every Other Right: A Constitutional History of Property Rights* (1992); Richard A. Epstein, *Takings* (1985).

193 348 U.S. 483 (1955).

ópticos (que tallan y duplican lentes, y los ajustan al marco y al rostro) vendieran sus servicios y productos sin previa autorización de un oftalmólogo (un doctor en medicina especializado en el cuidado de los ojos) o de un optómetra (un profesional que diagnostica pero no trata enfermedades de los ojos, y formula lentes)[194]. Entre otras cosas, la ley habría prohibido que los técnicos ópticos cambiaran marcos viejos por marcos nuevos o duplicaran lentes existentes para ponerlos en marcos viejos sin que el cliente obtuviera primero la prescripción de un oftalmólogo o de un optómetra[195]. Los oftalmólogos y los optómetras también tendrían autoridad para designar al técnico óptico al que podía recurrir el cliente[196]. Días antes de que la ley entrara en vigencia, los técnicos ópticos pidieron a una corte de distrito de tres jueces que la invalidara porque la reforma violaría los derechos de propiedad garantizados por la Constitución[197]. Los demandantes también sostuvieron que la ley incluía una delegación ilegal, a partes privadas, de la autoridad para determinar quién se encargaría del negocio de las ópticas en el Estado[198]. Oklahoma afirmó que la ley había sido diseñada para promover un mejor

---

194 Ibíd., pp. 485-486.
195 Ibíd., p. 485.
196 Ibíd., p. 485 n. 1.
197 *Lee Optical of Okla., Inc. v. Williamson*, 120 F. Supp. 128, 137 (W.D. Okla. 1954), *rev'd*, 348 U.S. 483 (1955).
198 Ibíd.

cuidado de los ojos, nada menos que aumentando la
frecuencia de los exámenes de los ojos[199].

Después de escuchar numerosas declaraciones,
la corte de distrito determinó que el efecto de la ley
sería el de sacar a muchos técnicos ópticos del negocio[200] –una privación total de los derechos– mientras
que no producía ningún beneficio adicional a la salud pública[201]. Conforme al análisis de proporcionalidad, dichas determinaciones solo pueden llevar
a un resultado: la invalidación de la ley como un
ejercicio desproporcionado del poder legislativo. El
juez Wallace, en nombre de la Corte, reconoció que
la disputa se debía resolver mediante un estándar de
racionalidad[202]. Pero no consideró que el fundamento

---

199 *Lee Optical*, 348 U.S., 487.

200 *Lee Optical*, 120 F. Supp., p. 144 n. 37 ("El resultado inevitable
     del cumplimiento de las disposiciones que esta Corte encontró
     inconstitucionales [...] será sacar literalmente del negocio a
     dichos demandantes").

201 Ibíd., 135 ("La evidencia indica, casi sin discrepancias, que
     las prescripciones escritas emitidas por el examinador profe-
     sional no contienen directivas relacionadas con la manera de
     adaptar los anteojos al rostro del usuario. Además, la Corte ha
     confirmado que la simple adaptación de los marcos al rostro,
     cuando se dispone de los lentes viejos, es en realidad solo un
     incidente para lo que es en esencia un transacción comercial,
     es decir, la venta de anteojos; y, en todo caso, el conocimiento
     necesario para prestar estos servicios es de carácter estricta-
     mente artesanal y se pueden prestar con habilidad y precisión
     sin el conocimiento y la capacitación profesionales esenciales
     para recibir la licencia de oftalmólogo u optómetra").

202 Ibíd., p. 132-133.

racional fuera un estándar estricto de deferencia que eximiría a la ley del control de constitucionalidad con base en los derechos. En cambio, consideró que el fundamento racional exige verificar que el Estado no haya limitado los derechos de los técnicos ópticos de manera arbitraria[203] o irrazonable[204]:

> Es sabido [...] que todas los actos legislativos van acompañados de una presunción de constitucionalidad, y que la corte no debe invalidar por decisión un acto simplemente porque en su opinión la legislatura actuó imprudentemente. Así mismo, cuando la ley se refiere a la salud pública y al bienestar público, no se le puede considerar una ley clasista inconstitucional, aunque identifique a una clase específica de personas o de negocios, cuando el impacto de la legislación está libre de capricho y discriminación y está racionalmente relacionado con el bien público. Una corte solo puede anular la acción legislativa cuando parece

---

203 Ibíd., p. 142 ("El técnico óptico, un comerciante en este particular, no puede ser despojado arbitrariamente de una parte sustancial de su negocio con el pretexto de que dicha privación está racionalmente relacionada con la salud pública").

204 Ibíd., pp. 137-138 n. 21 ("La acción de la legislatura en el mismo acto es tan irrazonable como si los farmaceutas [sic] fueran despojados de su derecho a hacer negocios por la acción legislativa que delegó a los médicos el control y la responsabilidad absolutos de *elaborar* recetas médicas en razón de que un médico es el único calificado para *prescribir* drogas a los pacientes").

cierto que el intento de ejercicio de la facultad de policía es arbitrario, irrazonable o discriminatorio[205].

En este pasaje, el juez Wallace se esforzó por diferenciar su enfoque del tipo de formalismo robótico que tanto desprestigió al control de "razonabilidad" durante la era *Lochner*. En la sentencia incorporó elementos del análisis de proporcionalidad en el análisis. Citando lo que consideraba un precedente estable, el juez Wallace concluyó que el ejercicio de las facultades de policía del Estado solo sería justificado si el Estado podía demostrar, "primero, que los intereses del público en general, en cuanto se distinguen de los intereses de una clase particular, exigen dicha interferencia; y, segundo, que *los medios son razonablemente necesarios para lograr el propósito, y no indebidamente opresivos para los individuos*"[206]. Luego emitió su fallo sobre el caso de un modo que alguien versado en el análisis de proporcionalidad encuentra familiar[207]:

---

205 Ibíd., p. 132.

206 Ibíd., p. 137 (énfasis añadido), que cita a *Lawton v. Steele*, 152 U.S. 133, 137 (1894).

207 Coincidiendo con esta parte de la decisión, la aclaración del voto del Juez Murrah también tiene el tono de un análisis de proporcionalidad estándar:

El resultado obvio de esta legislación es el de apropiarse del derecho de propiedad de una clase a seguir una vocación o una profesión legítimas y dárselo a otra clase que no muestra ser más competente en el interés público. De hecho, la evidencia muestra que sería contrario al interés público exigir que el portador de anteojos regrese al oftalmólogo para obtener la

Los medios escogidos por la legislatura no guardan "una relación real y sustancial" con el fin buscado, es decir, con una mejor visión, en la medida en que [...] [los oftalmólogos y los optómetras] no poseen ningún conocimiento o habilidad superior a la de un técnico óptico calificado y con experiencia [...] y de hecho [los oftalmólogos y optómetras], como clase, no está tan bien calificados como los técnicos ópticos como clase para supervisar o prestar los servicios aquí reglamentados[208].

La corte de distrito decidió que las tres disposiciones de la ley de Oklahoma violaban la Cláusula de Debido Proceso de la Decimocuarta Enmienda, y que una disposición violaba la Cláusula de Igual Protección de esa misma Enmienda.

Es esencial subrayar que la corte de distrito no encontró elementos del análisis de proporcionalidad ajenos o antagónicos a la revisión del fundamento racional. Tal como encontramos con respecto a las

---

prescripción del remplazo o la duplicación de los lentes, o imponer al oftalmólogo la carga de vender y montar anteojos y otros aparatos, o dar ese monopolio simplemente comercial al optómetra. No hay fundamento racional para privar al técnico óptico del derecho a prestar al público este servicio puramente mecánico y comercial.
Ibíd., p. 144 (Magistrado Murrah, aclaración del voto) (disintió de las disposiciones que afectaban a la publicidad, las cuales no discutimos aquí).

208 Ibíd., p. 138.

versiones anteriores del escrutinio estricto[209], los jueces estadounidenses consideraban que el análisis de la necesidad y la ponderación eran partes inherentes del repertorio judicial cuando aplicaban derechos.

La Corte Suprema anuló la decisión de la corte de distrito (mucho más matizadamente) sin pronunciar una sola palabra relacionada con los derechos que se invocaban y sin una seria consideración de los hechos o de la política. En vez de ello, el Magistrado Douglas, en nombre unánime de la Corte, simplemente abdicó:

> La ley de Oklahoma puede imponer una exigencia innecesaria y demasiado costosa en muchos casos. Pero corresponde a la legislatura, y no a las cortes, ponderar las ventajas y las desventajas de la nueva exigencia [...] Es suficiente que se perciba un mal que se debe corregir, y que se pueda pensar que la medida legislativa particular era una manera racional de corregirlo.

> Ya pasó el momento para que esta Corte utilice la Cláusula de Debido Proceso de la Decimocuarta Enmienda para anular leyes estatales que reglamentan condiciones comerciales e industriales, debido a que son imprudentes, imprevisoras o no armonizan con una escuela de pensamiento particular. Subrayamos de nuevo lo que el Presidente de la Corte Waite dijo en *Munn v. Illinois*, "Para buscar protección contra

---

209 Ver supra Parte II.

abusos de las legislaturas las personas deben recurrir a las urnas y no a los tribunales"[210].

La abdicación también supuso un acto extraordinario de legislación constitucional: la Corte Suprema reescribió la Constitución de Estados Unidos de un modo que privaba a los individuos de la protección judicial de derechos expresamente garantizados por esa misma Constitución[211]. Sin duda, esta decisión es una de las que tiene peor razonamiento entre aquellas que la Corte profirió en un caso importante. De hecho, no incluye prácticamente ningún razonamiento sobre los derechos, cualquiera que sea[212].

---

210 *Williamson v. Lee Optical of Okla., Inc.*, 348 U.S. 483, 497-488 (1955) (se omiten las citas) (donde se cita a *Munn v. Illinois*, 94 U.S. 113, 134 [1877]).

211 La salvedad del voto del Magistrado Field en *Munn v. Illinois*, que el Magistrado Douglas cita como autoridad, se aplica igualmente bien a *Lee Optical*:

La interpretación dada realmente por [...] esta corte convierte a la disposición, en términos de Taney, en una protección de "un derecho simplemente inocuo y abstracto, sin ninguna aplicación práctica al negocio de la vida", y la convierte en "simple palabrería formal, ilusoria y nugatoria, que no da ninguna protección y no produce ningún resultado práctico. 94 U.S. 113, 145 (1876) (Magistrado Field, salvamento de voto) (quien cita a *Bronson v. Kinzie*, 42 U.S. (1 How.) 311, 318 (1843)).

212 Con respecto a la reclamación de igual protección, el Magistrado Douglas solo tuvo esto que decir:

El problema de la clasificación legislativa es perenne y no admite ninguna definición doctrinaria. Los males en el mismo campo pueden ser de dimensiones y proporciones diferentes, y requieren remedios diferentes. O así lo puede

La sentencia de la Corte Suprema en *Lee Optical* y sus efectos duraderos merecen ser considerados a la luz de lo que la Corte Constitucional Federal alemana hacía en esa misma época. En *Apothekenurteil*[213], uno de sus primeros casos de ponderación, de 1958, un farmaceuta demandó una ley bávara que reglamentaba las farmacias con base en que violaba el Artículo 12(1) de la Ley Fundamental[214], que establece la libertad de elección de la profesión. La ley autorizaba la concesión de licencias para nuevas farmacias únicamente "en el interés público" y solo cuando los nuevos almacenes no desestabilizaran el mercado poniendo en peligro la viabilidad de las farmacias existentes[215]. En el marco de su análisis, la Corte Constitucional

---

pensar el legislador. O la reforma puede dar un paso a la vez, dirigiéndose a la etapa del problema que parece más aguda para la mentalidad legislativa. La legislatura puede seleccionar una etapa de un campo y puede aplicar allí un remedio, descuidando las demás. La prohibición de la Cláusula de Igual Protección no va más allá de la discriminación envidiosa. No podemos decir que aquí se haya llegado a ese punto.

Lee Optical, 348 de U.S., 489 (se omiten las citas).

213 Bundesverfassungsgericht [BVerfG] [Corte Constitucional Federal] 11 de junio de 1958, 7 *Entscheidungen des Bundesverfassungsgerichts* [BVerfGE] 377 (Ger.).

214 El artículo 12(1) dice: "Todos los alemanes tendrán derecho a escoger libremente su profesión, su puesto de trabajo y su centro de formación, si bien en el ejercicio de las profesiones podrá ser regulado por la ley o en virtud de una ley". Grundgesetz für die Bundesrepublik Deutschland [Grundgesetz] [GG] [Ley Básica], 23 de mayo de 1949, BGBl. I, art. 12(1) (Ger.).

215 7 BVerfGE 377 (380).

Federal Alemana enfrentó directamente la tensión entre derechos individuales y objetivos públicos, lo cual la llevó a acoger la ponderación:

> El derecho constitucional debería proteger la libertad del individuo; la reglamentación profesional debería asegurar una suficiente protección de los intereses de la sociedad. La invocación de la libertad por parte de un individuo tiene un efecto más fuerte [...] cuanto más se pone en cuestión su derecho a la libre elección de una profesión; la protección del público se vuelve más urgente cuanto mayores son las desventajas que provienen de la libre práctica de las profesiones. Cuando se intenta maximizar ambas demandas [...] igualmente legítimas [...] de la manera más efectiva, la solución solo se puede encontrar en una cuidadosa ponderación [*Abwägung*] del significado de los dos intereses opuestos y quizá en conflicto[216].

En una decisión sustanciosa y compleja, la Corte entonces elaboró una versión inicial del análisis de proporcionalidad, ajustada a las especificidades del Artículo 12(1)[217], y anuló la ley por razones de necesidad. En un caso que decidió el año siguiente, la Corte alemana desestimó pretensiones referentes

---

216 7 BVerfGE 377 (404-405).
217 7 BVerfGE 377 (396-412). El caso se decidió antes de que la Corte Constitucional Federal Almana hubiese desarrollado plenamente el principio de proporcionalidad. Hoy hay una prueba de proporcionalidad para todos los derechos fundamentales; ver el capítulo 1, pp. 112-113.

al Artículo 12(1), declarando exequible una ley que prohibía a otras empresas distintas de las farmacias autorizadas la venta al por menor de drogas pre empacadas y sin receta médica[218]. Declaró que la salud pública sería mejor servida si todos los medicamentos fueran vendidos por profesionales calificados, y que las farmacias quedarían económicamente en peligro si no podían confiar en esta fuente de ingresos[219].

La Corte alemana no utilizó estos casos para tender un lecho de Procusto que luego forzaría a que todo conjunto de hechos llevara al mismo resultado. Por el contrario, desarrolló un marco flexible de ponderación capaz de adaptarse al cambio de las circunstancias. Aunque la ponderación puede llevar a resultados inconsistentes (se rechaza un argumento económico funcional en el primer caso pero se acepta en el segundo, si se basa en hechos diferentes)[220], la Corte Constitucional Federal Alemana no abdicó de sus deberes constitucionales. A diferencia de la Corte Suprema de Estados Unidos, la Corte Constitucional Federal Alemana (una nueva jurisdicción cuya legitimidad política aún tenía que ser probada) no les dijo a los demandantes de derechos: "recurran a las urnas y no las cortes", sino que aceptó plenamente la responsabilidad que acompaña a la facultad

---

218 BVerfG 7 de enero de 1959, 9 BVerfGE 73 (82).
219 9 BVerfGE 73 (76-81).
220 Ver Paul G. Kauper, "The Constitutions of West Germany and the United States: A Comparative Study", 58 *Mich. L. Rev.* 1091, p. 1130 (1960).

de control de constitucionalidad. Adoptando una perspectiva más amplia, el compromiso de la Corte alemana con la proporcionalidad le ha ayudado a evitar el tipo de problemas que la Corte Suprema de Estados Unidos se creó a sí misma. En la época anterior al New Deal, la Corte estadounidense se comprometió a defender la libertad de contratos y el capitalismo de *laissez-faire* contra la reglamentación del mercado, como si esa defensa fuera una de sus principales misiones institucionales; luego abandonó totalmente los derechos de propiedad. En contraste, la Corte alemana ha declarado congruentemente que la Ley Fundamental es "neutral" con respecto al tipo de sistema económico o de regulación establecido por el legislador[221]. Pero esa posición nunca ha implicado abdicación[222]. Por el contrario, una de las principales responsabilidades de la Corte Constitucional Federal

---

221 La principal decisión es la del caso *Investment Aid I*, BVerfG 20 de julio de 1959, 4 BVerfGE 7. Para una traducción y un comentario, ver Kommers, supra nota 21, pp. 243-245.

222 La Corte Constitucional Federal Alemana busca reducir, tanto como sea posible, la tensión entre el derecho de propiedad invocado y el bienestar público resultante de una limitación de los derechos de propiedad, es decir, la Corte Constitucional Federal Alemana hace la ponderación entre valores constitucionales contrapuestos a la luz del contexto del caso. En casos como *Lee Optical*, la Corte Suprema de Estados Unidos poco usa la Constitución o el contexto. Para una excelente comparación de los enfoques alemán y estadounidense de los derechos de propiedad como derechos constitucionales, ver Gregory S. Alexander, "Property as a Fundamental Constitutional Right? The German Example", 88 *Cornell L. Rev.* 733 (2003).

Alemana ha sido la de definir los límites recíprocos de la regulación del mercado y de los derechos de propiedad[223] a medida que la sociedad alemana y la economía se transforman. Al hacerlo, a veces ha irritado a la Democracia Cristiana, de derecha, y a veces a la Social Democracia, de izquierda, pero durante más de cinco décadas nunca ha perdido su papel central en la gobernanza económica. La Corte alemana habría fallado, como falló la Corte Suprema estadounidense, si hubiese acogido la rigidez y el absolutismo.

B. Falta de Plenitud

Desde el punto de vista de un juez que utiliza sistemáticamente el análisis de proporcionalidad para resolver los litigios sobre derechos, el uso de variados enfoques por parte de la Corte Suprema a veces parece

---

223 La Ley Básica garantiza el derecho de propiedad en el Artículo 14, que cualifica el derecho de propiedad de una manera que implica fuertemente el uso del análisis de proporcionalidad. "Artículo 14: (1) Se garantizan la propiedad y el derecho de herencia, con el contenido y las limitaciones que la ley determine. (2) La propiedad obliga. Su uso deberá servir, al mismo tiempo, al bien común. (3) Sólo procederá la expropiación cuando sea en interés común, y se producirá únicamente por ley o en virtud de una ley, que determinará la modalidad y el alcance de la misma. La indemnización se ajustará mediante una justa ponderación de los intereses de la colectividad y del afectado. En caso de conflicto se dará recurso ante los tribunales ordinarios en cuanto al importe de la indemnización".

casual o peor: sin principios. El juez estadounidense se siente mucho más cómodo omitiendo etapas analíticas que el juez que aplica el análisis de proporcionalidad consideraría esenciales. El juez que aplica el análisis de proporcionalidad siempre empieza con una discusión general del derecho que se está invocando desde el punto de vista de la estructura o de la teoría constitucional, y a la luz de fallos anteriores. Una vez ha interpretado el derecho de ese modo, el juez luego pasa al análisis de proporcionalidad. Si la medida del gobierno bajo control sobrevive al análisis de la necesidad, la etapa de proporcionalidad en sentido estricto luego permitirá que el juez asegure que la ley no infringe demasiado el derecho, dados los compromisos constitucionales del sistema político. El juez comienza entonces con una interpretación relativamente abstracta del derecho y termina con un análisis del derecho en un conflicto específico con un valor opuesto. El juez estadounidense puede omitir una o ambas etapas, incluso en el escrutinio estricto, como cuando lleva a cabo la indagación de interés urgente sin una seria consideración del derecho, o una ponderación.

Un ejemplo bien conocido de falta de plenitud flagrante es *United States v. O'Brien*[224]. El señor O'Brien quemó su tarjeta de reclutamiento, en violación de las leyes federales, para protestar contra la Guerra

---

224 391 U.S. 367 (1968).

de Vietnam y el reclutamiento militar[225]. Aunque el caso planteó importantes preguntas sobre el uso del gobierno de una reforma legal para reprimir las protestas[226], aquí nos centramos en el tratamiento que dio la Corte Suprema al derecho a la expresión "silenciosa" o "simbólica". La Corte mencionó pero no adoptó una posición firme con respecto a si la acción de O'Brien se debía considerar "expresión" conforme a la Primera Enmienda; la indagación simplemente quedó incompleta[227]. En cambio, la Corte formuló la siguiente prueba:

> Esta Corte ha determinado que cuando los elementos de "expresión" y de "no expresión" se combinan en

225 Ver ibíd., pp. 369-370, 376.

226 En 1965, el Congreso reformó la Ley de Entrenamiento y Servicio Militar Universales de 1948, en parte para disuadir a quienes podían quemar sus carnets para protestar contra la guerra; ver ibíd., pp. 370, 385-386. El tribunal de circuito, señalando que la acción de O'Brien ya era punible de acuerdo con una norma independiente, declaró que la reforma era inconstitucional porque había sido diseñada expresamente para limitar la libre expresión; *O'Brien v. United States*, 376 F.2d 538, 540-541 (1st Cir. 1967), *revocada*, 391 U.S. 367.

227 Ver *O'Brien*, 391 U.S., 376 ("No podemos aceptar la opinión de que una variedad aparentemente ilimitada de comportamientos se pueda calificar de 'expresión' cada vez que la persona empeñada en ese comportamiento pretenda expresar una idea. Sin embargo, incluso suponiendo que el supuesto elemento comunicativo del comportamiento de O'Brien es suficiente para poner en juego la Primera Enmienda, no necesariamente se deduce que la destrucción de una tarjeta de reclutamiento sea una actividad constitucionalmente protegida").

el mismo curso de comportamiento, un interés suficientemente importante del gobierno en la reglamentación del elemento de no expresión puede justificar limitaciones incidentales a las libertades de la Primera Enmienda. Para caracterizar la calidad del interés gubernamental que debe figurar, la Corte ha empleado una variedad de términos descriptivos: urgente, sustancial, subordinante, superior, convincente, fuerte. Sin importar la imprecisión inherente a estos términos, pensamos que es claro que una reglamentación del gobierno está suficientemente justificada, si está dentro de las facultades constitucionales del gobierno, si promueve un interés importante o sustancial del gobierno, si el interés del gobierno no está relacionado con la supresión de la libre expresión y si la restricción incidental de las libertades que supuestamente ampara la Primera Enmienda no es mayor de la que es esencial para promover ese interés[228].

La Corte no distinguió un "interés urgente" de un "interés sustancial"; por el contrario, dio a entender que los "términos descriptivos" mencionados eran sinónimos. Con base en esta prueba, la Corte confirmó la condena de O'Brien, puesto que la tarjeta de reclutamiento cumplía diversas funciones administrativas, como la de notificar los derechos y los deberes del portador[229].

---

228 Ibíd., pp. 376-377 (se omiten las notas de pie de página).
229 Ibíd., pp. 378-380, 382.

El juicio concluyó con un silencio ensordecedor sobre la pregunta de si el interés del gobierno pesaba más o no que el supuesto derecho a la expresión "alegado" por O'Brien, cuya respuesta podría haber informado si el marco contenía una etapa de proporcionalidad en sentido estricto. La Corte también podría haber ponderado los valores contrapuestos en su discusión de la naturaleza del interés "importante o significativo" del gobierno; pero en lugar de ello, efectuó la prueba sin decir nada sobre la importancia de la libre expresión. Para resolver dicho caso de conformidad con una versión estándar del análisis de proporcionalidad, la Corte habría estado obligada a considerar primero la naturaleza y el alcance del derecho en cuestión, y después, asegurar que el derecho no quedada perdido al final en el análisis de la posición del gobierno.

O'Brien puede ilustrar algo diferente acerca de la aplicación estadounidense de los derechos. Como ya mencionamos, *O'Brien* no se adhirió a la fórmula literal de escrutinio estricto del interés "urgente" del Estado; un interés "sustancial" o "importante" del gobierno sí la habría exigido[230]. Esta posición está sujeta a diferentes interpretaciones. Algunos podrían considerar el caso *O'Brien* como un caso de escrutinio estricto en todo excepto en el nombre; otros podrían rechazar esta conclusión, especialmente a la luz del

---

230 Ver ibíd., pp. 366-367.

resultado: el gobierno gana[231]. Pero si *O'Brien* no es un caso de escrutinio estricto, ¿qué es?

O'Brien bien puede ser un precursor de la prueba de escrutinio intermedio que proliferaría a partir de los años setenta[232]. Igual que el estándar empleado en *O'Brien*, la prueba canónica de escrutinio intermedio también exige un interés "importante" del Estado (aunque no impone una prueba de diseño estricto)[233]. En la medida en que consideremos el estándar *O'Brien* como una prueba temprana de escrutinio intermedio, el caso sigue otro patrón. Igual que en el caso del marco de escrutinio estricto, vemos que la Corte emprende una innovación doctrinal con respecto a la vanguardia de las libertades civiles –los derechos de la Primera Enmienda– que en corto tiempo se difunde a otros derechos constitucionales. A continuación discutimos la creación de formas intermedias de escrutinio.

C. Inestabilidad

La tercera patología está relacionada con las dos primeras. En el régimen clásico de "control bifurcado" se

---

231 Ver ibíd., p. 386.

232 Kathleen Sullivan, por ejemplo, considera que la prueba *O'Brien* es una versión del escrutinio intermedio; Sullivan, supra nota 8, p. 297.

233 Ver, por ejemplo, *Craig v. Boren*, 429 U.S. 190, 197 (1976), que se comenta en la Parte III.C.1 infra. En vez del diseño estricto, la prueba exigía una relación "sustancial" entre la política y los objetivos del gobierno, de nuevo haciendo eco al lenguaje de O'Brien; ver ibíd.

pide a los jueces que ordenen los casos en dos grupos
que representan extremos de severidad y deferencia[234]. La inadecuación de estas opciones genera una
inestabilidad persistente en la estructura doctrinal.
Una y otra vez, la Corte ha introducido un estándar
de control intermedio para guiar su indagación en
diferentes áreas del derecho[235]. Las formas de control
intermedio reflejan los esfuerzos para dar espacio a
la ponderación en el contexto de la aplicación de los
derechos. Como tales, son también sintomáticas de
la disfuncionalidad del clásico control de dos niveles.

Pero la introducción *ad hoc* de nuevos estándares
de control "no resuelve el problema" del control de
dos niveles; más bien, crea nuevos problemas. Pese
a todas sus fallas, el marco de control de dos niveles
se basaba al menos en una distinción coherente entre
libertades económicas y derechos fundamentales
"preferidos"[236]. La adición de nuevos niveles se regis-

---

234 Ver White, supra nota 119, p. 301 (donde se describe "el proyecto de revisión bifurcada" de la Corte).

235 A veces la Corte también ha dicho que aplica uno de los dos
estándares canónicos, pero no lo ha hecho de manera transparente; ver, p. ej., *City of Cleburne v. Cleburne Living Ctr., Inc.*, 473
U.S. 432 (1985) (donde reconoce que una ley que discrimina a
los individuos con retraso mental no merece escrutinio intenso
porque el retardo mental no es una clase cuasi sospechosa, pero
encuentra que la ley no cumple la racionalidad con respecto a
algunas de sus diversas justificaciones y sugiere que la Corte
realmente estaba aplicando un estándar más alto que el del
control del fundamento racional).

236 Ver Gillman, supra nota 82, pp. 623-626; White, supra nota
118, p. 309.

tra como una desviación de esta línea de referencia y puede dar la impresión de ser un paso sin principios o ilegítimo. Los salvamentos de voto en los casos que adoptaron inicialmente el escrutinio intermedio así lo describen creíblemente[237].

Más en general, el abandono del control bifurcado debilita la estabilidad de la aplicación de los derechos. Debido a que no tenemos una meta-teoría de los derechos que conecte ciertas clases de pretensiones con los estándares de control, la confusión y la discusión sobre el estándar apropiado son muy comunes, en particular cuando surgen demandas relativas a nuevos derechos. El carácter impredecible e inestable del control escalonado es en parte culpable de que buena parte del poder analítico de nuestra jurisprudencia constitucional se concentre en el estándar de control y no en la sustancia de la pretensión[238].

Ilustramos estos puntos examinando algunos casos en los que las cortes elaboran nuevos estándares de control en un intento de introducir una ponderación en el análisis. Primero discutimos dos desarrollos bien

---

237 Ver, p. ej., *Plyler v. Doe*, 457 U.S. 202, 244 (1982) (Presidente de la Corte Burguer, salvamento de voto) (quien criticó la aplicación del escrutinio intermedio, por parte de la mayoría, a una ley que privaba a los hijos de padres que eran inmigrantes ilegales del derecho a la educación pública); *Craig*, 429 U.S., 220-221 (Magistrado Rehnquist, salvamento de voto) (quien criticó la aplicación del escrutinio intermedio, por parte de la mayoría, a una ley que imponía diferentes edades para beber alcohol a los hombres y a las mujeres).

238 Ver White, supra nota 43, pp. 82-83.

conocidos para los estudiantes de derecho constitucional: el cambio de enfoque de la Corte Suprema sobre la discriminación sexual conforme a la Cláusula de Igual Protección, y sobre el marco de los derechos de aborto entre los controles de *Planned Parenthood of Southeastern Pennsylvania v. Casey* y *Roe v. Wade*. Nuestro tratamiento de estos desarrollos exhaustivamente estudiados es breve y se centra en los cambios de doctrina. También examinamos en algún detalle un caso menos conocido de una corte federal de apelaciones referente a una demanda de constitucionalidad de un toque de queda para los jóvenes. Este caso muestra a un corte que intenta adaptar una nueva clasificación dentro de los niveles existentes, y las dificultades y conflictos que se presentan[239]. Relacionamos deliberadamente casos conocidos y desconocidos para destacar la ubicuidad de las dificultades del control escalonado[240].

---

239   Otra línea de casos importantes en los que la Corte cambia el estándar de control, con resultados dramáticos, incluye el caso *Metro Broadcasting, Inc. v. FCC*, 497 U.S. 547 (1990) (en el que aplica el escrutinio intermedio a las políticas de discriminación inversa en la radio y la televisión) y el caso *Adarand Constructors, Inc. v. Peña*, 515 U.S. 200 (1995) (en el que aplica el escrutinio estricto a la política de discriminación inversa en el programa de contratación federal).

240   El control escalonado también tiene una característica omnipresente en la doctrina constitucional de Estado, la cual no examinamos aquí. Notablemente, los Estados también han estado a la vanguardia de la experimentación en la aplicación de los derechos, y algunos han optado por no hacer un control

1. Igualdad sexual e igual protección

La jurisprudencia de igual protección de las clasificaciones de género ha seguido un curso notoriamente zigzagueante. La Corte Suprema primero sometió las clasificaciones de género el control del fundamento racional, luego intensificó el escrutinio sin cambiar formalmente el estándar, aunque flirteó con el estatus de clasificación totalmente sospechosa antes de idear un nuevo estándar de escrutinio intermedio. Con el tiempo, elevó el estándar de escrutinio intermedio para volverlo más riguroso. Desde una perspectiva comparativa parece clara una de las causa de esta evolución bastante conocida. El marco heredado de dos niveles no le daba a la Corte ninguna oportunidad para sopesar los perjuicios de las distinciones de género contra sus beneficios, y desde entonces la Corte se ha esforzado para encontrar una fórmula operativa para sopesarlos.

A mediados del siglo xx, la Corte Suprema sometió las clasificaciones de género al control del fundamento racional y a menudo las respaldó[241]. Cuando

---

estratificado en las demandas de inconstitucionalidad; ver Goldberg, supra nota 10, p. 522 n. 154.

241 Ver, p. ej., *Hoyt v. Florida*, 368 U.S. 57 (1961) (donde declaró válida una ley de Florida que prohibía que las mujeres fueran seleccionadas como jurados excepto que fueran voluntarias); *Goesaert v. Cleary*, 335 U.S. 464 (1948) (donde declaró válida una ley de Michigan que prohibía a las mujeres atender en los bares, excepto a las viudas e hijas de propietarios varones de bares).

las actitudes tradicionales sobre los roles de género empezaron a desaparecer quedó en claro que la revisión del fundamento racional no daba a las mujeres ninguna garantía significativa a la igual protección de las leyes[242]. En *Reed v. Reed*, el Presidente de la Corte Burger, en nombre unánime de la Corte, invalidó una ley de Idaho que daba preferencia a los hombres en la administración de las sucesiones, ostensiblemente con base en un estándar de fundamento racional[243]. Pero el fallo carecía de la deferencia característica hacia las decisiones legislativas asociada al control del fundamento racional. La justificación del Estado para la preferencia fue la de evitar la controversia cuando más de una persona se presentaba para administrar el testamento[244]. La Corte rechazó sumariamente la justificación y criticó la medida como el "tipo de decisión legislativa arbitraria prohibida por la Cláusula de Igual Protección de la Decimocuarta Enmienda"[245]. La Corte añadió, sin más explicaciones, que "sin importar lo que se pueda decir sobre los valores positivos de evitar la controversia intrafamiliar, la decisión en este contexto no puede ser promulgada legítimamente

---

242 En *Goesaert*, por ejemplo, la Corte declaró que Michigan tenía un fundamento racional para prohibir que las mujeres atendieran en los bares, excepto a las viudas e hijas de propietarios varones de bares; 335 U.S., pp. 466-467.

243 404 U.S. 71, 76-77 (1971).

244 Ibíd., p. 76.

245 Ibíd.

únicamente con base en el sexo"[246]. Incluso en el caso *Reed*, cuando declaró su compromiso con el control del fundamento racional, se distanció notoriamente, *sub silentio*, de ella.

Pero el enfoque *Reed* no perduró mucho tiempo. Dos años después, en *Frontiero v. Richardson*, una mayoría relativa de la corte trasladó el género del control del fundamento racional al escrutinio estricto considerando el género como una clasificación sospechosa[247]. La disputa en *Frontiero* se refería a una política federal que hacía más fácil que el personal militar masculino, en comparación con el personal militar femenino, declarara al cónyuge como familiar dependiente para obtener prestaciones sociales[248]. El estándar de control apropiado para las restricciones basadas en el género se convirtió en el punto focal del caso y dividió a la Corte.

La proposición de que las clasificaciones de género debían ser sometidas a escrutinio estricto solo tuvo cuatro votos: el Magistrado Brennan se unió a los Magistrados Douglas, White y Marshall[249]. El Magistrado Powell, quien se unió al Magistrado Blackmun y al Presidente de la Corte Burger, redactó un concepto que llegaba al mismo resultado con base en la autoridad de *Reed* sin elevar las clasificaciones de género

---

246 Ibíd., pp. 76-77.
247 411 U.S. pp. 677, 682 (1973).
248 Ibíd., pp. 678-679.
249 Ibíd., pp. 678.

al estatus sospechoso[250]. La mayoría se negó a decidir si el género era una clase sospechosa debido a que la ley ni siquiera cumplía el estándar inferior de control, es decir, el del fundamento racional tipo *Reed*[251].

El estatus de las clasificaciones sexuales en el análisis de igual protección alcanzó un equilibrio inestable en 1976, con *Craig v. Boren*[252]. *Reed* y *Frontiero* habían demostrado que ninguna mayoría de la corte estaba satisfecha con el análisis de las clasificaciones sexuales mediante el control del fundamento racional y que ninguna mayoría estaba dispuesta a aplicar el escrutinio estricto. En *Craig*, la Corte resolvió el *impasse* creando una nueva opción: un estándar de revisión intermedio para las clasificaciones relacionadas con el sexo.

El caso se refería a una ley de Oklahoma que prohibía la venta de cerveza con bajo contenido de alcohol a mujeres menores de dieciocho años y a hombres menores de veintiún años[253]. En nombre de una escasa

---

250 Ibíd., pp. 691-692 (Magistrado Powell, aclaración de voto).

251 Ver ibíd., p. 692. En su aclaración del voto, el Magistrado Powell también argumentó que para decidir el caso la Corte se habría anticipado a las deliberaciones democráticas sobre este asunto, pues en ese entonces estaba en consideración la Reforma de la Cláusula de Iguales Derechos, y tendría el efecto de convertir el sexo en una clasificación sospechosa; ibíd. El Magistrado Stewart aclaró su voto por aparte, y el Magistrado Rehnquist disintió, adoptando la opinión de la corte de distrito; ibíd., p. 691.

252 429 U.S. 190 (1976).

253 Ibíd., pp. 191-192.

mayoría, el Magistrado Brennan formuló un nuevo estándar de revisión para las distinciones de género que sintetizaba la práctica reciente. Citando a *Reed*, *Frontiero* y otros casos escribió: "Para hacer frente a la demanda de inconstitucionalidad, los casos anteriores establecen que las clasificaciones de género deben servir a objetivos importantes del gobierno y estar relacionadas sustancialmente con el logro de esos objetivos"[254]. Aquí, el objetivo declarado del gobierno era la seguridad pública, y el Estado intentó demostrar que la ley se ajustaba a la evidencia estadística, la cual mostraba, más pertinentemente, que los hombres de dieciocho a veinte años tenían mayor probabilidad de ser arrestados por manejar en estado de embriaguez que las mujeres de la misma edad[255]. La Corte concluyó que esta evidencia era insuficiente para cumplir el requisito de relación sustancial: se encontró que solamente el 2% de los hombres de esta cohorte manejaba en estado de embriaguez, y era injustificado castigarlos a todos[256].

El estándar intermedio del Magistrado Brennan en *Craig* obtuvo el apoyo de una mayoría de la Corte –y se aplicó en casos subsiguientes– pero poco más de la mitad de los Magistrados de la *Corte* Craig respaldó el estándar sin reservas. Los Magistrados Powell y Stevens adhirieron a la sentencia pero aclararon

---

254 Ibíd., p. 197.
255 Ibíd., pp. 199-200.
256 Ibíd., p. 202.

su voto por separado para expresar dudas sobre la introducción de un nuevo estándar intermedio para las clasificaciones basadas en el sexo. El Magistrado Powell trató francamente los problemas del análisis de dos niveles y la divergencia entre *Reed* y la revisión tradicional del fundamento racional, pero prefirió proceder de acuerdo con la revisión nominal del fundamento racional de *Reed* a "una subdivisión adicional del análisis de igual protección"[257]. El Magistrado Stevens, por su parte, puso totalmente en cuestión el valor del análisis escalonado. Comenzó así:

> Hay solamente una Cláusula de Igual Protección. Esta exige que cada Estado gobierne imparcialmente. No ordena a las cortes que apliquen un estándar de revisión en algunos casos y un estándar diferente en otros casos. Sin importar cuales sean las críticas que se puedan dirigir contra una decisión judicial que implican que hay al menos tres de dichos estándares aplicables con igual fuerza a un estándar doble[258].

En su propio análisis de la ley, el Magistrado Stevens subrayó la deficiente adecuación entre la ley y el propósito declarado en su decisión de anularla[259].

El Presidente de la Corte Burger y el Magistrado Rehnquist disintieron. El Magistrado Rehnquist, en particular, expresó su desdén por la creación de un

---

257 Ibíd., p. 211 n. * (Magistrado Powell, aclaración de voto).
258 Ibíd., pp. 211-212 (Magistrado Stevens, aclaración de voto).
259 Ibíd., pp. 213-214.

nuevo estándar, subrayando la arbitrariedad y la novedad de la formulación del Magistrado Brennan:

> La conclusión de la Corte de que una ley que trata a los hombres menos favorablemente que a las mujeres 'debe servir a objetivos importantes del gobierno y estar relacionada sustancialmente con el logro de esos objetivos' cae aparentemente del cielo. En la Cláusula de Igual Protección no figura es frase, y ninguno de nuestros casos anteriores adopta ese estándar. Pensaría que hemos tenido bastantes dificultades con los dos estándares de revisión que nuestros casos han reconocido –la norma de "fundamento racional" y el "interés urgente del Estado" exigidos cuando está involucrada una "clasificación sospechosa"– como para aconsejar enérgicamente que no se inserte otro "estándar" adicional entre esos dos[260].

El Magistrado Rehnquist también reprochó el contenido de este estándar, en particular, los adjetivos "importante" y "sustancial" porque no se prestaban a una aplicación judicial perspicaz[261]. Además, el salvamento de voto acusó a la mayoría de rechazar la evidencia estadística que presentó el Estado en apoyo de la política, la cual mostraba mayor embriaguez cuando se manejaba entre los jóvenes que entre las jóvenes[262].

---

260 Ibíd., pp. 220-221 (Magistrado Rehnquist, salvamento de voto).
261 Ibíd., p. 221.
262 Ibíd., pp. 225-226.

En los años posteriores a *Craig v. Boren*, la Corte aceptó y aplicó un estándar de escrutinio intermedio a las clasificaciones de género en numerosos casos[263]. Pero, aunque el estándar parecía estar establecido, la fórmula para el control demostró no ser totalmente estable. A partir del caso *Personnel Administrator v. Feeney*[264], de 1979, varias decisiones subrayaron el rigor de la prueba *Craig v. Boren* señalando que exige "una justificación excesivamente persuasiva" del gobierno[265]. En la invalidación de la medida que excluía a las mujeres del ingreso al Instituto Militar de Virginia (IMV), de 1996, el Magistrado Ginsburg, en nombre de la Corte, no interpretó la "justificación excesivamente persuasiva" simplemente como una caracterización del estándar sino como el estándar mismo[266]. La Corte encontró defectuosa la justificación

---

263 Ver, p. ej., *Califano v. Westcott*, 443 U.S. 76 (1979) (donde aplicó el escrutinio intermedio a los beneficios del seguro de desempleo proporcionados en la Ley de Seguridad Social al padre pero no a la madre); *Orr v. Orr*, 440 U.S. 268 (1979) (donde aplicó el escrutinio intermedio a una ley de Alabama por la cual se podía exigir el pago de alimentos a los esposos pero no las esposas); *Califano v. Webster*, 430 U.S. 313 (1977) (donde aplicó el escrutinio intermedio a los beneficios proporcionados por la Ley de Seguridad Social que favorecían a las mujeres asalariadas por encima de los hombres asalariados).

264 442 U.S. 256 (1979).

265 Ver, p. ej., *Miss. Univ. for Women v. Hogan*, 458 U.S. 718, 724 (1982); *Kirchberg v. Feenstra*, 450 U.S. 455, 461 (1981).

266 *United States v. Virginia*, 518 U.S. 515, p. 531 (1996). El fundamento para este cambio se sentó en *Hogan* y en *J. E. B. v. Alabama ex rel. T. B.*, 511 U.S. 127 (1994). En estos casos, la Corte

propuesta por Virginia –que la exclusión de las mujeres era necesaria para cumplir la misión del Instituto Militar de Virginia– porque algunas mujeres que querrían asistir al Instituto Militar de Virginia podían cumplir sus estándares[267]. La aceptación del escrutinio intermedio en la decisión de la mayoría no se libró de las críticas del Presidente de la Corte Rehnquist en su aclaración del voto y del Magistrado Scalia en su salvamento del voto. El Presidente Rehnquist culpó al nuevo lenguaje de tener menos "contenido y especificidad" que la fórmula más antigua[268]; a la que antes había criticado por su opacidad[269]. Por su parte, el Magistrado Scalia criticó duramente a la mayoría por aplicar el escrutinio intermedio de una manera que, en su opinión, equivalía al escrutinio estricto[270].

---

también declaró que la carga del acusado proporcionaba "una justificación excesivamente persuasiva" para la discriminación. Pero, en el análisis de la Corte, la manera de satisfacer esta carga era, en esencia, demostrar una relación sustancial con un interés importante del gobierno: la prueba se derivó de *Craig*.

267 *Virginia*, 518 U.S., 550.

268 Ver ibíd., 559 (Presidente de la Corte Rehnquist, aclaración de voto).

269 *Craig v. Boren*, 429 U.S. 190, pp. 219-221 (1976) (Magistrado Rehnquist, salvamento de voto).

270 *Virginia*, 518 U.S., 570-576 (Magistrado Scalia, salvamento de voto) ("Solamente la amorfa frase 'justificación excesivamente persuasiva' y no la elaboración del estándar de escrutinio intermedio puede llevar a esta conclusión de que la composición unisexual del Instituto Militar de Virginia es inconstitucional debido a que existen varias mujeres (o una sola mujer, como

Como señaló Kathleen Sullivan, "el escrutinio intermedio, a diferencia de los polos del sistema de dos niveles, es abiertamente un modo de ponderación"[271]. El desarrollo de un estándar de escrutinio intermedio por parte de la Corte Suprema mostró cuán mal equipado está el régimen de control bifurcado para evaluar la gama de distinciones basadas en el género existente en el derecho público. Pero la creación de este nuevo estándar no solucionó los problemas del control escalonado. Primero, el nuevo es *ad hoc* e improvisado y, por tanto, carece de raíces en la teoría constitucional[272]. Y, segundo, la introducción de otro nivel de análisis puede resolver un caso, pero no necesariamente ofrece una solución práctica para casos futuros con preguntas y contextos diferentes. El curso errático del estándar de escrutinio intermedio después de *Craig* muestra que la fórmula es inestable

---

se tendría que concluir según el razonamiento de la Corte) dispuestas y capaces de emprender el programa del Instituto Militar de Virginia. El escrutinio intermedio nunca ha exigido un análisis de medios menos restrictivos, sino únicamente una 'relación sustancial' entre la clasificación y los intereses del Estado a los que sirve").

271 Sullivan, supra nota 8, p. 297 (se omiten las comillas internas).

272 Como señaló mordazmente el Magistrado Rehnquist en el salvamento de voto, la prueba *Craig* –según la cual las medidas deben estar relacionadas sustancialmente con el logro de objetivos importantes del gobierno– parece caer del cielo". *Craig*, 429 U.S., 220 (Magistrado Rehnquist, salvamento de voto).

y, más que todo, que se ha vuelto más controvertida con el paso del tiempo.

2. Cargas indebidas y derecho al aborto

El estándar de "carga indebida" en casos de aborto es otro instrumento doctrinal introducido para dar algún margen a la ponderación en un campo del derecho regido previamente por un estándar rígido de control escalonado. En *Roe v. Wade*, la Corte determinó que las restricciones al aborto antes del punto de viabilidad estarían sometidas a escrutinio estricto[273]. En vista el viraje hacia la derecha de la Corte en las dos décadas siguientes, se esperaba que *Casey*, que llegó a la Corte en 1992, derogara a *Roe*[274]. El uso del escrutinio estricto por parte de la Corte en casos de aborto había sido atacado en la Corte desde 1989, con una mayoría relativa de Magistrados que urgía a someter las restricciones del aborto únicamente al control del fundamento racional[275]. De hecho, el concepto de la mayoría en *Casey*, redactado conjuntamente por los Magistrados O'Connor, Kennedy y Souter, preservó

---

273 410 U.S. 113, 155 (1973).

274 Ver David Margolick, "Seeking Strength in Independence, Abortion-Rights Unit Quits A.C.L.U.", *N.Y. Times*, 21 de mayo de 1992, A20 ("En Casey, el mes pasado se argumentó ante la Corte Suprema que los defensores del derecho al aborto esperan que la Corte invalide o debilite fuertemente a *Roe v. Wade*").

275 *Webster v. Reprod. Health Servs.*, 492 U.S. 490, 517-519 (1989) (opinión de la mayoría).

el derecho a terminar el embarazo antes del punto de viabilidad, pero propuso un estándar de carga indebida para sustituir al escrutinio estricto como marco para evaluar las restricciones de ese derecho[276]. La mayoría explicó que un Estado impone una carga indebida sobre el derecho cuando "una reglamentación estatal tiene el propósito o el efecto de imponer un obstáculo sustancial en el camino de una mujer que busca el aborto de un feto no viable"[277]. El concepto de la mayoría admitió que los Magistrados podían concordar en el estándar y, sin embargo, discrepar en su aplicación a un caso concreto: "Aunque los juristas razonan a partir de premisas compartidas, es inevitable algún desacuerdo. Eso es de esperar en la aplicación de cualquier estándar legal que se debe adaptar a la complejidad de la vida. No esperamos que eso sea diferente en lo que respecta al estándar de carga indebida"[278].

Aunque los disidentes en el caso *Casey* alegaron que el estándar de carga indebida era una invención sin precedentes y sin principios[279], los jueces antes habían emprendido el análisis de carga indebida cuando se les pedía ponderar intereses contrapuestos, en el

---

276 *Planned Parenthood of Se. Pa. v. Casey*, 505 U.S. 833, 877 (1992).
277 Ibíd.
278 Ibíd., p. 878 (se omiten las la citas).
279 Ver ibíd., p. 964 (el Presidente de la Corte Rehnquist concuerda en parte con la sentencia y disiente en parte) (donde se describe el estándar de carga indebida como algo "creado totalmente por los autores de la sentencia conjunta").

contexto del aborto y en otros contextos[280]. Notablemente, la terminología de la carga indebida refleja
casi exactamente el estándar de "carga irrazonable"
aplicado en los primeros casos de la Cláusula de Comercio latente[281]. En nuestra opinión, la proliferación
de estándares de carga indebida en el derecho constitucional de Estados Unidos no es accidental. Este
estándar, igual que el paso al escrutinio intermedio,
es un medio para que las cortes puedan considerar
los intereses de ambas partes en una controversia
constitucional. La introducción de dichos instrumentos
en dominios previamente regidos por el régimen de
revisión bifurcada es un síntoma de la discordancia
entre la rigidez de las estructuras doctrinales que

---

280 Los dictámenes sobre el derecho al aborto que discuten alguna
forma del análisis de carga indebido incluyen *City of Akron
v. Akron Center for Reproductive Health, Inc.*, 462 U.S. 416, 463
(1983) (Magistrado O'Connor, salvamento de voto); *Harris
v. McRae*, 448 U.S. 297, 314 (1980); *Bellotti v. Baird*, 443 U.S.
622, 640 (1979); *Maher v. Roe*, 432 U.S. 464, 473 (1977); *Bellotti
v. Baird*, 428 U.S. 132, 147 (1976). Para más detalles sobre el
uso de los estándares de carga indebida dentro y fuera del
contexto del derecho al aborto, ver Alan Brownstein, "How
Rights Are Infringed: The Role of Undue Burden Analysis in
Constitutional Doctrine", 45 *Hastings L. J.* 867 (1994); Valerie
J. Pacer, "Salvaging the Undue Burden Standard – Is It a Lost
Cause? The Undue Burden Standard and Fundamental Rights
Analysis" 73 *Wash. U. L.Q.* 295 (1995). Un autor señala que 256
decisiones de la Corte Suprema emitidas entre 1945 y 1993
contienen la expresión "carga indebida" o el equivalente.
Curtis E. Harris, "An Undue Burden: Balancing in an Age of
Relativism", 18 *Okla. City U. L. Rev.* 363, 423 (1993).
281 Ver supra Parte II.A.

una corte ha heredado y las demandas impuestas
a los jueces constitucionales en disputas complejas
referentes a múltiples valores importantes.

3. Toque de queda de los jóvenes e igual protección

La discusión anterior ilustra que el escrutinio intermedio
llegó a existir como resultado de la lucha para ubicar
la revisión de las clasificaciones sexuales dentro de la
doctrina de igual protección. Los casos siguientes, que
se refieren a toques de queda de los jóvenes, muestran
que la introducción de este nivel añadió un grado de
flexibilidad, pero también una dosis de confusión, al
análisis de igual protección cuando surgen asuntos
de primera impresión. El escrutinio intermedio les
facilita a las cortes la realización de una ponderación
apropiada entre los polos del escrutinio estricto y la
deferencia del fundamento racional. Pero debido a
que el escrutinio intermedio no es tanto un estándar
teóricamente justificado como una solución "Ricitos
de Oro" –un feliz punto medio entre esos extremos–
las cortes que intentan ordenar los nuevos asuntos
jurídicos por niveles tienen poca guía.

En las dos últimas décadas se han cursado demandas contra toques de queda locales para los jóvenes
ante algunos tribunales de apelación, y las decisiones
han variado ampliamente, tanto en lo que se refiere
al estándar de control como al resultado. El Segundo Circuito determinó que el toque de queda debía
ser examinado mediante escrutinio intermedio y lo

invalidó[282]. El Circuito del Distrito de Columbia y el Cuarto Circuito aplicaron el escrutinio intermedio a una impugnación del toque de queda pero procedieron a respaldarlo[283]. El Quinto Circuito determinó que el escrutinio estricto era el estándar apropiado y apoyó un toque de queda usando ese estándar[284]. El Noveno Circuito también aplicó el escrutinio estricto e invalidó un toque de queda[285]. Por supuesto, las divisiones y las diferencias de enfoque no son inusuales en los tribunales de circuito, y estos siempre enmarcan los asuntos dependiendo de la forma en que los litigantes enmarcan sus pretensiones. Pero sostenemos que el marco de control escalonado genera un grado adicional de incertidumbre y desacuerdo. (También advertimos que en todos los casos antes mencionados hubo disidentes; una característica inusual en las decisiones de los tribunales de apelación y otro indicador de la discordia a que dan lugar estos casos.) Mostramos que el marco no proporciona una guía adecuada examinando más de cerca un caso, el más reciente, del Segundo Circuito.

Los toques de queda de los jóvenes presentan un doble reto al análisis de igual protección. Parecen involucrar a los derechos fundamentales y a los ob-

---

282 *Ramos v. Town of Vernon*, 353 F.3d 171, 176, 186 (2d Cir. 2003).

283 *Hutchins v. District of Columbia*, 188 F.3d 531, 541, 548 (D.C. Cir. 1999) (en pleno); *Schleifer v. City of Charlottesville*, 159 F.3d 843, 847, 855 (4th Cir. 1998).

284 *Qutb v. Strauss*, 11 F.3d 488, 492, 496 (5th Cir. 1993).

285 *Nunez v. City of San Diego*, 114 F.3d 935, 946, 949 (9th Cir. 1997).

jetivos de la clasificación sospechosa de la doctrina de igual protección, pero un enfoque categórico de cualquiera de esos objetivos no sometería los toques de queda a un escrutinio real. El derecho a la movilidad en cuestión es importante, pero no es un derecho que tradicionalmente se incluya en la categoría de derechos "fundamentales". Y aunque los jóvenes son un grupo discreto y vulnerable, la edad no se considera una clasificación sospechosa. Las cortes que creen que los toques de queda de los jóvenes merecen más que un escrutinio mínimo se ven entonces enfrentadas al enfoque categórico del análisis de igual protección.

Ramos ex rel. Ramos v. Town of Vernon es el caso de una demanda contra un toque de queda nocturno, establecido en 1994 por una ordenanza local, para personas menores dieciocho años. Ángel Ramos, un menor residente en Vernon, Connecticut, y sus padres demandaron a la ciudad en 1998, aduciendo, entre otras cosas, que el toque de queda imponía una carga impermisible a los derechos fundamentales de los menores[286].

---

286 Ver Ramos *ex rel. Ramos v. Town of Vernon*, 48 F. Supp. 2d 176, 188 (D. Conn. 1999), *rev'd*, 353 F.3d 171 (2d Cir. 2003). Ramos también suscitó vaguedad; la Primera Enmienda tiene una amplitud excesiva, y la Cuarta Enmienda choca con la ley, así como con las reclamaciones suscitadas por la Constitución de Connecticut; ibíd., pp. 180-181. Sus padres también alegaron que se infringía su derecho como padres a guiar la crianza de sus niños; ibíd., 181. El tribunal de distrito rechazó todas las reclamaciones federales y certificó las reclamaciones contra

El análisis de la corte de distrito sobre esta demanda fue muy confuso. En primer lugar, la Corte pareció descartar un estándar de escrutinio más alto para esta ordenanza con base en su dispar tratamiento de los jóvenes, razonando que la edad no es una clasificación sospechosa[287]. Luego pasó a considerar la pretensión de los demandantes, según la cual, la ordenanza violaba el derecho fundamental a desplazarse. Pero, sin detenerse a considerar si esta ordenanza involucraba ese derecho, la Corte inmediatamente retornó a la relevancia de la edad del menor demandante para su pretensión de inconstitucionalidad. La Corte observó que "la Corte Suprema nunca ha indicado claramente el nivel apropiado de escrutinio que se debe aplicar a la legislación que afecta a los menores", pero mencionó las razones de la decisión mayoritaria en *Bellotti* para tratar los derechos constitucionales de los niños de manera diferente a los de los adultos[288]. En la frase siguiente la Corte concluyó: "Después de una cuidadosa consideración de los factores de *Bellotti* y de otra jurisprudencia de la Corte Suprema relacionada con los menores"[289], el toque de queda de los jóvenes debe ser sometido a "un nivel de escrutinio inferior al del escrutinio estricto", es decir, al

---

la ley del Estado ante la Corte Suprema de Connecticut, que los rechazó; ibíd., p. 188. Ver *Ramos v. Town of Vernon*, 761 A.2d 705, 710 (Conn. 2000).

287 Ramos, 48 F. Supp. 2d, 184.

288 Ibíd.

289 Ibíd.

escrutinio intermedio[290]. La Corte no compartió con el lector su "cuidadosa consideración" de estos asuntos, y presentó la elección del escrutinio intermedio como un *fait accompli*.

Empleando el estándar seleccionado, la Corte hizo un rápido análisis de la demanda de igual protección. Debido a que los demandantes no negaron la importancia de los intereses manifestados por la ciudad –proteger a la comunidad contra la delincuencia, y la seguridad y el bienestar de los menores– el análisis pasó al asunto de la adecuación: ¿las medidas de la ordenanza estaban sustancialmente relacionadas con esos objetivos? La Corte concluyó que sí estaban relacionadas, y señaló que la delincuencia había disminuido en Vernon desde la promulgación del toque de queda y, aunque se negó a admitir una conexión causal, dio deferencia al concepto legislativo de que la ordenanza era efectiva[291]. La Corte también señaló que el horario limitado de la ordenanza no era excesivamente gravoso y que las numerosas excepciones permitían que las actividades inobjetables continuaran después del atardecer[292].

Los demandantes apelaron ante el Tribunal de Apelaciones del Segundo Circuito, el cual revocó la decisión de la corte de distrito encontrando una

---

290 Ibíd. (donde se cita a *Schleifer v. City of Charlottesville*, 159 F.3d 843, 847 [4th Cir. 1998]) (se omiten las comillas internas).
291 Ibíd., pp. 185-186.
292 Ibíd.

violación de la igual protección[293]. La mayor parte del análisis del Segundo Circuito se refirió a la selección del nivel apropiado para evaluar el toque de queda. Aunque la indagación del tribunal de apelaciones fue mucho más extensa que la de la corte de distrito, también fue insuficiente, pues llegó al estándar intermedio tras de un proceso de eliminación y dio pocas razones positivas para mostrar por qué el escrutinio intermedio era apropiado.

El tribunal empezó su análisis declarando que el toque de queda involucraba el derecho fundamental a desplazarse dentro del Estado, un derecho previamente reconocido por el Segundo Circuito[294]. Luego se preguntó si este toque de queda, que recibiría escrutinio estricto si se aplicara a los adultos, debía ser revisado mediante un estándar menos riguroso porque solo se aplicaba a los jóvenes[295]. El tribunal señaló que otros circuitos habían revisado toques de queda considerando cada uno de los niveles y procedió a considerar los diferentes enfoques[296].

Primero consideró y rechazó el control del fundamento racional. No encontró justificación para concluir que los jóvenes eran excluidos del derecho a desplazarse dentro del Estado, aunque podían ser permisibles mayores límites a sus derechos que a los

---

293 *Ramos ex rel, Ramos. v. Town of Vernon*, 353 F.3d 171, 187 (2d Cir. 2003).
294 Ibíd., p. 176.
295 Ibíd.
296 Ibíd.

derechos de los adultos, debido a las vulnerabilidades y otras características de los menores. Puesto que "la negación de la existencia de un derecho constitucional es un instrumento demasiado tosco para resolver el asunto de los derechos de los menores a la libertad de movimiento", la Corte "prefiere admitir a los menores en la zona protegida y luego ocuparse de la ponderación de los derechos constitucionales y las vulnerabilidades de los niños"[297].

El tribunal después consideró y rechazó el escrutinio estricto. "El escrutinio estricto" –argumentó– "refleja la preferencia constitucional por la 'ceguera'", y solo se debe emplear cuando se desea la ceguera ante las clasificaciones[298]. En un contexto de igual protección, algunos derechos –los derechos fundamentales– son tan importantes que casi siempre deben ser accesibles sin consultar las clasificaciones de grupo, y algunas clasificaciones –las clasificaciones sospechosas– son en sí mismas tan perniciosas que el Estado casi nunca debería usarlas. Pero, señaló el tribunal, "la ceguera ante la juventud no es un objetivo en la asignación de derechos constitucionales"[299]. De modo que el escrutinio estricto no era apropiado. El tribunal llegó a una conclusión, casi por defecto, el escrutinio intermedio era el estándar apropiado: "Por tanto, el escrutinio estricto parece ser una prueba demasiado

---

297 Ibíd., p. 178.
298 Ibíd., p. 179.
299 Ibíd.

restrictiva para tratar las acciones del gobierno que involucran los derechos constitucionales de los niños. En consecuencia, escogemos el segundo de los tres enfoques descritos anteriormente y aplicamos el escrutinio intermedio".[300]

Vale la pena señalar dos características de la selección del estándar de control por parte del tribunal. Primero, el análisis trata implícitamente el control intermedio como una categoría residual, que se debe adoptar cuando ninguno de los estándares de control tradicionales es adecuado para el asunto en cuestión. Esto es congruente con la génesis del control intermedio, pero no es apropiado como justificación para escoger un estándar de control. El tribunal no elaboró en ninguna parte un argumento positivo para escoger el escrutinio intermedio como estándar de control apropiado (aunque señaló que el control intermedio tiene algunas ventajas). Segundo, en la elección del estándar, el tribunal confundió el análisis de la motivación de la igual protección de los derechos fundamentales con el examen de clase sospechosa. Según el análisis del tribunal, el escrutinio estricto es

---

300 Ibíd., p. 180 (se omiten las la citas). El tribunal procedió a argumentar que el escrutinio intermedio es suficientemente flexible y permite que la legislación bien redactada trate las necesidades y la vulnerabilidad de los niños, pero explorando lo suficiente para reprobar la legislación justificada por generalizaciones fáciles y no comprobadas acerca de los jóvenes; ibíd., p. 181.

apropiado cuando el objetivo es "la neutralidad"[301].
Pero trató este caso como si el análisis de la motivación
de la igual protección de los derechos fundamentales
tuviese que ocupar el centro de sus reflexiones y no
el estudio de la motivación de la clasificación sospechosa[302]. Tal como el tribunal presentó el asunto, la
pregunta relevante para determinar si el escrutinio
estricto era apropiado es si la libertad de movimiento
es un derecho tan importante que se debe conceder
a los individuos sin considerar las clasificaciones
del grupo[303]. No obstante, el tribunal se preguntó en
cambio si la neutralidad ante la edad es un objetivo
en la asignación de derechos constitucionales[304].

Luego de optar por el escrutinio intermedio, el tribunal procedió a evaluar el toque de queda. Identificó
dos de los intereses que Vernon declaró importantes:
proteger a los menores del peligro y proteger a la comunidad de la delincuencia juvenil en la noche[305]. La
pregunta se transformó entonces en si la ordenanza
tenía una relación sustancial con ese objetivo. El tribunal
encontró que no la tenía[306]. Aunque la ordenanza fue
motivada por la preocupación por la delincuencia,

---

301 Ibíd., p. 179 (se omiten las comillas internas).
302 Ver ibíd., p. 181 n. 4 (donde se señala que la Corte Suprema
     en general no ha considerado la edad como una clasificación
     sospechosa).
303 Ver ibíd., pp. 179-181.
304 Ibíd.
305 Ibíd., p. 182.
306 Ibíd., 185-187.

la ciudad no dio buenas razones para justificar sus características particulares: para el horario vigente o para su aplicación a los menores. Tampoco probó que el toque de queda fuera responsable de la disminución de la delincuencia[307]. Por tanto, el tribunal concluyó que el toque de queda violaba la cláusula de la igual protección[308].

En su salvamento de voto, de amplio alcance, el Juez Ralph Winter se opuso, entre otras cosas, a la escogencia del escrutinio intermedio. Subrayó el reconocimiento jurídico bien establecido de que la custodia de los niños está a cargo de sus padres, y negó que los menores tuvieran derecho a movilizarse sin control de los padres[309]. Por tanto, el toque de queda debía ser sometido únicamente al control del fundamento racional, y se debía declara válido[310].

4. Evaluación

Los ejemplos anteriores demuestran la inestabilidad persistente del control escalonada. Algunos críticos –incluidos los autores de algunos de los salvamentos de voto– podrían replicar que esta "inestabilidad" es en realidad una simple falta de disciplina judicial.

---

307 Ibíd., p. 186.
308 Ibíd.
309 Ibíd., p. 188 (Magistrado Winter, salvamento de voto).
310 Ibíd., pp. 190-191. El salvamento de voto también consideró y rechazó la reclamación de que el toque de queda era una carga para los derechos de los padres o custodios; ibíd., p. 190.

Nada obliga a los jueces a adoptar nuevos estándares, tales como el escrutinio intermedio o la prueba
de carga indebida; cuando los jueces los adoptan,
impulsan imprudentemente una agenda política sin
respeto por los precedentes. Señalemos primero que
esta acusación no se puede dirigir contra la sentencia
sobre el toque de queda: cuando las cortes enfrentan
preguntas de primera impresión, la doctrina existente da poca o ninguna guía acerca de qué estándar
debería regir[311]. Y aunque las patologías del control
bifurcado no produjesen un *Casey* o un *Craig* en un
sentido determinista, estas sentencias y muchas otras
se entienden mejor como respuestas a los defectos
del control escalonado.

Consideremos de nuevo los casos de discriminación
sexual. El marco de dos niveles sitúa a los jueces en
una posición imposible: elegir entre estos estándares
de control dicotómicos significa comprometerlos a
validar o a invalidar prácticamente toda distinción
de género en la ley. En esta situación, había un poderoso incentivo para encontrar o crear un terreno
intermedio. Ese terreno intermedio adoptó la forma
del escrutinio intermedio. Y el carácter improvisado
del escrutinio intermedio abrió la puerta para su
evolución futura. Si el escrutinio intermedio hubiese
iniciado su vida como un estándar de control distinto,

---

311 Ver *District of Columbia v. Heller*, 128 S. Ct. 2783, 2817-2718
(2008) (donde se evalúa la restricción a las armas de fuego
sin seleccionar un estándar de control).

con un profundo anclaje en la teoría constitucional, y no como como una solución a las dificultades del control bifurcado, la mayoría en el caso IMV podría haber considerado más difícil modificar la prueba operativa[312]. Por supuesto, los miembros de la corte son responsables de los cursos particulares de desarrollo de la jurisprudencia sobre discriminación sexual. Pero en los perfiles generales de este desarrollo influyen las estructuras doctrinales que enfrentan los Magistrados y limitan sus movimientos.

El análisis de proporcionalidad ofrece una alternativa más estable y basada en principios. Como marco unificado de análisis que permite que una corte adapte la severidad del control a los detalles de cada caso, el análisis de proporcionalidad evita el conflicto y la confusión que rodean a la selección del estándar de control. Y este enfoque no está muy alejado del derecho estadounidense. Como ya señalamos, los Magistrados Marshall y Stevens propusieron algo semejante para las demandas de igual protección. El Magistrado Marshall argumentó: "el nivel de escrutinio empleado en un caso de igual protección debería variar con 'la importancia constitucional y social del interés afectado adversamente y el carácter odioso reconocido de la base de la que se toma la clasificación particular'"[313]. La adopción de dicho

---

312 Ver, supra, el texto que acompaña a las notas 268-269.
313 *City of Cleburne v. Cleburne Living Ctr., Inc.*, 473 U.S. 432, 460 (1985) (el Magistrado Marshall concuerda con el fallo en parte y disiente en parte) (donde se cita a *San Antonio Indep. Sch.*

enfoque no eliminaría el desacuerdo entre los jueces, pero reorientaría el desacuerdo hacia los asuntos sustantivos importantes.

La jurisprudencia de la Corte Constitucional Federal Alemana deja entrever en qué consiste el enfoque del derecho a la igualdad basado en la proporcionalidad[314]. Naturalmente, existen importantes diferencias entre el Artículo 3 de la Ley Fundamental, que garantiza la igualdad ante la ley, y la Decimocuarta Enmienda de la Constitución[315]. Y, por supuesto, la adopción del análisis de proporcionalidad no significa que se llegue a los mismos resultados a los que llega la Corte alemana; de hecho, la Corte Suprema pudo usar el análisis de proporcionalidad e incluso replicar

---

Dist. v. Rodriguez, 411 U.S. 1, 99 [1973]) (Magistrado Marshall, salvamento de voto).

314 Una buena revisión en inglés de la doctrina se puede encontrar en Susanne Baer, "Equality: The Jurisprudence of the German Constitutional Court", 5 *Colum. J. Eur. L.* 249 (1999). Un tratamiento más detallado, aunque en alemán, se puede encontrar en comentarios constitucionales como el de Hans D. Jarass y Bodo Pieroth, *Grundgesetz für die Bundesrepublik Deutschland*, pp. 90-137 (2006).

315 Una notable diferencia es que el Artículo 3 establece lo que llamaríamos "clasificaciones sospechosas", con base en las cuales no se admite la discriminación; GG art. 3(3) ("Nadie podrá ser perjudicado ni favorecido a causa de su sexo, su ascendencia, su raza, su idioma, su patria y su origen, sus creencias y sus concepciones religiosas o políticas. Nadie podrá ser perjudicado a causa de un impedimento físico"); ver también ibíd., art. 3(2) (que establece expresamente la igualdad de derechos de los hombres y las mujeres).

muchas de los fallos a los que llegó por otros medios, y que vale la pena preservar. Aun así, el enfoque de la Corte Constitucional Federal Alemana acerca del Artículo 3 muestra que la proporcionalidad puede ofrecer un marco estable de argumentación para tratar los asuntos jurídicos más difíciles[316].

Desde los años ochenta, la Corte Constitucional Federal Alemana ha interpretado el derecho general a la igualdad en formas que están diseñadas para el análisis de proporcionalidad. El derecho equivale a una garantía de que cualquier tratamiento desigual con arreglo a la ley sea justificado por una "razón suficientemente importante"[317]. Lo que cuenta como una razón suficiente depende de los detalles de cada caso. En efecto, cuanto más amenaza una distinción de la ley los valores esenciales de la igualdad, mayor es la carga del Estado para justificarla[318]. Por ejemplo, cuando una medida impugnada recorta el ejercicio de un derecho fundamental, o cuando los grupos tienen desventajas por sus características personales

---

316 El análisis de proporcionalidad no era de uso general en la jurisprudencia de la Corte Constitucional Federal Alemana sobre el Artículo 3, pero sustituyó progresivamente a los enfoques más antiguos; ver Baer, supra nota 316, p. 260. Centramos nuestra discusión en el "nuevo" enfoque de la garantía general de igualdad del Artículo 3(1) basado en la proporcionalidad.

317 BVerfG 28 de abril de 1999, 100 BVerfGE 138 (174); ver también BVerfG 30 de mayo de 1990, 82 BVerfGE 126.

318 Jarass y Pieroth, supra nota 316, p. 100; Baer, supra nota 316, p. 262.

y no por su comportamiento voluntario, la Corte
insiste en "una aplicación estricta del requisito de
proporcionalidad"[319]. Por otra parte, cuando una
medida no involucra ninguno de estos factores, o cae
dentro de la competencia particular del legislador,
la Corte actúa con un alto grado de deferencia hacia
las distinciones establecidas por el órgano legislativo[320]. La proporcionalidad no es una bala de plata,
y la jurisprudencia alemana sobre la igualdad no ha
estado exenta de controversia[321]. Pero el marco básico,
fundamentado en el análisis de proporcionalidad, ha
sido estable y ampliamente aceptado.

En lo que respecta a la política sobre el aborto, que
ha sido feroz en Alemania[322], la jurisprudencia de la
Corte Constitucional Federal Alemana ha tenido un
efecto legitimador y estabilizador. La Corte Constitucional Federal Alemana emitió dos sentencias trans-
cendentales sobre el aborto, casi contemporáneas a
Roe y *Casey*[323]. Estas sentencias establecieron que, dada
la responsabilidad de Alemania por el Holocausto y

---

319 BVerfG 2 de marzo de 1999, 99 BVerfGE 367 (388).

320 Jarass y Pieroth, supra nota 316, pp. 99, 100. El órgano legislativo tiene amplio margen, por ejemplo, para escoger los
objetos y las tasas de los impuestos; ibíd., p. 109.

321 Para una revisión de las críticas y controversias sobresalientes
(hoy algo desactualizada), ver Albert Bleckmann, *Die Struktur
des Allgemeinen Gleichheitssatzes*, pp. 1-2 (1995).

322 Alec Stone Sweet, *Governing with Judges: Constitutional Politics
in Europe*, pp. 109-114 (2000).

323 BVerfGE 28 de mayo de 1993, 88 BVerfFGE 203 ("Aborto II");
BVerfGE 25 de febrero de 1975, 39 BVerfGE 1 ("Aborto I").

otros delitos de lesa humanidad antes y durante la Segunda Guerra Mundial, el derecho penal siempre debía desalentar el aborto como acto de quitar la vida, pero que no obstante el aborto sería permitido en ciertas condiciones claramente establecidas.

En su decisión de 1975, y en contraste con el enfoque de la Corte Suprema de Estados Unidos, la Corte Constitucional Federal Alemana determinó que el derecho a la vida cubre al feto[324]. Ese resultado incluía el punto de partida crítico de que la ponderación era procedente, puesto que el valor constitucional representado por la vida del nasciturus no nacido a veces está en conflicto con el derecho constitucional de la mujer embarazada, con su dignidad humana, su integridad corporal y el libre desarrollo de su personalidad[325]. Resumiendo una sustanciosa y sofisticada decisión, la Corte decidió que permitir el aborto sin restricciones, y sin la desaprobación expresa del Estado, infringiría demasiado el derecho a la vida y, por tanto, sería inconstitucional[326]; pero también insistió en que el derecho a la vida no suprime los derechos de las mujeres embarazadas[327].

---

324 Una cuidadosa comparación de los dos enfoques se puede encontrar en Richard E. Levy y Alexander Somek, "Paradoxical Parallels in the American and German Abortion Decisions", 9 *Tul. J. International & Comp. L.* 109 (2001). En Kommers, supra nota 21, pp. 336-356, se incluye una traducción abreviada de las dos decisiones alemanas claves.

325 88 BVerfGE 203 (253).

326 39 BVerfGE 1 (44-46).

327 Ibíd., p. 47.

De hecho, la Corte determinó que los derechos de estas últimas deben prevalecer en circunstancias especiales. Aunque no se podía descriminalizar el aborto *per se*, el procedimiento, no obstante, no sería castigado cuando el médico lo encontrara necesario y cuando estuviese justificado por razones genéticas, médicas o de penuria social, o cuando el embarazo fuese resultado de una violación[328].

En 1993, la Corte Constitucional Federal Alemana sustentó los elementos básicos de su sentencia anterior, mientras creaba una prueba de "carga irrazonable" (*Unzumutbarkeit*). La prueba se basaba en la lógica de la proporcionalidad: los abortos serían tolerados por el derecho penal si mantener el embarazo imponía a la mujer embarazada "cargas pesadas e inusuales" que fueran más allá del "sacrificio razonable"[329]. Es decir, "otro interés" –el de integridad corporal y autodeterminación– "igualmente merecedor de protección constitucional que es tan urgente que el orden legal del Estado no puede exigir que la mujer embarazada siempre anteponga los derechos del nonato"[330]. Aunque los académicos han debatido si el estándar de *Unzumutbarkeit* es idéntico o parcialmente distinto al de proporcionalidad[331], "el efecto

---

328 Ibíd., pp. 48-50.
329 88 BVerfGE 203 (255); 39 BVerfGE 1 (48).
330 39 BVerfGE 1 (50) (citada en Kommers, supra nota 21, p. 341).
331 Ver Rüdiger Konradin Albrecht, *Zumutbarkeit als Verfassungsmasstab* (1995) (quien distingue la *Unzumutbarkeit* de la proporcionalidad).

práctico del principio de *Unzumutbarkeit* es sopesar el derecho del nasciturus y el interés de la madre en su integridad corporal y su autonomía personal"[332].

La comparación de la jurisprudencia sobre el aborto de la Corte Suprema de Estados Unidos y de la Corte Constitucional Federal Alemana, y su recepción más amplia, muestra algunas diferencias y semejanzas notables. Las normas constitucionales de referencia en los dos países parecen opuestas: el derecho a acceder a servicios de aborto prohíbe la interdicción de los abortos en Estados Unidos, mientras que el derecho del nasciturus a la vida exige limitar el aborto en Alemania. Pero cuando ambas cortes han llevado a cabo la ponderación, han dado lugar a una convergencia en las leyes sobre el aborto[333]. Sin embargo, desde *Roe* el aborto se ha convertido sin duda en el asunto más controversial de los que llegan a consideración de la Corte Suprema, el cual predomina en el discurso durante la confirmación de los Magistrados y genera un movimiento social que desafía la misma legitimidad política de la Corte[334]. Las sentencias de la

---

332 Levy y y Somek, supra nota 326, p. 122.

333 Ibíd., p. 111 ("En ambos países, el aborto generalmente es aceptable a comienzos del embarazo, después de diversas recomendaciones informativas y restricciones de espera; y es aceptable en etapas posteriores del embarazo para proteger la vida o la salud de la madre, así como en casos de grave deformidad fetal, violación o incesto").

334 Ver Robert Post y Reva Siegel, "Roe Rage: Democratic Constitutionalism and Backlash", 42 *Harv. C.R.-C.L. L. Rev.* 373 (2007).

Corte Constitucional Federal Alemana sobre el aborto también fueron políticamente controversiales, pero no porque se pensara que fueron incongruentes, sin principios e intrínsecamente políticas[335].

No pretendemos que la proporcionalidad sea la variable clave que explica esta última diferencia; pero sí cumple un papel esencial en la aceptación política de la participación de la Corte Constitucional Federal Alemana en la reglamentación del aborto. En los dos casos sobre el aborto que comentamos más atrás, la Corte Constitucional Federal Alemana ancló su análisis en la ponderación, cuya legitimidad había forjado en décadas anteriores. Esta técnica permitió que la Corte Constitucional Federal Alemana diera debida consideración a los intereses contrapuestos que estaban en juego, y pidió que los jueces intentaran reducir los daños lo máximo posible. Ambos casos alemanes provocaron enérgicos salvamentos de voto. Pero ninguno de los disidentes puso en duda que la ponderación fuera apropiada; en cambio, cuestionaron los pesos relativos que la mayoría dio a los valores en tensión cuando los ponderó.

---

335 La diferencia en el tono también se extiende a la corte. Las sentencias alemanas sobre el aborto tuvieron disidentes, pero ninguno cuestionó la legitimidad de la sentencia de la mayoría ni la buena fe de los magistrados, como hizo el Magistrado Scalia en su cáustico salvamento de voto en *Casey*; ver *Planned Parenthood of Se. Pa. v. Casey*, 505 U.S. 833 982-1002 (1992) (Magistrado Scalia, salvamento de voto).

IV. ¿Todas las cosas en proporción?

A. Retorno a la proporcionalidad

Mostramos que el régimen de control escalonado genera patologías crónicas que debilitan la protección de los derechos y la coherencia de la jurisprudencia de los derechos en Estados Unidos[336]. Aunque el análisis de proporcionalidad no es una panacea para los desafíos que enfrentan las cortes constitucionales, evita estas patologías ofreciendo un procedimiento analítico relativamente sistemático, transparente y trans-sustantivo para la solución de casi todas las demandas relativas a los derechos fundamentales. También encontramos que los tres niveles de control –el fundamento racional, el control intermedio y el escrutinio estricto–, en varios momentos de su evolución, han incluido elementos esenciales de la proporcionalidad. En nuestra opinión, este hallazgo respalda nuestra pretensión de que ninguna corte protectora de derechos puede prescindir, en la práctica, de estos elementos a menos que esté dispuesta a adoptar una postura de abdicación o de absolutismo.

En conjunto, estos hallazgos llevan a concluir que la adopción de la proporcionalidad puede mejorar la consistencia y la transparencia de la aplicación de derechos constitucionales en Estados Unidos de una

---

336 Ver supra Parte III.

manera que mantiene la fe en nuestros compromisos y tradiciones constitucionales. Ninguna fórmula
única y simple predice la forma en que las cortes de
Estados Unidos podrían llegar a ampliar y regularizar
los elementos de proporcionalidad que ya existen, a
veces parcialmente ocultos, en nuestras doctrinas[337].

---

337 Como señalamos antes, algunas áreas del derecho constitucional
     estadounidense tienen pruebas de ponderación de intereses
     que se asemejan al análisis de proporcionalidad. El Magistrado
     Breyer enumera algunas de ellas en su salvamento de voto en
     Heller; District of Columbia v. Heller, 128 S. Ct. 2783, 2858 (2008)
     (Magistrado Breyer, salvamento de voto); ver también, p. ej.,
     Nixon v. Shrink Mo. Gov't PAC, 528 U.S. 377, 403 (2000) (que
     cita ejemplos donde la Corte ha adoptado dicho enfoque);
     Thompson v. W. States Med. Ctr., 535 U.S. 357, 388 (2002) (Ma-
     gistrado Breyer, salvamento de voto) (expresión comercial);
     Burdick v. Takushi, 504 U.S. 428, 433 (1992) (reglamentación de
     las elecciones); *Mathew v. Eldridge*, 424 U.S. 319, 339-349 (1976)
     (debido proceso procedimental); *Pickering v. Bd. of Ed. of Twp.
     High Sch. Dist.* 205, 391 U.S. 563, 568 (1968) (libre expresión
     de un empleado del gobierno). La Corte Suprema también
     ha empleado pruebas de ponderación fuera del contexto
     constitucional. Quizá la más conocida, la "regla de la razón",
     utilizada para evaluar colusiones y contratos que limitan el
     comercio de acuerdo con la sección 1 de la Ley Sherman, es
     una prueba de ponderación: la Corte se pregunta si el efecto
     neto de una restricción al comercio favorece la competencia;
     ver *Bd. of Trade v. United States*, 246 U.S. 231 (1918). En los
     últimos años, los tribunales federales de apelaciones han
     complementado la ponderación del caso *Board of Trade* con
     una prueba del medio menos intrusivo, de modo que el efecto
     total es muy parecido al del análisis de proporcionalidad;
     ver Gabriel A. Feldman, "The Misuse of the Less Restrictive
     Alternative Inquiry in Rule of Reason Analysis", 58 *Am. U. L.
     Rev.* 561, 580 (2009). El derecho electoral también ha recurrido

Aunque trazar un mapa detallado de este proceso está fuera del alcance de este trabajo, sugerimos, a grandes rasgos, algunas posibilidades. Esperamos que estos comentarios lleven a discutir más ampliamente cómo se podrían reconciliar la aplicación de los derechos y la proporcionalidad en Estados Unidos. Finalizamos mencionando y respondiendo las objeciones a los argumentos que hemos expuesto en este libro.

Como punto de partida, señalemos de nuevo que los Magistrados Marshall y Stevens propusieron, en aclaraciones y salvamentos de voto, enfoques del análisis de igual protección que desplazarían el control escalonada en favor de una revisión de "escala móvil" más cercana a la proporcionalidad[338]. El Magistrado Marshall explicó su alternativa al "enfoque rígido del análisis de igual protección" de la Corte en *San Antonio Independent School District v. Rodríguez*: "Cuando el nexo entre la garantía constitucional específica y el interés no constitucional resulta más cercano, el interés no constitucional se vuelve más fundamental y en consecuencia se debe ajustar el grado de escrutinio judicial que se aplica cuando el interés es infringido

---

con creciente frecuencia a un estándar que pondera el interés del Estado contra la carga sobre el derecho al voto de un individuo de una manera que se parece a la proporcionalidad; ver Joseph Fishkin, "Equal Citizenship and the Individual Right to Vote", 86 *Ind. L. J.* 1280 (2011).

338 Ver James E. Fleming, "There Is Only One Equal Protection Clause: An Appreciation of Justice Stevens's Equal Protection Jurisprudence", 74 *Fordham L. Rev.* 2301, pp. 2305-2308 (2006) (donde se describen las posiciones de ambos Magistrados).

en forma discriminatoria"[339]. Por su parte, el Magistrado Stevens propuso un estándar único, conforme al cual la carga justificativa del Estado para establecer el "fundamento racional" de la legislación está ligada a la clasificación utilizada; es más fácil dar una razón legítima neutral para tratar de manera diferente a las personas con base en la profesión, por ejemplo, que con base en la raza[340].

Aunque los dos estándares son diferentes[341], cualquiera de ellos podría servir como sostén de un enfoque del análisis de igual protección basado en la ponderación al estilo del análisis de proporcionalidad. El enfoque de igual protección en el espíritu del Magistrado Marshall o del Magistrado Stevens no exige que la Corte rechace los estándares doctrinales existentes; proporciona, más bien, un medio para dar sentido a los precedentes situando a la doctrina en un marco más extenso y coherente. Por ejemplo, el enfoque de la escala móvil abre la posibilidad de replantear la prueba de interés urgente del Estado: lo que se considere interés "urgente" para superar una demanda de derechos variará de acuerdo con la intensidad de la infracción del derecho. Este enfoque ayuda así a recuperar el papel original del análisis de escrutinio estricto como forma de ponderación

---

339 411 U.S. 1, 102-103 (1973) (Magistrado Marshall, salvamento de voto).

340 *City of Cleburne v. Cleburne Living Ctr., Inc.*, 473 U.S. 432, 452-453 (1985) (Magistrado Stevens, aclaración de voto).

341 Ver Goldberg, *supra* nota 10, pp. 519-524.

de intereses protectora de los derechos. Desde esta perspectiva, los demás estándares de control constituyen puntos a lo largo de un espectro continuo de escrutinio, dentro de una metodología maestra común[342]. Con el tiempo, la Corte podría elaborar estas estructuras doctrinales en un marco más articulado donde la prueba de medios-fines y la ponderación de intereses se manejen en etapas distintas. Y este estándar de proporcionalidad se podría aplicar no solamente en la igual protección sino dondequiera que hoy opera el control escalonado.

Yendo más más allá, no entramos ninguna razón para limitar la adopción del análisis de proporcionalidad a las áreas donde hoy rige el régimen de tres niveles. El Magistrado Breyer –a cuya salvedad del voto en *Heller* se unieron los Magistrados Stevens, Souter y Ginsburg– argumentó enérgicamente que el enfoque estadounidense de la aplicación de derechos siempre ha incluido elementos de proporcionalidad y ponderación[343]. Luego procedió a demostrar cómo se debería aplicar una versión del análisis de proporcionalidad

---

342 Ver *Craig v. Boren*, 429 U.S. 190, 212 (1976) (Magistrado Stevens, aclaración de voto) (donde se argumenta que los casos de niveles diferentes "realmente aplican un estándar único de una manera razonablemente coherente").

343 *District of Columbia v. Heller*, 128 S. Ct. 2783, 2854-2868 (2008) (Magistrado Breyer, salvamento de voto). En un célebre discurso de bienvenida a Harvard en 2010, el Magistrado retirado Souter subrayó los conflictos inevitables entre los valores involucrados en un litigio constitucional; Magistrado David H. Souter, Discurso de Bienvenida en la Universidad

a la Segunda Enmienda[344]. La Segunda Enmienda identifica un valor que se deba maximizar, sujeto a ciertas limitaciones. No hay duda –y la mayoría no lo sugirió– de que el derecho a portar armas implica que no se permite ninguna restricción (por ejemplo, a un tipo de armas, en cualquier circunstancia). Una vez que la Corte determina que la Segunda Enmienda cubre el derecho de un individuo a portar armas fuera del contexto de la milicia, las preguntas cruciales deben referirse a los límites, para cuyo tratamiento está diseñado el análisis de proporcionalidad. En su salvamento del voto, el Magistrado Breyer aplicó una versión del análisis de proporcionalidad para mostrar que el razonamiento sobre los límites podía proceder de un modo abierto y basado en principios. Ciertamente el análisis de proporcionalidad habría proporcionado una guía más segura para casos futuros en esta área que el enfoque de la mayoría. Al rehusarse incluso a escoger un estándar de control con el cual evaluar la limitación estatal del derecho a portar armas, el Magistrado Scalia no dio ninguna guía para casos futuros.

---

de Harvard (27 de mayo de 2010), http://news.harvard.edu/gazette/story/2010/05/text-of-justice-david-souters-speech/.

344 *Heller*, 128 S. Ct., 2854-2868. En su salvamento de voto, el Magistrado Breyer consideró –correctamente– que su enfoque no se alejaba mucho de la práctica de la Corte, sino que era una racionalización de las técnicas que ya se empleaban, y se alejaba un poco del estándar de control utilizado en áreas diferentes; ibíd.

Pero el caso *Heller* es un caso raro en cuanto hace una pregunta de primera impresión acerca de la existencia de un derecho bajo una de las diez primeras enmiendas de la Constitución. La Corte del siglo xix casi nunca escribe sobre una tabla rasa. Aunque muchas otras áreas del derecho constitucional estadounidense podrían beneficiarse con la introducción del principio de proporcionalidad, también reconocemos que pueden existir buenas razones para que la Corte trate algunos derechos –como la prohibición de la Tercera Enmienda contra el alojamiento de militares en el hogar sin consentimiento del propietario– como reglas claras *per se*[345]. Sin embargo, la Corte ya determinó, y ha sostenido coherentemente, que la mayoría de los derechos que tienen importancia para los estadounidenses son relativos y no absolutos. Puesto que la Corte ya somete derechos importantes –incluidos aquellos que se expresan en términos absolutos (como los de la Primera Enmienda)– a una letanía de limitaciones y salvedades, las cortes tendrían justificación para hacer las dos siguientes preguntas. Primera, ¿por qué *no todos* los derechos constitucionales deben ser protegidos por un estándar de necesidad, es decir, por qué se debería permitir al gobierno que infrinja *cualquier* derecho más de lo que es necesario para lograr un propósito público declarado? Segunda, ¿las leyes que han aprobado el requisito de diseño estricto infringen, no obstante, el derecho más de lo que es

---

345 U.S. Const., amend. III.

tolerable dados nuestros compromisos constitucionales? Haciendo estas preguntas, los jueces iniciarían la tarea de reconceptualizar la doctrina de derechos en términos del análisis de proporcionalidad[346]. En la mayoría de los casos, la falta de consideración de estas preguntas debilitará la protección de los derechos.

El análisis de proporcionalidad se puede adaptar a la doctrina constitucional existente, como ilustran algunos ejemplos tomados de cada área de la jurisprudencia de la Corte acera de los derechos. Aquí presentaremos un ejemplo más, relacionado con las demandas atinentes al debido proceso que surgen de los daños a la reputación causados por acción del Estado. Dichas demandas están regidas actualmente por *Paul v. Davis*[347]. Este caso se refería a una demanda contra un volante distribuido por la policía local que incluía el nombre y la foto del demandante en una lista de "ladrones de tiendas activos" con base en un arresto por robo a una tienda que nunca llegó a juicio[348]. *Paul* estableció que mostrar simplemente que la acción estigmatizadora del Estado limita los intereses de la libertad protegidos por la garantía del debido proceso no es suficiente para establecer una violación del debido proceso. También se necesita algo diferente, un cambio en el estatus legal, aunque

---

346 Ver Sullivan y Frase, supra nota 53, p. 173 (donde se propone que la proporcionalidad "sea adoptada como estándar de revisión").

347 424 U.S. 693 (1976).

348 Ibíd., p. 695.

la Corte no explicó qué ocurriría una vez fuera satisfecho este "umbral" de estigma adicional o "plus"[349]. No es sorprendente que la decisión del caso *Paul* haya sido criticada rotundamente por no haber establecido estándares para que las cortes evaluaran las demandas por violaciones procedimentales al debido proceso en casos de daños a la reputación[350].

El enfoque del análisis de proporcionalidad daría una solución clara al problema. Una vez ha identificado una acción que estigmatiza, la Corte pasaría al análisis de proporcionalidad, preguntando qué interés del Estado está en juego, y si los medios que estigmatizan sirven para lograrlo. La Corte haría la indagación con la prueba del medio menos intrusivo, y si esta es satisfecha, pasaría a la etapa final del análisis, donde pregunta si el daño al demandante es justificado, tomando en consideración todas los puntos de vista relevantes. La etapa final de proporcionalidad podría hacer eficazmente la tarea que ahora hace –deficientemente– el nebuloso factor "plus", la tarea de filtrar daños *de minimis*. Este uso del análisis de proporcionalidad también haría eco al enfoque de la proporcionalidad que adoptara la Corte en *Mathew*

---

349 Ibíd., p. 701.

350 Ver Barbara E. Armacost, "Race and Reputation: The Real Legacy of *Paul v. Davis*", 85 *Va. L. Rev.* 569, 571 (1999) ("los académicos han sido implacables y uniformemente negativos en sus reacciones al concepto y al fallo de la Corte Suprema en el caso *Paul*"); ibíd., pp. 575-584 (que compila las críticas sobre el caso *Paul*).

v. Eldridge[351] y en la línea asociada de casos de debido proceso. Para nuestros propósitos, lo más importante es que la estructura básica del derecho –las condiciones que debe satisfacer una demanda contra el Estado– se puede establecer mediante los precedentes relevantes, y que el análisis de proporcionalidad puede resolver los problemas de ponderación restantes.

Una tarea necesaria en la aplicación de derechos es la de definir el alcance de los derechos, es decir, determinar el rango de conducta protegido por el derecho. Por ejemplo, ¿las protecciones de la Primera Enmienda se extienden a la obscenidad?[352] El análisis de proporcionalidad es, por supuesto, únicamente un procedimiento analítico, es decir, carece de contenido. Sin embargo, donde prospera el análisis de proporcionalidad, los jueces lo usan para estructurar una teoría de los derechos que adjudican. Como observa Mattias Kumm, los enfoques del sistema jurídico sobre las cuestiones del alcance de un derecho y de la limitación de un derecho están lógicamente entrelazados[353]. Igual sucede en Estados Unidos. El escrutinio estricto, por ejemplo, es un enfoque sumamente riguroso de la limitación de los derechos: una

---

351 424 U.S. 319 (1976).

352 Ver, p. ej., *Miller v. California*, 413 U.S. 15, 36 (1973) (donde se afirma que el material obsceno no está protegido por la Primera Enmienda).

353 Ver Mattias Kumm, "Who Is Afraid of the Total Constitution? Constitutional Rights as Principles and the Constitutionalization of Private Law", 7 *German L. J.* 341, 347 (2006).

medida que infringe un derecho solo es permisible si se ajusta estrictamente a un interés urgente. Los riesgos de admitir *prima facie* una demanda de derechos bajo el escrutinio estricto son enormes, puesto que la prueba de las infracciones inclina la balanza en favor del derecho. Tiene sentido, entonces, que la Corte Suprema se rehúse a declarar, por ejemplo, que la medida plena de protección de la Primera Enmienda se extiende a la libre expresión comercial porque esto encerraría a la Corte en un análisis que suprime los límites a la publicidad de licores, por ejemplo, sin considerar las diferencias relevantes entre esta y otras formas de expresión más cercanas al núcleo esencial de la Primera Enmienda[354]. Un enfoque mezquino de la limitación de los derechos va de la mano de un enfoque mezquino del alcance de los derechos: cuando la decisión de que un derecho está en juego tiene tan grandes consecuencias, las fronteras de la protección de ese derecho deben ser vigiladas cuidadosamente.

El análisis de proporcionalidad ofrece un modelo diferente. Como marco de ponderación, el análisis de proporcionalidad abre expresamente la posibilidad de que las demandas de derechos pueden pesar *prime facie* menos que los valores contrapuestos, siempre que las demás etapas del análisis de proporcionalidad sean satisfechas. Debido a que depende mucho menos

---

[354] *Cent. Hudson Gas & Elec. Corp. v. Pub. Serv. Comm'n*, 447 U.S. 557, 566 (1980).

de la determinación *prima facie* de que la demanda de
violación de un derecho se estructura apropiadamente,
los jueces pueden permitirse definir más ampliamente el alcance de ese derecho. Un ejemplo puede
ayudar a ilustrar el impacto que tendría la adopción
del análisis de proporcionalidad en la aplicación de
derechos en Estados Unidos. La jurisprudencia sobre
la libertad de expresión acepta algunos recortes de
actividades expresivas que merecen menos que la
medida plena de protección de la Primera Enmienda,
incluyendo el lenguaje belicoso[355], la obscenidad[356],
la pornografía infantil[357], los mensajes comerciales[358]
y la instigación directa a cometer actos ilegales[359]. En
un contexto de análisis de proporcionalidad, una
corte podría llegar a estos mismos resultados por
medio de un proceso de ponderación explícita y no
encubierta. En efecto, la Corte reconocería que en
estas formas de conducta están en juego, de hecho,
algunos intereses expresivos, pero en menor grado
que en el núcleo de la libre expresión de la Primera
Enmienda. El análisis de proporcionalidad no solo
no exige que la Corte elabore una teoría de los derechos de expresión, también permite que la corte evite
algunas guerras fronterizas inmanejables que genera
inevitablemente la inclinación estadounidense a las

---

355 Ver *Chaplinsky v. Nueva Hampshire*, 315 U.S. 568 (1942).

356 Ver *Roth v. United States*, 354 U.S. 476 (1957).

357 Ver *New York v. Ferber*, 458 U.S. 747 (1982).

358 Ver 44 *Liquormart, Inc. v. Rhode Island*, 517 U.S. 484 (1996).

359 Ver *Brandenburg v. Ohio*, 395 U.S. 444 (1969).

reglas y las excepciones. Encontramos pocas ventajas, si tiene alguna, en un enfoque que busca determinar, de una vez por todas, en qué lado de una línea particular se sitúa un caso, o dónde trazar las líneas que separan a las reglas de las excepciones. En todo caso, la versión estadounidense de este enfoque nunca ha podido excluir realmente a la ponderación de la caja de herramientas judiciales. Despedido por la puerta del frente, la ponderación entra por la puerta de atrás, donde se usa para crear reglas y excepciones cada vez más matizadas[360]. En nuestra opinión, el enfoque del análisis de proporcionalidad es menos arbitrario que una respuesta binaria "sí o no" a la complejidad de la aplicación de derechos. Incorpora flexibilidad y preocupación por el contexto en la aplicación de los derechos, y reduce la posibilidad de que los jueces se creen a sí mismos problemas doctrinales.

Finalmente, la aplicación del análisis de proporcionalidad no impide que las cortes incorporen en su análisis otros modos de razonamiento sobre los derechos. Por ejemplo, una corte que usa el análisis de proporcionalidad también puede rechazar categóricamente ciertos argumentos que justifiquen la acción del Estado[361]. De esta manera, las cortes pueden excluir algunas razones para dar protección adicional a valores constitucionales importantes[362].

---

360 Ver Aleinikoff, supra nota 1, pp. 963-971.
361 Ver Joseph Raz, *The Morality of Freedom*, pp. 38-69 (1986).
362 Ver Richard H. Pildes, "Avoiding Balancing: The Role of Exclusionary Reasons in Constitutional Law", 45 *Hastings L.*

Supongamos, por ejemplo, que el gobierno intenta prohibir la expresión que promueve ciertas teorías sociales o políticas, en razón de que son incorrectas y perjudiciales[363]. Conforme a la doctrina existente sobre la Primera Enmienda, las cortes no darán crédito a esta justificación de la acción del gobierno. Las cortes rechazan la posición del gobierno no porque las teorías no sean falsas o perjudiciales –podrían serlo– sino porque nuestra teoría de la libertad de expresión excluye razones para la acción del Estado basadas en la discriminación con base en la opinión política[364]. En forma similar, una corte que adopta el análisis de proporcionalidad y comparte los mismos valores de la Primera Enmienda también puede negarse a dar crédito a la justificación del gobierno o a darle algún peso en el análisis. En palabras de Mattias Kumm, "La libertad de expresión no se pondera contra el perjuicio causado por proponer ideas falsas"[365]. De hecho, Kumm señala correctamente que el análisis de proporcionalidad puede excluir razones en dos etapas del análisis: cuando evalúa la legitimidad del objetivo del Estado y en

---

J. 711, 713 (1994). Pildes demuestra que definir las razones excluidas era una técnica dominante para la decisión de demandas de derechos en la jurisprudencia constitucional del siglo xix; ibíd., pp. 712-713. Y Mattias Kumm, supra nota 34, pp. 144-145, subraya su papel en el análisis constitucional contemporáneo.

363 Ver Kumm, supra nota 34, pp. 144-145.

364 Ibíd., p. 145.

365 Ibíd.

la etapa de la ponderación[366]. Por tanto, es erróneo suponer que el paso al análisis de proporcionalidad significaría abandonar la delicada arquitectura constitucional que las cortes estadounidenses han construido para dar significado a las disposiciones de derechos.

B. Objeciones

Intentamos exponer los mejores argumentos para la adaptación del análisis de proporcionalidad en Estados Unidos, pero reconocemos que hay consideraciones contrarias. Aquí examinamos brevemente algunas de las importantes razones institucionales e históricas por las que podría parecer que el análisis de proporcionalidad es una adaptación problemática para las cortes estadounidenses.

Las diferencias formales entre el sistema estadounidense de control de constitucionalidad y otros sistemas contemporáneos de justicia constitucional de todo el mundo son obvias e importantes. La mayoría de las cortes supremas y constitucionales más poderosas del mundo hoy entienden que su misión *central* debe ser la protección enérgica de los derechos fundamentales, entre otras razones porque sus constituciones respectivas dan prioridad a la protección de los de-

---

366 Ibíd.

rechos[367]. Las constituciones modernas suelen anunciar derechos antes de constituir las estructuras del Estado; la mayoría de los derechos son cualificados por cláusulas de limitaciones; y la Corte protectora de los derechos es designada expresamente como intérprete autorizado de la ley superior. Además, las cortes constitucionales europeas –y las cortes supremas de Canadá, India y Sudáfrica en grados diferentes– no están limitadas a la jurisdicción de "casos o controversias". Los casos llegan a esas cortes en diversas formas, a menudo en forma de preguntas constitucionales abstractas sobre el significado, el alcance y la aplicación de los derechos[368]. Los jueces constitucionales tienen la obligación de responder estas preguntas, sin importar cuán controversiales sean. De hecho, dar respuestas constitucionales a preguntas controversiales profundamente "políticas" acerca de los derechos es esencial en la descripción de su tarea[369]. En suma, todas las cortes protectoras de derechos modernas desempeñan la función de un oráculo, uno de cuyos subproductos es la legislación (constitucional, legislativa, administrativa, etc.)[370].

---

367 Ver Victor Ferreres Comella, *Constitutional Courts and Democratic Values*, pp. 36-54 (2009).

368 Ibíd., pp. 66-67; Stone Sweet, supra nota 324, pp. 343-346.

369 Ver Ferreres Comella, supra nota 369, pp. 72-73.

370 En dichos sistemas fallan las distinciones clásicas entre la "función judicial" (resolución de disputas conforme al derecho) y la "función legislativa" (elaboración de leyes). En estos sistemas, las nociones tradicionales de división de poderes se convierten en fuentes débiles de legitimidad sistémica. En

La Corte Suprema estadounidense no es una corte constitucional especializada. A diferencia de la corte constitucional moderna, la Constitución de Estados Unidos no confiere a la Corte la facultad de control de constitucionalidad. Añadidos como "enmiendas" complementarias, los derechos solo salen a la superficie después de haber establecido los órganos de gobierno. Además, la Constitución estadounidense no da la primacía interpretativa al poder judicial; de hecho, quizá las tres ramas, que están en el mismo nivel de igualdad, tengan el mismo derecho de competencia y la misma obligación de interpretar y aplicar fielmente los derechos[371]. En *Marbury v. Madison*, por supuesto, la Corte derivaría su autoridad constitucional de revisión judicial directamente de su jurisdicción de "casos o controversias" del Artículo III[372]. Adoptando una visión altamente formalista, toda legislación judicial (constitucional, legislativa, etc.) en Estados Unidos se puede entender como un subproducto de

---

cambio, la legitimidad del orden constitucional está ligada estrechamente a la capacidad de la corte constitucional para defender los derechos.

371 Entre algunos destacados defensores contemporáneos de la posición "departamentalista" –según la cual ni los constituyentes ni la Constitución estadounidense pretendieron conceder la supremacía judicial con respecto a la interpretación constitucional– se incluyen Akhil Amar y Larry Kramer; ver Akhil Reed Amar, *America's Constitution* (2005); Larry D. Kramer, *The People Themselves: Popular Constitutionalism and Judicial Review* (2004).

372 5 U.S. (1 Cranch) 137 (1803).

la función judicial básica (la resolución de disputas). Por supuesto, pretender que la Corte Suprema sigue siendo principalmente una corte de casos o controversias violentaría la realidad y subvaloraría su función oracular de legislar. Aunque pocos observadores serios hoy defenderían esta pretensión, la limitación de casos o controversias del Artículo III constituye sin duda una parte importante de la identidad histórica de la Corte Suprema como órgano judicial, e impone significativas restricciones a la Corte.

Estas diferencias orgánicas deben influir en la manera de entender los derechos y de decidir las demandas atinentes a los derechos. En Europa, y en Canadá y Sudáfrica, los jueces constitucionales no enfrentan un desafío grave o sostenido a su legitimidad cuando protegen derechos, al menos en términos formales. De hecho, los jueces constitucionales debilitarían gravemente su legitimidad política si abdicaran de su función de proteger los derechos, por ejemplo, adoptando un estándar de fundamento racional como la norma de protección de derechos. En Estados Unidos, el fantasma del pecado original *(Marbury)*[373] y de sus males potenciales *(Lochner)*[374], el discurso defensivo de la dificultad contra mayoritaria y la ansiedad por lo que se ha convertido *de facto* en supremacía judicial significan que cualquier paso que den las cortes para alejarse de la deferencia y acercarse a la protección

---

373 Ibíd.
374 *Lochner v. New York*, 198 U.S. 45 (1905).

enérgica de los derechos exija una justificación *especial*[375]. Los jueces y los juristas estadounidenses se han dedicado a una producción y a una crítica aparentemente interminables de estas justificaciones, pero han logrado poco consenso. Al mismo tiempo, el hecho de que la mayoría de los derechos estadounidenses más importantes se expresen en términos absolutos ejerce una presión opuesta, cuando se hacen cumplir las normas, que lleva a adoptar una postura general de fundamento racional profundamente problemática, si no indefendible.

Este análisis implica que las doctrinas de los derechos de un sistema jurídico constituyen y encarnan las nociones acerca de qué son *derechos* en ese sistema. Kumm explica que dichas nociones nos dicen "qué [...] se tiene en virtud de tener un derecho"[376]. Aunque este asunto suscita problemas de teoría del derecho que están fuera del alcance de este trabajo, debería ser obvio que las diferencias estructurales importantes diferenciarán a las doctrinas que hacen referencia a la concepción de los derechos como "triunfos" (en el sentido de Dworkin) de las que conciben los derechos como "escudos" defensivos (que aíslan la esfera de lo privado del alcance de la acción estatal) o como

---

375 Los enunciados más influyentes del problema y la justificación (parcial) de la supremacía judicial siguen siendo, respectivamente, Alexander M. Bickel, *The Least Dangerous Branch* (1962), y John Hart Ely, *Democracy and Distrust* (1980).

376 Kumm, *supra* nota 34, p. 131.

"mandatos de optimización" (en el sentido de Alexy)[377].
La Corte Suprema, por supuesto, no ha adoptado en
una "teoría" dominante de "qué son los derechos",
lo cual explica en parte la incoherencia sistémica de
su jurisprudencia acerca de los derechos.

Los europeos se vieron forzados a repensar y a
reconstruir su derecho constitucional después de los
horrores del Holocausto y de la destrucción de la Segunda Guerra Mundial[378]. La nueva República Federal
de Alemania se comprometió firmemente a proteger
los derechos fundamentales al nivel más alto posible,
mientras que el prestigio de los partidos políticos y
de la autoridad legislativa era relativamente bajo. El
colapso de los regímenes autoritarios- fascistas en
Europa del Sur en los años setenta, y luego en Europa
Central y Oriental y en los Balcanes en los años noventa, reprodujo esa situación en aspectos esenciales,
y el enfoque alemán del constitucionalismo se copió y
se extendió. Durante estos últimos episodios, quienes
redactaron nuevas constituciones no vieron ninguna
contradicción entre la democracia y la protección
de derechos. Por el contrario, consideraron que un

---

377 Para una cuidadosa discusión de este asunto, ver Mattias
Kumm, "The Idea of Socratic Contestation and the Right
to Justification: The Point of Rights-Based Proportionality
Review", 4 *Law & Ethics Hum. Rts.* 141, pp. 144-152 (2010).

378 Jed Rubenfeld argumenta que debido a este hecho las concepciones estadounidenses y europeas del constitucionalismo,
de los derechos y de la democracia son fundamentalmente
opuestas; Jed Rubenfeld, "The Two World Orders", *Wilson
Q.*, otoño de 2003, 22.

sistema robusto de protección de derechos era una condición previa para el gobierno democrático. Hoy, incluso después de la consolidación de sistemas de partidos, los ciudadanos europeos siguen apoyando a las cortes constitucionales –a las que equiparan con la protección de los derechos– mucho más de lo que apoyan a los órganos legislativos. Allí donde una ideología de los derechos fundamentales se ha cristalizado como una especie de religión cívica, la jurisdicción de los derechos puede ser el fundamento de la legitimidad control de constitucionalidad. Es diciente que esta religión cívica de los derechos hoy también se difunda a jurisdicciones de derecho común, incluido nuestro vecino del norte, Canadá, que (como Israel) adoptó el análisis de proporcionalidad de los europeos.

En Estados Unidos, algunos jueces y académicos siempre han sostenido que el análisis de proporcionalidad y la ponderación son antitéticos a las nociones estadounidenses de soberanía popular y, por consiguiente, a la democracia. Rechazamos esta interpretación, entre otras razones porque no está respaldada por los hechos. En el periodo posterior al New Deal, cuando la Corte Suprema de Estados Unidos pasó a proteger los derechos fundamentales más enérgicamente, también empezó a asemejarse a una corte constitucional moderna protectora de derechos y menos a una Corte de casos o controversias. La Corte relajó las doctrinas vigentes, y el control abstracto –en forma de impugnaciones nominales y remedios constitucionales relacionados– surgió y se convirtió en rutina en algunas áreas; la Corte asumió francamente un papel más oracular como legislador constitucional[379]. Se podría decir que por vez primera empezó a aparecer un sistema de justicia constitucional en Estados Unidos, cuyo núcleo es la protección de los derechos. Con la importante excepción de los derechos de propiedad, la Corte reservó las doctrinas de deferencia, como la del fundamento racional, únicamente para aquellos derechos que no se consideraban "fundamentales". Además, empezó a teorizar que los derechos se debían favorecer más explícitamente, lo que fue de la mano con el desarrollo de las pruebas doctrinales que son centrales para el análisis de proporcionalidad.

V. Conclusión

En este capítulo intentamos describir y evaluar la evolución de la ponderación. Nuestra primera motivación fue comparativa y empírica. En el capítulo 1 explicamos teóricamente por qué los jueces que protegen los derechos se sienten atraídos por el análisis de proporcionalidad: el análisis de proporcionalidad ofrece la mejor respuesta posible a los desafíos de la adjudicación de derechos cualificados, y ofrece una solución (parcial) a ciertos dilemas de legitimidad inmanejables generados por la legislación judicial

---

379 Ver Martin Shapiro y Alec Stone Sweet, *On Law, Politics, and Judicialization*, pp. 347-375 (2002).

y por la supremacía judicial. Luego rastreamos el surgimiento y la difusión global del análisis de proporcionalidad. Hoy, las cortes constitucionales más poderosas del mundo han adoptado alguna versión del análisis de proporcionalidad, que emplean como marco analítico fundamental para la aplicación de los derechos. Sin duda, el análisis de proporcionalidad hoy constituye el núcleo doctrinal que define al constitucionalismo global basado en los derechos.

En el capítulo 2, intentamos aplicar estas consideraciones al caso estadounidense, entre otras razones porque a menudo se caracteriza a Estados Unidos (especialmente por los no estadounidenses) como un caso atípico, una isla en sí misma, un sistema jurídico que se niega a participar en la conversación transnacional sobre la aplicación de derechos que ha cobrado tanta importancia en estos últimos años. Aunque concordaríamos en que el constitucionalismo estadounidense está mal equipado para participar en diálogos constitucionales entre fronteras o para ejercer una influencia positiva en la evolución del constitucionalismo global, no es cierto que el sistema estadounidense haya rechazado la ponderación o la proporcionalidad. En vez de ello, como hemos mostrado, los elementos del análisis de proporcionalidad tienen profundas raíces en el derecho constitucional estadounidense, y las cortes estadounidenses nunca han podido prescindir de la ponderación cuando aplican derechos, aunque a veces lo hayan intentado.

Nuestra segunda motivación fue normativa. Argumentamos que las cortes estadounidenses se beneficiarían, al final de cuentas, con la estandarización de la doctrina de los derechos bajo alguna versión del análisis de proporcionalidad. Para tomar solo un ejemplo, identificamos tres patologías endémicas de la jurisprudencia estadounidense de los derechos y mostramos las diversas formas en que el análisis de proporcionalidad permitiría que las cortes atenúen o eliminen estas patologías. Nuestras pretensiones normativas se basan en nuestros precedentes teóricos y en nuestros resultados comparativos. Subrayamos que una de las virtudes del análisis de proporcionalidad es la de permitir que una corte maximice su flexibilidad, con respecto a los intereses y valores constitucionales que protege, y con respecto los litigantes actuales y futuros. La flexibilidad es inherente al análisis de proporcionalidad de otra manera: las cortes pueden adaptar el análisis de proporcionalidad para ajustarlo a sus propios fines. De hecho, la forma en que las cortes usan el análisis de proporcionalidad varía ampliamente a través de las fronteras jurisdiccionales. A quienes afirman que el marco de proporcionalidad es "derecho extranjero" y, por tanto, ajeno al constitucionalismo estadounidense, les responderíamos que Estados Unidos ha desarrollado versiones del análisis de proporcionalidad "de su propia cosecha", en épocas diferentes. El capítulo 2 muestra cómo lo ha hecho. Si la Corte Suprema desarrollara una versión más formalizada del análisis de proporcionalidad, siguiendo las líneas que hemos expuesto, sería una creación estadounidense, que hace referencia a la jurisprudencia existente y es coherente con nuestros

propios valores y nuestras tradiciones constitucionales. En todo caso, el problema de la ponderación en
la aplicación estadounidense de los derechos está de
nuevo en el primer lugar de la agenda de la Corte
Suprema. Es de esperar que en esta ocasión los Magistrados consideren más profundamente los méritos
del enfoque más ensayado y más probado de ese
problema: el principio de proporcionalidad[380].

---

380 Terminamos con una nota aclaratoria. Aunque creemos
que el análisis de proporcionalidad, como marco doctrinal
para la decisión de las demandas atinentes a los derechos,
se desempeña en conjunto mejor que cualquier competidor
conocido, no argumentamos que resuelva todos los dilemas
de legitimidad que enfrentan las cortes, incluido el problema
de la creación judicial de leyes.

BIBLIOGRAFÍA

Albrecht, Rüdiger Konradin (1995) *Zumutbarkeit als Verfassungsmasstab. Der eingenständige Gehalt des Zumutbarkeitsgedankens in Abgrenzung zum Grundsatz der Verhältnismässigkeit*, Berlín, Duncker und Humblot.

Aleinikoff, T. Alexander (1987) "Constitutional Law in the Age of Balancing", 96 *Yale Law Journal*, pp. 943-1005.

Alexander, Gregory S. (2003) "Property as a Fundamental Constitutional Right? The German Example", 88 *Cornell Law Review*, pp. 733-779.

Alexy, Robert (1985) *A Theory of Constitutional Rights*, Rivers, Julian, trad., Oxford, New York, Oxford University Press, 2002.

Alexy, Robert (2003) "Constitutional Rights, Balancing, and Rationality", 16 *Ratio Juris*, pp. 131-140.

Alkema, Evert Albert (2000) "The European Convention as a Constitution and its Court as a Constitutional Court, en *Protecting Human Rights: The European Perspective*, Mahoney, Paul et al., eds., Koeln, Carl Heymannns Verlag.

Alston, Philip ed., (1999) "The New Zealand Bill of Rights Experience", *Promoting Human Rights through Bills of Rights: Comparative Perspectives*, Oxford, New York, Oxford University Press.

Amar, Akhil Reed (2005) *America's Constitution: A Biography*, Westminster, Maryland, Random House.

Andenas, Mads y Stefan Zleptnig (2007) "Proportionality: WTO Law in Comparative Perspective", 42 *Texas
International Law Journal*, pp. 370-423.

Armacost, Barbara E. (1999) "Race and Reputation: The
Real Legacy of *Paul v. Davis*", 85 Vanderbilt Law
Review, pp. 569-629.

Ayres, Ian y Sydney Foster (2007) "Don't Tell, Don't
Ask: Narrow Tailoring after *Grutter* and *Gratz*", 85
Texas Law Review, p. 517-583.

Baer, Susanne (1999) "Equality: The Jurisprudence of the
German Constitutional Court", 5 *Columbia Journal of
European Law*, pp. 249-279.

Barak, Aharon (2006) "Human Rights in Israel", 39 *Israel
Law Review*, pp. 12-34.

Beatty, David (2004) *The Ultimate Rule of Law*, Oxford,
New York, Oxford University Press.

Bednar, Jenna y William N. Eskridge, Jr. (1995) "Steadying
the Court's "Unsteady Path": A Theory of Judicial
Enforcement of Federalism", 68 *Southern California
Law Review*, pp. 1447-1491.

Bickel, Alexander M. (1962) *The Least Dangerous Branch:
The Supreme Court at the Bar of Politics*, New Haven,
Conn., Yale University Press.

Biography of Dr. Dr. h.c. Claus-Dieter Ehlermann, http://
www.wilmerhale.com/claus-dieter_ehlermann/

Bleckmann, Albert (1995) *Die Struktur des Allgemeinen
Gleichheitssatzes*, Köln, Heymann.

Blocher, Joseph (2009) "Categoricalism and Balancing
in First and Second Amendment Analysis", 84 *New
York University Law Review*, pp. 375-439.

Botha, Henk (2003) "Rights, Limitations, and the (Im)
possibility of Self-Government", en *Rights and Democracy*

in a Transformative Constitution, Botha, Henk, Andre Van der Walt y Johan Van der Walt, eds., Stellenbosch, South Africa, SUN Press.

Brest, Paul et al. (2006) *Processes of Constitutional Decision Making: Cases and Materials*, 5th ed., New York, Aspen Publishers.

Brownstein, Alan (1994) "How Rights Are Infringed: The Role of Undue Burden Analysis in Constitutional Doctrine", 45 Hastings Law Journal, pp. 867-959.

Butler, Anthony (2004) *Contemporary South Africa*, Basingstoke, Palgrave Macmillan.

Camay, Phiroshaw y Anne J. Gordon (2004) *Evolving Democratic Governance in South Africa*, Johannesburg, South Africa, CORE.

Cass, Deborah (2005) *The Constitutionalization of the World Trade Organization*, Oxford, New York, Oxford University Press.

Chaskalson, Arthur (2002) "Dialogue: Equality and Dignity in South Africa", 5 *Green Bag* 2d, pp.189-197.

Choudhry, Sujit, ed. (2006) *The Migration of Constitutional Ideas*, Cambridge, Cambridge University Press.

Choudhry, Sujit (2006) "So What Is the Real Legacy of Oakes? Two Decades of Proportionality Analysis under the Canadian Charter's Section 1", 34 *Supreme Court Law Review* 2d, pp. 501-525.

Cleveland, Sarah (2002) "Human Rights Sanctions and International Trade: A Theory of Compatibility", 5 *Journal of International Economic Law*, pp. 133-189.

Cohen-Eliya, Moshe e Iddo Porat (2009) "The Hidden Foreign Law Debate in Heller: The Proportionality Approach in American Constitutional Law", 46 *San Diego Law Review*, pp. 367-413.

Collier, Jane Fishburne (1973) *Law and Social Change in Zinacantan*, Stanford, Stanford University Press.

Günther, Frieder (2004) *Denken, vom Staat her: die bundesdeutsche Staatsrechtslehre zwischen Dezision und Integration*, München, Oldembourg Verlag.

DiMaggio, Paul J. y Walter W. Powell (1991) "The Iron Cage Revisited: Institutional Isomorphism and Collective Rationality in Organizational Fields", *The New Institutionalism in Organizational Analysis*, DiMaggio, Paul J. y Walter W. Powell, eds., Chicago, University of Chicago Press.

Domb, Fania (1995) "Judicial Decisions: Judgments of the Supreme Court of Israel Relating to the Administered Territories", 25 *Israel Yearbook on Human Rights*, pp.323-348.

Dürig, Günter (1956) "Grundrechte und Zivilrechtsprechung", Vom Bonner Grundgesetz zur gesamtdeutschen Verfassung: Festschrift zum 75. Geburtstag von Hans Nawiasky, Theodor Maunz, ed., München, Isar Verlag.

Dworkin, Ronald (1977) *Taking Rights Seriously*, Cambridge, Harvard University Press.

Dworkin, Ronald (1984) "Rights as Trumps", *Theories of Rights*, Waldron, Jeremy, ed., New York, Oxford University Press.

Egan, Michelle P. (2001) *Constructing a European Market: Standards, Regulations, and Governance*, New York, Oxford University Press.

Ellickson, Robert C. (1991) *Order Without Law: How Neighbors Settle Disputes*, Cambrigde, Harvard University Press.

Ellis, Evelyn, ed. (1999) *The Principle of Proportionality in the Laws of Europe*, Oxford, Hart Publishing.

Ely, James W. Jr. (1992) *The Guardian of Every Other Right:*

A Constitutional History of Property Rights, New York, Oxford University Press.

Ely, John Hart (1980) *Democracy and Distrust*, Cambridge, Harvard University Press.

Emiliou, Nicholas (1996). *The Principle of Proportionality in European Law: A Comparative Study*, London, Kluwer.

Epstein, Richard A. (1985) *Takings: Private Property and the Power of Eminent Domain*, Cambridge, Harvard University Press.

European Commission on Human Rights, Annual Report 2006, [http://www.echr.coe.int/NR/rdonlyres/4729C3F9-D38F-42AC-8584-BCA56E26B-C5C/0/Annual_Report_2006.pdf].

Fallon, Richard H. Jr. (2007) "Strict Judicial Scrutiny", 54 *UCLA Law Review*, pp. 1267-1323.

Feldman, Gabriel A. (2009) "The Misuse of the Less Restrictive Alternative Inquiry in Rule of Reason Analysis", 58 *American University Law Review*, pp. 561-632.

Ferreres Comella, Victor (2009) *Constitutional Courts and Democratic Values; A European perspective*, New Haven, Yale University Press.

Fishkin, Joseph (2011) "Equal Citizenship and the Individual Right to Vote", 86 *Indiana Law Journal*, pp. 1280-1360.

Flauss, Jean-Françoise (1999) "La Cour Européenne des droits de l'homme est-elle une cour constitutionnelle?", 36 *Revue Française de Droit Constitutionnel* 711-728.

Fleiner, Fritz (1928) *Institutionen des deutschen Verwaltungsrechts*, Aalen, Scientia Verlag.

Fleming, James E. (2006) "There Is Only One Equal Protection Clause: An Appreciation of Justice Stevens's

Equal Protection Jurisprudence", 74 *Fordham Law Review*, pp. 2301-2311.

Fletcher, George P. (2000) *Rethinking Criminal Law*, Oxford, New York, Oxford University Press.

Frantz, Laurent B. (1962) "The First Amendment in the Balance", *Yale Law Journal*, pp. 1424-1450.

Frumkin, George (1991) "A Survey of the Sources of the Principle of Proportionality in German Law", tesis inédita, Universidad de Chicago.

Gardbaum, Stephen (2007) "Limiting Constitutional Rights", 54 UCLA *Law Review*, pp. 789-854.

Gillman, Howard (1994) "Preferred Freedoms: The Progressive Expansion of State Power and the Rise of Modern Civil Liberties Jurisprudence", 47 *Political Research Quarterly*, pp. 623-653.

Gleeson, Murray Presidente de la Corte de Australia, Discurso en la Australian Bar Association Conference: Global Influences on the Australian Judiciary (8 de julio de 2002), http://www.hcourt.gov.au/speeches/cj/cj_global.htm.

Goldberg, Suzanne B. (2004) "Equality without Tiers", 77 *Southern California Law Review*, pp. 481-583.

Grabitz, Eberhardt (1973) "Der Grundsatz der Verhältnismäßigkeit in der Rechtsprechung des Bundesverfassungsgericht", 98 *Archiv des öffentlichen Rechts*, pp. 568-616.

Greer, Stephen (2006) *The European Convention on Human Rights: Achievements, Problems and Prospects*, Cambridge, Cambridge University Press.

Grimm, Dieter (2007) "Proportionality in Canadian and German Constitutional Jurisprudence", 57 *University of Toronto Law Journal*, pp. 383-397.

Gross, Aeyal M. (1998) "The Politics of Rights in Israeli Constitutional Law", 3 *Israel Studies*, pp. 80-119.

Gunther, Gerald (1972) "The Supreme Court, 1971 Term – Foreword: In Search of Evolving Doctrine on a Changing Court: A Model for a Newer Equal Protection", 86 *Harvard Law Review*, pp. 1-48.

Günther, Frieder (2004) *Denken vom Staat her: die bundesdeutsche Staatsrechtslehre zwischen Dezision und Integration, 1949-1970*, München, Oldenbourg Wissenschaftsverlag.

Gusy, Christoph (2003) *Polizeirecht*, Tübingen, Mohr Siebeck.

Habermas, Jürgen (1996) *Between Facts and Norms*, William Rehg, trad., Cambridge, The MIT Press.

Halberstam, Daniel (2007) "Desperately Seeking Europe: On Comparative Methodology and the Conception of Rights", 5 *International J. Const. L.*, pp. 166-182.

Harris, Curtis E. (1993) "An Undue Burden: Balancing in an Age of Relativism", *Oklahoma City University Law Review*, vol. 18, 3, otoño.

Hart, H. L. A. (1994) *The Concept of Law*, 2nd ed., Oxford, Oxford University Press.

Hartley, T. C. (2003) *The Foundations of European Community Law*, 5th ed., Oxford, Oxford University Press.

Heinsohn, Stephanie (1997) *Der öffentlich-rechtliche Grundsatz der Verhältnismässigkeit*, Universität Münster.

Henne, Thomas (2002) "Mit Kanonen auf Spatzen schießen: Ein Beitrag Fritz Fleiners zur deutschen Juristensprache", 16 *Deutsches Verwaltungsblatt*.

Hiebert, Janet L. (1990) "The Evolution of the Limitation Clause", 28 *Osgoode Hall Law Journal*, pp. 104-134.

Hiebert, Janet L. (2002) *Charter Conflicts: What is Parliament's*

Role?, Montreal and Kingston, McGill-Queen's University Press.

Hiebert, Janet L. (2004) "New Constitutional Ideas: Can New Parliamentary Models Resist Judicial Dominance When Interpreting Rights?", 82 *Texas LawReview*, 1963-1979.

Hiebert, Janet L. (2006) "Parliamentary Bills of Rights: An Alternative Model?", 69 *Modern Law Review*, pp. 7-28.

Hiebert, Janet L. (2007) "Legislation under the Influence of Constitutional Norms in Canada", trabajo presentado en la reunion anual de la American Political Science Association, Chicago, Ill., 30 de agosto.

Hirschberg, Lothar (1980) *Der Grundsatz der Verhältnismässigkeit*, Göttingen, Otto Schwartz Verlag.

Hirschl, Ran (2001) "The Political Origins of Judicial Empowerment through Constitutionalization: Lessons from Israel's Constitutional Revolution", 33 *Comparative Politics*, pp. 315-335.

Hirschl, Ran (2004) *Towards Juristocracy: The Origins and Consequences of the New Constitutionalism*, Cambidge, Harvard University Press.

Hoexter, Cora (2006) "Standards of Review of Administrative Action: Review for Reasonableness", Jonathan Klaaren, ed., *A Delicate Balance: The Place of the Judiciary in a Constitutional Democracy. Proceedings of a Symposium to Mark the Retirement of Arthur Chaskalson, Former Chief Justice of South Africa*, Cape Town, Siber Ink.

Hogg, Peter W. (2003) *Constitutional Law of Canada*, Scarborough, Ont., Carswell.

Hogg, Peter W. y Allison A. Bushell (1997) "The *Charter* Dialogue between Courts and Legislatures (Or Perhaps the *Charter of Rights* Isn't Such a Bad Thing

After All)", 35 *Osgoode Hall Law Journal*, pp.75-124.

Hogg, Peter W.; Allison A. Bushell Thornton y Wade K. Wright (2007) "Charter Dialogue Revisited – Or 'Much Ado About Metaphors'", 45 *Osgoode Hall Law Journal*, pp. 1-65.

Howse, Robert y Elisabeth Türk (2006) "The WTO Impact on Internal Regulations: A Case Study of the *Canadá-EC Asbestos* Dispute", *Trade and Human Health and Safety*, Bermann, George A. y Petros C. Mavroidis, eds., Cambridge, New York, Cambridge University Press.

Huber, Ernst Rudolf, ed. (1992) *Dokumente zur deutschen Verfassungsgeschichte 1918-1933*, Stuttgart, Kohlhammer Verlag.

Hudec, Robert E. (1992) "The Judicialization of GATT Dispute Settlement", *In Whose Interest?: Due Process and Transparency in International Trade*, M. H. Hart y D. Steger, eds., Ottawa, Center for Trade Policy and Law, Carlton University.

Iles, Kevin (2007) "A Fresh Look at Limitations: Unpacking Section 36", 23 *South Africa Journal of Human. Rights*, pp. 68-92.

Ipsen, Jörn; Dietrich Murswiek y Bernhard Schlink (1989) *Staatszwecke Im Verfassungsstaat – nach 40 Jahren Grundgesetz: Berichte und Diskussionen auf der Tagung der Vereinigung der Deutschen Staats Rechtslehrer*, Berlin, New York, de Gruyter.

Jackson, Vicki C. (2004) "Being Proportional about Proportionality", 21 *Constitutional. Commentary*, pp. 803-859.

Jarass, Hans D. y Bodo Pieroth (2006) *Grundgesetz für die Bundesrepublik Deutschland*, München C. H. Beck.

Kauper, Paul G. (1960) "The Constitutions of West Germany and the United States: A Comparative Study",

58 *Michigan Law Review*, pp. 1091-1184.

Kelly, James B. (2005) *Governing with the Charter: Legislative and Judicial Activism and Framers' Intent*, Vancouver, University of British Columbia Press.

Kelsen, Hans (1928) "La garantie juridictionnelle de la constitution", 45 *Revue du droit public*, 197-257.

Kelsen, Hans (1934) *Pure Theory of Law*, Bonnie Litschewski Paulson y Stanley L. Paulson, trads., Oxford, Clarendon Press, 1992.

Kommers, Donald P. (1994) "The Federal Constitutional Court in the German Political System", 26 *Comp. Pol. Stud*, pp. 470-491.

Kommers, Donald P. (1997) *The Constitutional Jurisprudence of the Federal Republic of Germany*, Durham, N.C., Duke University Press Books.

Kramer, Larry D. (2004) *The People Themselves: Popular Constitutionalism and Judicial Review*, New York, Oxford University Press.

Krauss, Rupprecht von (1955) *Der Grundsatz der Verhältnismässigkeit in seiner Bedeutung für die Notwendigkeit des Mittels im Verwaltungsrecht*, Hamburg.

Krüger, Herbert (1950) "Die Einschränkung von Grundrechten nach dem Grundgesetz", *Deutsches Verwaltungsblatt*, p. 625 y ss.

Kumm, Mattias (2004) "Constitutional Rights as Principles: On the Structure and Domain of Constitutional Justice", 2 *International Journal of Constitutional Law*, pp. 574-596.

Kumm, Mattias (2006) "Who Is Afraid of the Total Constitution? Constitutional Rights as Principles and the Constitutionalization of Private Law", 7 *German Law Journal*, pp. 341-370.

Kumm, Mattias (2007) "Political Liberalism and the Structure of Rights: On the Place and Limits of the Proportionality Requirement", *Law, Rights, Discourse: Themes of The Work of Robert Alexy*, Stanley Paulson y George Pavlakos, eds., Oxford, Hart Publishing, pp. 131-166.

Kumm, Mattias (2010) "The Idea of Socratic Contestation and the Right to Justification: The Point of Rights-Based Proportionality Review", 4 *Law & Ethics Human Rights*, pp. 141-157.

Lambert Abdelgawad, Elisabeth y Anne Weber, "The Reception Process in France and Germany", *A Europe of Rights: The Impact of the* ECHR *on National Legal Systems*, Alec Stone Sweet y Helen Keller, eds., New York, Oxford University Press.

Landfried, Christine (1984) *Bundesverfassungsgericht Und Gesetzgeber*, Baden-Baden, Nomos.

Landfried, Christine (1992) "Judicial Policymaking in Germany: The Federal Constitutional Court", 15 *West Euopean Politics*, pp. 50-67.

Lange, Claudia (2002) *Unreasonableness as a Ground of Judicial Review in South Africa: Constitutional Challenges for South Africa's Administrative Law*, Baden-Baden, Nomos.

Lerche, Peter (1961) Übermass und Verfassungsrecht: Zur Bindung des Gesetzgebers an die Grundsätze der Verhältnismässigkeit und der Erforderlichkeit, Köln, Heymann.

Levy, Richard E. y Alexander Somek (2001) "Paradoxical Parallels in the American and German Abortion Decisions", 9 *Tulane Journal of International and Comparative Law*, pp. 109-166.

Lokan, Andrew (1992) "Rise and Fall of Doctrine under Section 1 of the Charter", 24 *Ottawa Law Review*, pp. 163-192.

Long, Olivier (1985) *Law and its Limitations in the GATT Multilateral Trade System*, Dordrecht, Boston, Lancaster, Martinus Nijhoff Publishers.

MacCormick, Neil (1978) *Legal Reasoning and Legal Theory*, Oxford, Clarendon Press.

Majone, Giandomenico (2001) "Two Logics of Delegation: Agency and Fiduciary Relations in EU Governance", 2 *Eur. Union Pol.*, pp. 103-121.

Manfredi, Cristóbal P. (2007) "The Day the Dialogue Died: A Comment on *Sauvé v. Canadá*", 45 *Osgoode Hall Law Journal*, pp. 105-123.

Manning, Morris (1983) *Rights, Freedoms, and the Courts: A Practical Analysis of the Constitution Act, 1982*, Toronto, Emond-Montgomery.

Margolick, David (1992) "Seeking Strength in Independence, Abortion-Rights Unit Quits A.C.L.U.", *New York. Times*, 21 de mayo, p. A20.

Massey, Calvin (2004) "The New Formalism: Requiem for Tiered Scrutiny?", 6 *University of Pennsylvania Journal of Constitutional Law*, pp. 945-993.

Mattli, Walter (1999) *The Logic of Regional Integration: Europe and Beyond*, New York, Cambridge University Press.

Mayer, Otto (1895) *Deutsches Verwaltungsrecht*, Leipzig, Duncker und Humblot.

Meiklejohn, Alexander (1961) "The First Amendment Is an Absolute", *Supreme Court Law Review*, pp. 245-266.

Miller Struve, Guy (1967) "The Less-Restrictive-Alternative Principle and Economic Due Process", 80 *Harvard Law Review*, pp. 1463 y ss.

Moe, Terry (1990) "Political Institutions: The Neglected Side of the Story", 6 *Journal of Law, Economics, and Organization*, pp. 213-253.

Mohl, Robert von (1844) *Die Polizei Wissenschaft nach dem Grundsätzen des Rechtstaates*, vol. III, Tübingen, H. Laupp.

Möller, Kai (2007) "Balancing and the Structure of Constitutional Rights", 5 *International Journal of Constitutional Law*, pp. 453-468.

Morton, F. L. y Rainer Knopff (2000) *The Charter Revolution and the Court Party*, Peterborough, Ontario, Bradview Press.

Motala, Ziyad y Cyril Ramaphosa (2002) *Constitutional Law: Analysis and Cases.*, New York, Oxford University Press.

Nicol, Danny (2005) "Original Intent and the European Convention on Human Rights", *Public Law*, pp. 152-172.

Niekerk, Dewald van et al. (2001) *Governance, Politics, and Policy in South Africa*, Oxford, Oxford University Press.

Nolte, Georg, ed. (2005) *European and U.S. Constitutionalism*, Strasbourg, Council of Europe Publishing.

Omi (1997) *Leading Decisions of the Supreme Court of Israel and Extracts of the Judgment*, 31 *Israel Law Review*, pp. 754-803.

Ortino, Federico (2004) *Basic Legal Instruments for the Liberalisation of Trade: A Comparative Analysis of EC and WTO Law*, Oxford, Hart Publishing.

Ossenbühl, Fritz (1993) "Maßhalten mit dem Übermaßverbot", *Wege und Verfahren des Verfassungslebens: Festschrift für Peter Lerche zum 65. Geburtstag*, Peter Badura y Rupert Scholz, eds., München, C.H. Beck.

Pacer, Valerie J. (1995) "Salvaging the Undue Burden

Standard – Is It a Lost Cause? The Undue Burden Standard and Fundamental Rights Analysis", 73 *Washington Univerity Law Quarterly*, pp. 295-332.

Gerapetritis, George (1997) *Proportionality in Administrative Law: Judicial Review in France, Greece, England and in the European Community*, Athens, Sakkoulas.

Pescatore, Pierre (1970) "Fundamental Rights and Freedoms in the System of the European Communities", 18 *American Journal of Comparative Law*, pp. 343-351.

Petersmann, Ernst-Ulrich (2000) "The wto Constitution and Human Rights", 3 *Journal of International Economic Law*, pp. 19-25.

Pildes, Richard H. (1994) "Avoiding Balancing: The Role of Exclusionary Reasons in Constitutional Law", 45 *Hastings Law Journal*, pp. 711-751.

Poiares Maduro, Miguel (1998) *We the Court: The European Court of Justice and the European Economic Constitution*, Oxford, Hart Publishing.

Post, Robert y Reva Siegel (2007) "Roe Rage: Democratic Constitutionalism and Backlash", 42 *Harvard Civil Rights-Civil Liberties Law Review*, pp. 373-433.

Ramangkura, Varamon (2003) "Thai Shrimp, Sea Turtles, Mangrove Forests and the wto: Innovative Environmental Protection under the International Trade Regime", 15 *Georgetown International Environmental Law Review*, pp. 677-708.

Raz, Joseph (1986) *The Morality of Freedom*, Oxford, Clarendon Press.

Regan, Donald H. (1986) "The Supreme Court and State Protectionism: Making Sense of the Dormant Commerce Clause", 84 *Michigan Law Review*, pp. 1091-1287.

Regan, Donald H. (2001) "Judicial Review of Member-State

Regulation of Trade within a Federal or Quasi-Federal System: Protectionism and Balancing 'Da Capo'", 99 *Michigan Law Review*, pp. 1853-1902.

Rivers, Julian (2006) "Proportionality and Variable Intensity of Review", 65 *Cambridge Law Journal*, pp. 174-207.

Robinson, Greg y Toni Robinson (2005) "Korematsu and Beyond: Japanese Americans and the Origins of Strict Scrutiny", *Law and Contemporary Problems*, primavera, pp. 29-55.

Rubenfeld, Jed (1997) "Affirmative Action", 107 *Yale Law Journal*, p. 427-472.

Rubenfeld, Jed (2001) "The First Amendment's Purpose", 53 *Stanford Law Review*, pp. 767-832.

Rubenfeld, Jed (2003) "The Two World Orders", *Wilson Quarterly*, otoño. pp. 22-36

Rubin, Peter J. (2000) "Reconnecting Doctrine and Purpose: A Comprehensive Approach to Strict Scrutiny after Adarand and Shaw", 149 *University of Pennsylvania Law Review*, pp. 149-170.

Sachs, Albie L. (2003) "The Challenges of Post-Apartheid South Africa", 7 *Green Bag* 2d, pp. 63-78.

Sadurski, Wojciech (2005) *Rights before Courts: A Study of Constitutional Courts in Post-communist States of Central and Eastern Europe*, Dordrecht, Springer.

Sartor, Giovanni (1994) "A Formal Model of Legal Argumentation", 7 *Ratio Juris*, pp. 177-211.

Scalia, Antonin (1989) "The Rule of Law as a Law of Rules", 56 *University of Chicago Law Review*. pp. 1175-1188.

Schauer, Frederick (1993) "A Comment on the Structure of Rights", 27 *Georgia Law Review*, pp. 415-434.

Schwarze, Jürgen (2005) "The Role of General Principles of Administrative Law in the Process of Europeanization of National Law", *Studies on European Public Law*, Luis Ortega Álvarez, ed., Valladolid, Lex Nova.

Schwarze, Jürgen (2006) *European Administrative Law*, 1st revised edition, London, Sweet & Maxwell Ltd.

Segal, Zeev (1990) "Disproportionality in Administrative Law", 39 *HaPraklit*.

Shaman, Jeffrey M. (2001) *Constitutional Interpretation: Illusion and Reality*, Westport, Conn., Greenwood Press.

Shaman, Jeffrey M. (1984) "Cracks in the Structure: The Coming Breakdown of the Levels of Scrutiny", 45 *Ohio State Law Journal*, pp. 161-184.

Shapiro, Martin (1966) *Freedom of Speech: The Supreme Court and Judicial Review*, Englewood Cliffs, N.J., Prentice-Hall.

Shapiro, Martin (1986) *Courts: A Comparative and Political Analysis*, Chicago and London, Chicago University Press.

Shapiro, Martin (1999) "The European Court of Justice", *The Evolution of EU Law*, Paul Craig y Gráinne de Búrca, eds., Oxford, Oxford University Press.

Shapiro, Martin y Alec Stone Sweet (2002) *On Law, Politics, and Judicialization*, New York, Oxford University Press.

Siegel, Stephen A. (2006) "The Origin of the Compelling State Interest Test and Strict Scrutiny", 48 *American Journal of Legal History*, pp. 355-407.

Smith, Craig "An American's View of The Federal Constitutional Court: Karlsruhe's Justices", 2 *German Law Journal*, [http://www.germanlawjournal.com/article.php?id=17].

Souter, David H. Discurso de bienvenida en la Universidad de Harvard (27 de mayo de 2010), [http://news.harvard.edu/gazette/story/2010/05/text-of-justice-david-souters-speech/].

Stein, Eric (1981) "Lawyers, Judges, and the Making of a Transnational Constitution", 75 *American Journal of International Law*, pp. 1-27.

Stern, Klaus (1993) "Zur Entstehung und Ableitung des Übermaßverbots", *Wege und Verfahren des Verfassungslebens: Festschrift für Peter Lerche zum 65. Geburtstag*, Peter Badura y Rupert Scholz, eds., München, C.H. Beck,

Stolleis, Michael (1998) *The Law Under the Swastika: Studies on Legal History in Nazi Germany*, Chicago, University of Chicago Press.

Stolleis, Michael (2001) *Public Law in Germany, 1800-1914*, Pamela Biel, trad., New York, Berghahn Books.

Stolleis, Michael (2003) "Judicial Review, Administrative Review, and Constitutional Review in the Weimar Republic", 16 *Ratio Juris*, pp. 266-280.

Stone Sweet, A. (2002) "Constitutional Judicial Review", *On Law, Politics, and Judicialization*, Shapiro, Martin y Alec Stone Sweet, New York, Oxford University Press.

Stone Sweet, Alec (1994) "What is a Supranational Constitution? An Essay in International Relations Theory", 55 *Review of Politics*, pp. 441-474.

Stone Sweet, Alec (1997) "The New GATT: Dispute Resolution and the Judicialization of the Trade Regime", *Law above Nations: Supranational Courts and the Legalization of Politics*, Mary L. Volcansek ed., University Press of Florida.

Stone Sweet, Alec (1999) "Judicialization and the Construction of Governance", 32 *Comparative Political Studies*, pp. 147-184.

Stone Sweet, Alec (2000) *Governing with Judges: Constitutional Politics in Europe*, Oxford, Oxford University Press.

Stone Sweet, A. (2002) "Path Dependence, Precedent, and Judicial Power", *On Law, Politics, and Judicialization*, Shapiro, Martin y Alec Stone Sweet, New York, Oxford University Press.

Stone Sweet, Alec (2002) "Constitutional Courts and Parliamentary Democracy", 25 *West European Politics*, pp. 77-100.

Stone Sweet, Alec (2004) *The Judicial Construction of Europe*, New York, Oxford University Press.

Stone Sweet, Alec (2008) "Constitutions and Judicial Power", *Comparative Politics*, Caramani, Daniele, ed., New York, Oxford University Press.

Stone Sweet, Alec y Helen Keller (2008) "Introduction: The Reception of the ECHR in National Legal Orders", *A Europe of Rights: The Impact of the ECHR on National Legal Systems*, Alec Stone Sweet y Helen Keller, eds., New York, Oxford University Press.

Sullivan, E. Thomas y Richard S. Frase (2009) *Proportionality Principles in American Law*, New York, Oxford University Press.

Sullivan, Kathleen M. (1992) "Post-Liberal Judging: The Roles of Categorization and Balancing", 63 *University of Colorado Law Review*, pp. 293-317.

Sullivan, Kathleen M. (1993). "Categorization, Balancing, and Government Interests", *Public Values in Constitutional Law*, Stephen E. Gottlieb, ed., Ann Arbor, University of Michigan Press.

Svarez, Carl Gottlieb (1960) *Vorträge über recht und staat von Carl Gottlieb Svarez*, Hermann Conrad y Gerd. Kleinheyer, eds., West-deutscher Verlag, 1995.

Sykes, Alan O. (2003) "The Least Restrictive Means", 70 *University of Chicago Law Review*, pp. 403-420.

Tarnopolsky, Walter S. (1983) "The Constitution and Human Rights", *And No One Cheered: Federalism, Democracy, and the Constitution Act*, Banting, Keith y Richard Simeon, eds., Toronto, Methuen.

Thomas, Robert (2000) *Legitimate Expectations and Proportionality in Administrative Law*, Oxford, Hart Publishing.

Trachtman, Joel P. (2006) "The Constitutions of the WTO", 17 *European Journal of International Law*, pp. 623-646.

Tsakyrakis, Stavros (2009) "Proportionality: An Assault on Human Rights?", 7 *International Journal of Constitutional Law*, pp. 468-493.

Urofsky, Melvin I. (1997) *Division and Discord: The Supreme Court under Stone and Vinson, 1941-1953*, Columbia, University of South Carolina Press.

Urteil vom 25.3.1929, Oberlandesgericht Hamburg, 58 *Juristische Wochentschrift* (1929).

Urteil vom 31.5.1929, Jena Oberlandesgericht, 58 *Juristische Wochenschrift* (1929).

Volokh, Eugene (1996) "Freedom of Speech, Permissible Tailoring and Transcending Strict Scrutiny", 144 *University of Pennsylvania Law Review*, pp. 2417-2445.

Waldron, Jeremy (2004) "Some Models of Dialogue between Judges and Legislators", 23 *Supreme Court Law Review*, pp. 7-21.

Waldron, Jeremy (2006) "The Core of the Case against Judicial Review", 115 *Yale Law Journal*, pp. 1346-1406.

Walker, Neil (2001) "The EU and the WTO: Constitutionalism in a New Key", *The EU and the WTO: Legal and Constitutional Issues*, De Búrca, Gráinne y Joanne Scoot, eds., Portland, Oregon, Hart Publishing.

Webber, Grégoire C. N. (2010) "Proportionality, Balancing, and the Cult of Constitutional Rights Scholarship", 23

Canadian Journal of Law and Jurisprudence, pp. 179-202.

Weber-Dürler, Beatrice (2005) "Zur neuesten Entwick-lungen des Verhältnismässigkeitsprinzips", *Mélanges en l'honneur de Pierre Moor*, Benoît Bovay y Minh Son Nguyen, eds., Bern, Stämpli.

Weiler, Joseph H. H. y Nicolas J. S. Lockhart (1995) "Taking Rights Seriously" Seriously: The European Court and its Fundamental Rights Jurisprudence", Part I, 32 *Common Market Law Review*, pp. 51-94.

Weiler, Joseph H. H. (1991) "The Transformation of Europe", 100 *Yale Law Journal*, pp. 2403-2483.

Weiler, Joseph H. H. (1999) *The Constitution of Europe: "Do the New Clothes Have an Emperor?" and Other Essays on European Integration*, Cambridge, Harvard University Press.

Weinrib, Lorraine E. (1992) "Of Diligence and Dice: Reconstituting Canadá's Constitution", 42 *University of Toronto Law Journal.*, pp. 207-227.

Weinrib, Lorraine E. (1999) "Canadá's Constitutional Revolution: From Legislative to Constitutional State", 33 *Israel Law Review*, pp. 13-50.

Weinrib, Lorraine E. (2002) "Canadá's Charter of Rights: Paradigm Lost?", 6, *Review of Constitutional Studies*, pp. 119.178.

White, G. Edward (1996) "The First Amendment Comes of Age: The Emergence of Free Speech in Twentieth-Century America", 95 *Mich. L. Rev.*, p. 299-392.

White, G. Edward (2005) "Historicizing Judicial Scrutiny", 57 *Sout Carolina Law Review*, pp. 1-83.

White, Isobel (2007) Convicted Prisoners and the Franchise, House of Commons Library Standard Note SN/PC/1764, 24 de enero, [http://www.parliament.

uk/commons/lib/research/notes/snpc-01764.pdf].

Wieacker, Franz (1979) "Geschichtliche Wurzeln des Prinzips der verhältnismäßigen Rechtsanwendung", en *Festschrift für Robert Fischer*, Marcus Lutter, Walter Stimpel y Herbert Wiedemann, eds., Berlin, New York, de Gruyter.

Wildhaber, Luzius (2002) "A Constitutional Future for the European Court of Human Rights?", 23 *Human Rights Law Journal*, pp. 161-165.

Winkler, Adam (2006) "Fatal in Theory and Strict in Fact: An Empirical Analysis of Strict Scrutiny in the Federal Courts", 59 *Vanderbilt Law Reveview*, pp. 793-871.

Würtenberger, Thomas (1999) "Der Schutz von Eigentum und Freiheit im ausgehenden 18. Jahrhundert", *Zur Ideen-und Rezeptionsgeschichte des Preussisches Allgemeinen Landrechts*, Walter Gose y Thomas Würtenberger, eds., Stuttgart Frommann-Holzboog Verlag.

Zamir, Itzhak (1994) "Israeli Administrative Law Compared to German Administrative Law", 2 *Mishpat U'Mimshal*, pp. 109-147.

www.ingramcontent.com/pod-product-compliance
Lightning Source LLC
Chambersburg PA
CBHW061123220326
41599CB00024B/4147